9 789948 787105

يتمتَّع السيد بريم روات الذي وُلِد في الهند عام 1957 بخبرة تزيد عن خمسين سنة مِن رحلة حياته المتميِّزة؛ فمنذ أن كان فتًى معجزة وأيقونة مراهقة في السبعينيَّات إلى أن صار سفير السلام العالمي، كان دومًا السيد بريم مصدر وضوح، وإلهام استثنائي، وتعلُّم عميق في الحياة لملايين الأشخاص.

يعمل السيد بريم – المقيم الآن في الولايات المتحدة والمؤسِّس لمؤسسة بريم روات – مع أشخاص مِن جميع الانتماءات، حيث يبيِّن لهم كيفية تجربة مصدر السلام الداخلي.

هذا ويغطِّي عمله الدولي أكثر مِن مائة دولة؛ حيث يحمل رسالة عملية مفعَمة بالأمل والسعادة والسلام للجميع، وذلك فردًا فردًا.

وتجدُر الإشارة إلى أنَّ السيد بريم هو المؤلِّف الأكثر مبيعًا على مستوى العالم لكتاب "السلام ممكن"، وهو أيضًا طيَّار – يزخر بخبرة تزيد عن 14500 ساعة مِن الطيران – كما أنَّه مصوِّر ومُرمِّم للسيارات الكلاسيكية.

وعلى المستوى العائلي، هو أبٌ لأربعة أطفال، وجدٌّ لأربعة أحفاد.

بريم روات

أنصِت إلى نفسك

كيف نجد السلام في عالم مليء بالصخب؟

تحرير: تيم ريتش

AUSTIN MACAULEY PUBLISHERS™

LONDON • CAMBRIDGE • NEW YORK • SHARJAH

الرقم الدولي الموحد للكتاب 9789948787105 (غلاف ورقي)
الرقم الدولي الموحد للكتاب 9789948787112 (كتاب إلكتروني)

رقم الطلب:MC-10-01-2402628
التصنيف العمري: E

تم تصنيف وتحديد الفئة العمرية التي تلائم محتوى الكتب وفقًا لنظام التصنيف العمري الصادر عن وزارة الثقافة والشباب.

الطبعة الأولى 2023
أوستن ماكولي للنشر م. م. ح
مدينة الشارقة للنشر
صندوق بريد [519201]
الشارقة، الإمارات العربية المتحدة
www.austinmacauley.ae
+971 655 95 202

الفهرس

المقدمة

على مدار سنين خلَت، التقيتُ وتحدَّثتُ مع العديد مِن الناس الذين كانوا على سفر لاكتشاف الذات، بعضهم نذروا أعمارهم في سبيل تلمُّس قبس مِن النور الداخلي، وظلُّوا يستكشفون الأفكار والوسائل التي يحفل بها العالم، أمَّا البعض الآخر فقد آثَروا فقط الوقوف عند فَهم أنفسهم على نحو أفضل لتطوير أنفسهم كأشخاص، وخوض تجربة بلوغ مرتبة الإحساس بتحقيق الذات وبلوغ البهجة في حياتهم.

أدعوك لاصطحابي في جزء مِن رحلتك، وقد تُفاجأ بالوجهة التي نولِّيها، سنمضي قُدُمًا بمنأى عن عالم التنظير والاعتقادات، ونقترب نحو شكل مميَّز مِن المعرفة، نحو مكان بداخلك خالٍ مِن الإلهاءات اليومية، لننتقل سويًّا صوب مكان ستشعر فيه بالوضوح، وتحقيق الذات والبهجة، إلى مكان تنعم فيه بالسكينة، ومسيرنا سيُفضي بنا إلى عبور التيقُّظ والارتباط بالذَّات ثمَّ الإحساس بالسلام.

كائنًا مَن كنتَ، فالسَّلام يكمن بداخلك، والمعرفة الداخلية هي التي تؤهِّلك للشعور والاستمتاع بها، وهذا الكتاب سَيَدُلُّك على بلوغ ذلك.

لقد وقفتُ على الكثير مِن الضجيج الذي يحوم حول موضوع فَهم الذَّات، إلا إنَّ مرامي بلوغ اكتساب معرفة الذات هي في منتهى البساطة.

إنَّ فهم الذات متعلِّق بمتعة الوضوح، وعمق تحقيق الذات، وبلوغ البهجة العميقة واللامحدودة، علاوة على العديد مِن التجلّيات الرائعة مِن خلال اتّحادنا مع عالمنا الداخلي الذي تغشاه السكينة. إنَّ الإحساس بالسلام هو بحقٍّ في صميم كَينونتنا.

حتَّى أكون واضحًا، أروم مساعدتك على تطوير فهمك للسَّلام، وما قد يعنيه تواصلك مع السّلم الداخلي في حياتك، ولكنَّك أنت الوحيد الكفيل بالقيام بتلك الرحلة مِن الضوضاء الخارجية إلى السَّلام. فليس بمقدور أحد أن يمنحك السلم الداخلي، فهو شيء تظلُّ أنتَ وحدك القادر على الكشف عنه بداخلك، وقتئذٍ ستصل إلى فهم مَن أنت وفقَ مسارات فهم جديدة.

هناك الكثير مِن الأشياء التلقائية في حياتنا، أشياء تقع لنا بسهولة، ولكن بلوغ السكينة الداخلية قد يحتاج إلى عناء حتَّى تكون على وعي تام، يُفترَض أن تبذل مجهودًا.

كما يقول إينشتاين Einstein: "إنَّ الحكمة ليست نتيجة مسار تعليمي، بل تشكِّل سعيًا حثيثًا على مدى الحياة لبلوغها".

على مدار فصول الحكايات والأفكار التي يحفل بها هذا الكتاب، يحذوني أمل في تمكينك مِن التمتُّع بأبعاد لَم تنتظرها حول أمر نتقاسمه جميعًا، أمر أشعر أنَّنا مطالَبون بالاحتفاء به بشكل أكبر في حياتنا، روحنا البشرية الرائعة.

هناك شخص مميَّز أريد بشكل خاص أن تتعرَّف عليه، وسنأتي على مزيد مِن التفاصيل بشأن هذا الشخص بعد حين.

العديد مِن الناس يصرِّحون بأنَّهم يشعرون بتحدِّيات يُمليها تزايُد حجم الضجيج الذي يحيط بهم.

في مُدُننا التي تعجُّ بالحشود المشغولة، وتعزّزِها الحياة الرقمية، مِن الصعوبة بمكان أن تجد الوقت والفراغ لتنعم بشروط الوجود الهادئ والبسيط. فالتقدُّم امتدَّ ليشمل أيضًا المجالات القرويَّة، ليحمل ما تحتاجه تلك المجالات مِن فوائد وفُرَص دون إغفال ما تقتضيه مِن مطالب جديدة حول الأشخاص والجماعات البشرية.

هذا زمن خاص نعيش فيه بالنَّظر لما تتيحه الاختراعات مِن إمكانات هائلة، إلَّا إنَّه ستجد في أحايين كثيرة أنَّ الضجيج الذي يصاحب هذا التطوُّر يشكِّل إلهاءً غير مرحَّب به.

في الواقع، إنَّ منسوب الصخب الذي يطفح به الفضاء الخارجي لن يبلغ بأي حال مِن الأحوال منسوب الصخب الذي نستثيره داخل عقولنا، المشكلات والقضايا التي لا يبدو أنَّها في طريقها للحل، القلق والشك في النفس اللَّذان يستعصي البحث عن سبل تسكينهما، الطموحات والتوقُّعات التي يبدو أنَّه ليس بمقدورنا تلبيتها.

يمكن أن نشعر بحنق واستياء بل وغضب تجاه الآخرين، وخيبة أمل تجاه ذواتنا، أو ربَّما كان أكبر عائق هو افتقارنا إلى تركيز، أو حسٍّ يغشانا ويغمرنا، أو الارتباك، أو التسويف والمماطلة، أو المناورات الفكريَّة التي نمارسها كلَّ يوم بحثًا عن المتعة والأمان.

في هذا الكتاب سأتناول وقع التفكير السلبي علينا، مع تحديد مسار بلوغ شعور أعمق وثابت حول أنفسنا بما يتجاوز أفكارنا.

مسار مختلف

كيف أعرف أنَّ مقاربتي ناجحة؟ عرفتُ ذلك لأنَّني استعملتُها بنجاح، وهذا ما دفعني لتشاركها معك بكلِّ ثقة.

لقد كنتُ عطشانَ، وانتهى بي البحث لإيجاد بئر، فارتوى فيها ظمئِي.

هل هناك مقاربات أخرى؟ قطعًا، لماذا لَم أذهب في هذا الاتِّجاه وأجرِّبها كلها؟ لأنَّني لَم أعد ظمآنَ!

يمكن أن تستعمل مقاربتي في حياتك، بغضِّ النَّظَر عن ديانتك، وبمعزل عن أخلاقك، ومعتقدك السياسي، أو حتَّى جنسيَّتك، طبقتك الاجتماعية، فِئَتك النوعية، سِنِّك أو ميولك الشخصية – إنَّها لا تشكِّل بديلًا عمَّا تؤمن به، لأنَّها تتعلَّق بالمعرفة وليس بالمعتقَد – وهو فرق مهمٌّ وشاسع سأتحدَّث عنه بشكل مسهب، فالمعرفة يمكن أن تمكِّنك مِن الاتصال العميق بأفضل ما في روحك الإنسانية، وتمكِّنك مِن تجريب نفسك في كلِّ أبعادها، فالأمر يتوقَّف عليك لتتَّخِذ القرار حول كيفية ارتباط ذلك بمعتقداتك.

ستجد أنَّني أدعوك لتثمن وتثق في قلبك، وألا تعتمد على عقلك فقط كدليل؛ فالعقل يشكِّل الكثير مِن تجاربنا اليومية، وقد يكون مِن المُجدِي فَهم آليَّات اشتغاله وانزلاقاته أيضًا.

مِن الأهميَّة بمكان التعرُّف على الآثار الإيجابية والسلبية للعقل على حياتنا، وأن نحيط بالفُرَص التي يُتيحها لإغناء رصيدنا الفكري، وشحذ أذهاننا. إلَّا إنَّه في الكثير مِن الأحيان تُؤْثِر مجتمعاتنا العقل على حساب القلب، فقوَّة العقل لا يمكن أن تحقِّق كلَّ شيء، فلا يمكنني الجزم مثلًا أنَّه بمقدور عقلنا وحده تقديم إجابات شافية عن سؤال "مَن أنتَ؟"، فالعقل لَم يصحبني يومًا في رحلة طويلة لنغوص في أعماق السكينة الداخلية، حتَّى يتسنَّى له الاشتغال بشكل صحيح، فعقلنا يستند بشكل كبير على الأشياء التي ترسَّخَت فيه، في الوقت الذي يعتمد فيه القلب على ما يخالج الكائن البشري.

عند الحديث عن العقل، ألتمس منك كقارئ أن تَقبل فقط ما أوردتُه في هذا الكتاب إذا وجدتَه حقيقة لذاتك، سواء كان عقلك عقلًا مشكِّكًا في رسالتي أو قابلًا لها، فانفتح على ما تُمليه عليك أعماق نفسك، واترك لهذه المقاربة الفرصة المنصفة بدلًا مِن فرض إملاءاتها لتوجيه تفكيرك.

تروم الفصول الموالية بسط بعض الأمور التي يتعيَّن عليك أخذها بعين الاعتبار، وأنا لستُ هنا لإقناعك بالمنطق، بل فقط لتقاسم التجارب والآراء والقصص التي مِن شأنها أن تمنحك آفاقًا مفيدة، فيمكن للكلمات التي تصدر عن الأحاسيس أن تكون حجر الأساس في بناء الفهم، وأنا أقدِّم بين دفَّتَي الكتاب عددًا مِن الكلمات كمسار مِن خلال أفكار وما إلى ذلك، حتَّى ننفذ مِن خلالها لعالم التجربة الداخلية؛ لذا أرجوك أن تقيس ما أقوله بمقياس العقل، ولكن أنصِت أيضًا بقلبك.

مَن أنا؟

قبل أن ننطلق ونمضي قُدُمًا، لا بدَّ أن أُخبرك بشيء يخصُّني، أنا مِن مواليد 1957 بهاريدوار Haridwar بالهند. نشأتُ قرب ديهرا دون Dehra Dun في سفوح الشقِّ الهندي مِن جبال الهيمالايا.

تقع المدينة على سفوح الجبال التي تنطلق منها منابع نهر الغانجGanges، ويعتبرها الهندوس فضاءً جغرافيًّا مقدَّسًا يحجُّون إليه، فالأصل الاشتقاقي لتسمية هاري دوار يحيل على "الباب نحو الإله"، ورغم أنَّها لا تشكِّل فضاءً جغرافيًّا واسعًا، إلَّا إنَّها تتَّسِع سنويًّا لاستضافة ملايين الزوَّار الذين يأتون لحضور المهرجانات المقدَّسة التي تحتضنها، وإنَّه لمشهد رائع جدير بالمشاهدة.

إذًا ترعرعتُ في مكانٍ آهلٍ بسكانه على مستوًى كبير مِن التديُّن، ويعبِّرون عن معتقداتهم بأشكال وطقوس قوية وموحية.

والدي شري هانز جي ماهراجShri Hans Ji Maharaj، كان خطيبًا مفوَّهًا في موضوع السلام، وتتحلَّق حوله حشود بالآلاف، وقد سافر منذ حداثة سِنِّه، وقَطع

الجبال، وزار بعدها العديد مِن المدن بحثًا عن رجال لهم مِن القداسة، وبإمكانهم أن يمنحوه الحكمة، وكان غالبًا ما يعود خائب الأمل.

لَم يحز النجاح إلَّا حين التقى شري سواروباناند جيShri Swarupanand Ji المرشد فيما كان يسمَّى بشمال الهند، باكستان الحاليَّة بعد التقسيم.

لقد راوَد الوالد إحساس بأنَّه صادف مرشدًا حقيقيًّا على قدر كبير مِن الفهم العميق للنفس البشرية.

لقد كان لهذه التجربة أثر كبير في تغييره، فقد اهتدى إلى ما كان يبحث عنه، فهْم عميق للنفس وقدرة حسيَّة لا توصف على بلوغ مدارج سكينة النفس.

كنتُ ألمحه يبكي بحرقة كلَّما تذكَّر ما كان يحسُّ به في حضرة ذلك الرجل الذي كان يسمِّيه "أستاذه"، كان يقتبس فقرات شعرية مِن شاعر القرن الخامس عشر الهندي (كبير) الذي عاش تجربة مماثِلة مع أستاذه.

كنت منجرفًا في سيل نهر الظلمات هذا
في هذا العالَم وفي هذا المجتمع
قبل أن يناولني معلِّمي مصباحًا
لقد أراني هذه البقعة الجميلة التي تقع بداخلي
وأنا الآن
مطمئنّ.

لقد استقرَّ أبي وأمي بمنزل بدهرادون، رغم أنَّ والدي كان لا يزال يشتغل انطلاقًا مِن المركز الذي أسَّسه غير بعيد بهاريدوارHaridwar، وقد ابتدأ مِن هناك تقاسم رسالته مع كلِّ مَن أراد الإنصات، وقد عبَّرت مقاربته عن تقاليد عتيقة توارثها

التلاميذ عن الأساتذة على مدى قرون، وبالنسبة لأبي مع شري سواروباناند جي Shri Swarupanand Ji، الأستاذ الذي اختار أبي خلفًا له.

ويتمَحوَر جوهر رسالة والدي حول كون السكينة النفسيَّة بداخلك سلفًا وليس بالعالم الخارجي، لكن لا بدَّ لك أن تختار ربط الاتصال بها، وكما سترى، فالاختيار الإرادي هو في صميم مقاربتي.

لقد رفض والدي اتِّباع الخط التقليدي الذي كان ينصُّ عمَّن كان مؤهَّلًا لاكتساب الحكمة.

وكان المجتمع الهندي مجتمعًا يحكمه التعالي، والتوجُّس مِن الأجانب، ونظام طائفي قاسٍ، إلَّا إنَّ والدي كان ينظر للأفراد كجزء مِن منظومة إنسانية عائلية، فمهما كان جنسك، ووسطك الاجتماعي، ونوعك، فأنت مرحَّب بك للالتحاق به والإنصات إلى حديثه، ولا زلتُ أذكر واقعة حين استدعى زوجين أمريكيَّين للمنصَّة، وجعلهما ضيفَيِ الشَّرف، وأجلسهما على الكراسي.

لقد شكَّل هذا الأمر تحدِّيًا بالنسبة لكلِّ شخص يظنُّ أنَّ الأشخاص غير الهنود مدنَّسون روحيًّا وأدنى شأنًا، سأشارككم بشأن شعوري حيال الروابط الإنسانية الكونية في الفصل الحادي عشر.

لقد حفظتُ لوالدي، وأخذتُ عنه كلَّما أتيحت لي الفرصة، وكنتُ غالبًا ما أجلس عند قدميه عندما كان يخاطب الجمهور مِن جموع متتبِّعيه والباحثين عن الفهم الصحيح.

لقد كان أوَّل عهدي بالخطابة حين تناولتُ الكلمة في إحدى المناسبات، وكان عمري حينها 4 سنوات، لقد كان خطابي حينها يحمل رسالة بسيطة، "السلام ممكن لِمَن يبتدئ بنفسه".

لقد كان يراودني شعور قلبي دائم بصدق هذه الحقيقة، ورغم حداثة سنِّي، كان مِن الطبيعي جدًّا أن أقف وأتقاسم هذه الرُّؤَى مع الناس الذين كانوا يجلسون أمامي.

في أحد الأيام بعد مرور سنتَين، كنتُ ألعب خارج المنزل مع إخوتي، حين توجَّه أحد أصدقاء العائلة نحوَنا وقال لنا: إنَّ أباكم يريد رؤيتكم كلّكم الآن داخل المنزل، فقُلنا لتَوِّنا: ما الذي فعلناه؟

ولَمَّا دخلنا المنزل، سألَنا والدي عمَّا إذا كنَّا نريد تلقِّي المعرفة. لقد كان الأمر يتعلَّق بالمصطلح الذي كان يدأب والدي والآخَرون على استعماله بخصوص التصوُّرات والوسائل ذات الصلة بمعرفة الذات، ودون تفكير، كان ردُّنا جميعًا في نفس الوقت بالإيجاب.

لَم يكن الحيِّز الزمني لهذه الحصة مع والدي طويلًا، ولَمْ أدرك إلا بمرور السنين التي تلَت أنَّني طوَّرتُ فهمًا خاصًّا لِمَا مرَّرَه لي خلال ذلك اليوم والذي سوف أمرِّره لكم.

لقد اكتشفتُ أنَّني بدأتُ في اكتساب فَهم أوسع للحياة، وأصبحتُ أرى بشكل أفضل مِن ذي قبل أنَّنا لا نتشكَّل ممَّا يحيط بنا ولا مِمَّا يجيش بفكرنا، هناك شيء ما ينصرف نحو دواخلنا أيضًا، شيء له قوَّة لا تُتَصوَّر.

لقد كان لديَّ مِن ذي قَبل إحساس بالكون الداخلي، إلَّا إنَّه انطلاقًا مِن هذه النقطة بالذَّات انطلق بحثي، وعلمتُ أنَّ معرفة الذات هي الطريق نحو السكينة الذاتية، وأنَّ التمرُّس في ذلك سيمكِّنني لا محالة من التثبُّت والتركيز، لقد أحسستُ بأنَّ المعرفة تجعلني منتبهًا، وتمنحني الثقة بالنفس في الوقت الذي يساور الآخَرين غالبًا شعور بعدم الثقة بالنفس، فالمتسلِّح بالمعرفة لا حاجة له أن يكون في مكانٍ ما أو يفكِّر في أمرٍ ما، لا حاجة أيضًا لاستثارة الوعي بأي شيء غير الإحساس السعيد

بالكيان والكينونة، كما بدأتُ أفهم أنَّ السلام الداخلي ليس أمرًا كماليًّا يؤثِّث حياتنا، بل ضرورة مُلِحَّة.

في أحد الأيام، بعدما اكتسبتُ وسائل معرفة الذات، كنتُ جالسًا بحديقة مسكننا بدهرادون، فراوَدني شعور خارق بالسلام الذي استقرَّ بداخلي، فهمتُ حينها أنَّ السكينة التي تسكن أعماق النفس تتجاوز سقف الإحساس العابر، وأنَّ كينونتها لا ترتبط بالعالم الخارجي، وهذه التجربة ستشكِّل مدار حديث مسهب في الفصل الثالث.

مِن الغانج إلى غلاستونبري

لمَّا كان عمري ثماني سنوات ونصف، تُوُفِّي والدي، كما يمكن أن تتصوروا، كانت صدمة كبيرة لي، لوالدتي، لأختي، لإخوتي الذكور، ولعائلتي برمَّتها، لقد تركَت وفاته ندوبًا غائرة في حياتنا وفي حياة متتبِّعيه على السَّواء.

حتَّى يتسنَّى لي تعلُّم اللغة الإنجليزية، أرسلني والدي لمدرسة كاثوليكية رومانية بديهرا دون Dehra Dun – أكاديمية القدِّيس جوزيف St Joseph – فقد كان يحذوه أمل لرؤيتي يومًا قادرًا على تقاسم فهمه لمعرفة الذات مع الناس في كلِّ البقاع فيما وراء البحار مع الإنسانية جمعاء في حقيقة الأمر.

بعد أن وافَت والدي المنيَّة، أصبح الغرض مِن مسارات حياتي واضحًا بالنسبة لي على نحو مفاجئ، كان عليَّ أن أكمل مسيرته العملية، أن أتقاسم رسالة مفادها أنَّ السكينة والسّلم الداخلي ممكن أينما كان بوسع الناس الإنصات في العالم أجمع.

وبالرغم مِن كون الأمر بمثابة طموح جريء لطفل صغير، فقد كنتُ أحسُّ بوضوح بما ينبغي أن أفعله، فكان الطريق الوحيد الذي يجب أن أسلكه هو التوجُّه لمتابِعي والدي، فاستجمعتُ شجاعتي بما يكفي لمواجهة الحشود، ثم بعد ذلك وجدتُ نفسي أخاطب الناس على امتداد الهند، وإلى يومنا هذا أنا مندهش لرباطة

جأش الهنود؛ فقد اجتاز البلد العديد مِن الغزوات والتحدِّيات، لكن تمكَّن مِن النجاة بفضل صمود الشعب، لقد قُدِّر لي أن ألتقي العديد مِن الأفراد الرائعين خلال جولاتي في الهند.

خلال سنوات الستينيات، كان الزوار يتوافدون من الولايات المتحدة ومن أوروبا على ديهرا دون Dehra Dun، غالبًا في إطار رحلة بحث عن أفكار جديدة بخصوص الحياة، بعضهم بدؤوا بالحضور والإنصات لخطابي، سأُورد في هذا الكتاب أول لقاء ومواجهة مع هؤلاء الزوَّار الغربيِّين.

لقد أنصت فريق منهم بإمعان لرسالتي، وبعد ذلك عبَّروا لي عن اعتزامهم تقاسُم ما تعلَّموه عنِّي مع أناس آخَرين فور رجوعهم إلى وطنهم، فدعوني لزيارتهم في إنجلترا.

كطفل في سن الثالثة عشرة، كنتُ أتوق للذهاب، لكن كان عليَّ حضور دروس أساتذة أكاديميَّة القديس جوزيف كانوت St Joseph؛ لذلك كان يجب حينها أن ترتَّب الرحلة خلال العُطَل المدرسية.

أيام معدودة بعد وصولي إلى المملكة المتحدة، في شهر يونيو 1971، ألفيتُ نفسي على متن سيارة تجوب لندن نحو الضاحية الريفية.

في نهاية رحلتنا خرجتُ مِن السيارة نحو المنصَّة الهرميَّة لمهرجان غلاستونبيري Glastonbury للموسيقى، لقد كان فقط في نسخته الثانية، ولَم يكن بعد مهرجانًا بالشهرة العالمية التي حصدها الآن.

في تلك الليلة تحدَّثتُ بشكل مقتضب عن قوَّة معرفة النفس والسلام الداخلي أمام حشد مندهش وصاخب، وبدا حينها أنَّ الخطاب لاقى صدًى في أوساط السواد الأعظم منهم.

أثار وصولي إلى المملكة المتحدة وظهوري بغلاستونبيري Glastonbury اهتمام الصحافة، وصار الناس يبحثون عني.

خلال تلك السَّنة زرتُ الولايات المتحدة الامريكية للمرة الأولى، وقمتُ فيها خطيبًا، وبدأ الاهتمام بي هناك يتزايد أيضًا.

كان مِن المفترض أن أعود لاستئناف دراستي برسم الموسم الدراسي الجديد، لكنّي قرَّرتُ أن أظلّ لفترة إضافية أطول، أذكر اللحظة التي اتَّصلتُ فيها بأمي لأخبرها باعتزامي عدم الرجوع، وصادف الأمر تواجدي حينها ببولدر كولورادو Boulder Colorado.

أفدتُ أنَّ أمورًا كبرى تحدث بالولايات، لقد كان الهدف من الرحلة هو اكتشاف مدى اهتمام الناس والذي سوف أمرِّره لكم بخطاب السلم.

بالهند كانت مستويات العديد مِن الناس جدّ متدنِّية، ويعيشون فقرًا مدقعًا، ويلجؤون بالرغم مِن ذلك لكنوز دفينة في معرفة الذات، فهل بمقدور الشعب الأمريكي الغَني نسبيًّا أو غيره مِن الشعوب أن يساوره نفس الإحساس بالحاجة إلى الاتصال بالذات؟ لقد بدا لي بشكل جليّ أنَّ الناس بالدول الغربية متعطِّشون بنفس الدرجة لمعرفة الذات والسلم الداخلي.

هأنذا في الثالثة عشرة مِن عمري، بعيدًا عن مقر سكناي بآلاف الكيلومترات، لكن بتصوُّر وحسٍّ واضح حول وجود الفُرَص أمامي، وعرفتُ ما يعتمل في ذهني.

بعد بسط بعض عناصر الإقناع، قَبِلَت والدتي على مضض تمديد إقامتي، لَم يكن أي واحد منّا يعرف حينها أنّني سأستقرُّ وأبني حياة جديدة بالولايات المتحدة الامريكية، لأتوجه لحشود تعجُّ بأعداد غفيرة بتوالي المرّات وتعدُّد الأماكن، وبعد سنوات التقيتُ زوجتي مارولينMarolyn، لتأسيس عائلة بأمريكا.

البحث في المكان المناسب

خلال مدَّة طويلة، كنتُ دائم السفر بين دول العالم بخطابي حول السلم الذاتي، حين نشعر بالسكينة الداخلية نبدأ حينها في التأثير على الناس الذين يحيطون بنا، فالجميل في السكينة الذاتيَّة أنها مُعدِية.

لقد تحدَّثتُ عن هذا الأمر في كلِّ مكان، مِن أروقة الأمم المتحدة حتَّى غياهب السجون، مِن البلدان التي عانت مِن ويلات النزاعات المسلَّحة الأخيرة، بما فيها جنوب إفريقيا، سريلانكا، كولومبيا، تيمور الشرقية، وساحل العاج، وانتهاء بمحافل وميادين أمم كثيرة أخرى.

تحدَّثتُ إلى كلِّ شخص انطلاقًا مِن قادة العالم إلى ثوَّار الحروب الأهلية السابقين، وأمام حشود تجاوزَت نصف المليون وملايين المتفرِّجين في القنوات التليفزيونية حتَّى المجموعات الصغيرة، ووصولًا إلى لقاءات ثنائية كثيرة، والآن هأنا أخاطبكم مِن خلال هذا الكتاب.

حيثما ذهبتُ أحرص على تقاسم المبدأ الذي ترسَّخ قديمًا حول المعرفة والسلم الذي اكتسبناه على مدى السنين، لكنِّي دائمًا أبحث عن سرد الحكمة المأثورة وإسقاطها على ما يقع في عصرنا اليوم، ستَرَون أنَّه بالرغم مِن كوني مهتمًّا بالواقعَين الشخصي والاجتماعي اللَّذَين أتى بهما التطور الصناعي والتكنولوجي، فأنا لا زلتُ أحتفي بمزايا الحداثة.

فالتكنولوجيا لعبَت بالتأكيد دورًا ملحوظًا في حياتي اليومية، فالطيران مثلًا كان مهمًّا بالنسبة لي عندما كنتُ صغيرًا، كنتُ دائم التفكير في الطائرات، وأحلم بالقدرة يومًا على التحليق، لقد كانت تراودني فعلًا رغبة في تجاوز سقف الغيوم.

لمَّا وصلتُ إلى أمريكا قرَّرتُ التدرُّب لأُصبِح طيَّارًا، منذ ذلك الحين مكنَّتني القدرة على قيادة الطائرة مِن التحكُّم في رحلاتي وبلوغ الأماكن القاصية لتقاسم رسالتي، وكان الطيران مجزيًا وعلى قَدر كبير مِن الأهميَّة في حياتي.

على مدى العقود التي سافرتُ وحاضرتُ فيها، شهِدنا نهضةً وتطوُّرًا في مستوى العيش عبر العالم، الأكيد أنَّه لَم يستفِد كلُّ شخص مِن المنافع التي يتيحها هذا التطوُّر، وهذا ما يمكن أن تجلوه لك مجرَّد رحلة للهند، أو زيارة للمناطق الأكثر فقرًا وهشاشة بأمريكا.

ومهما يكن مِن أمر، فإنَّ تزايد المؤشِّرات العامَّة للرخاء المادي أمر ملحوظ، ومع ذلك أينما ارتحلت فلا يبدو هناك تطابق في زيادة عدد الناس الذين يشعرون بالرضا عن أوضاعهم، ويرتبطون بشكل تامٍّ بأنفسهم، ويتَّصِفون بالوضوح في رسم مراميهم، فالناس غالبًا يقولون لي بأنَّهم يحسُّون بأنَّ أنفسهم مفقودة، لكنَّها في الحقيقة ليست مفقودة، ولكنَّهم يبحثون في المكان الخطأ.

يمكن أن نرغب في البحث عمَّا نريد في العالم الخارجي – وهذا البحث يمكن أن يجلب لنا تجارب كبيرة ومهمَّة لمسارنا – إلَّا إنَّ تحقيق الذات الأصيل يتمُّ بتوجيه وعْيِنا نحو داخلنا، فالسلم يتشكَّل تمامًا بداخلنا منذ اللحظة التي خُلِقنا فيها، لكن يمكن فقدان الارتباط به بمجرَّد تعرُّضنا لملهيات الحياة، فالناس يبحثون في أي مكان عن المعرفة والسلم، ولكن لا حاجة للاستمرار في البحث إذا كان لديك ما تبحث عنه.

يجب علينا أن نشعر بحقيقة ذواتنا، وهذا هو الشخص المميَّز الذي سبق أن أشرتُ إليه ليظلَّ الشخص المحوَري في كلِّ هذا، والذي تحتاج معرفته أكثر مِن أي شخص آخَر هو أنت.

ففي نظري أنَّك تملك بداخلك كلَّ ما تحتاجه، وتملك كلَّ الموارد التي تحتاجها لتعرف حقيقة نفسك، فوضوح الرؤية والرِّضا واللُّطف موجودون بداخلك.

الظلام بداخلك ولكنَّ النور بداخلك أيضًا حتَّى حين تنتابك لحظة الحزن، فالبهجة لا تزال أيضًا بداخلك، كلُّ هذه الأحاسيس لا تأتي مِن مكان لا تعرفه، بل هي جزء لا يتجزَّأ منك حتَّى وإن لَم ترَها.

في نهاية المطاف كلُّ ما أفعله هو أنَّني أمنحك مِرآةً لتبدأ في النظر في داخلك بشكل أوضح.

ما قصتك؟

لَم يكُن لدَى عائلتي التليفزيون حتَّى وقت متأخر، وكانت محطات الراديو تبثُّ فقط بضع ساعات في اليوم، لكن بيتنا كان مليئًا بروايات القصص.

هناك جدل طويل جدًّا حول القصِّ الشفهي في الهند مع معلمين ينقلون القصص إلى الطلاب، وطلاب يتقاسمونها مع آخَرين، هذا النهج التحدُّثي والسردي من الممكن أن يعكس مخاوف وأحداثًا معاصرة؛ لذا فإنَّها كانت دائمًا تعتبَر ملائِمة.

قدر الكاتب الهندي المقدس القديم فيد فيا س Ved Vyās التقليد المتكلّم، ولكنَّه شَعر أيضًا بأنَّ بعض القصص كانت تضيع مع مرور الوقت، فبدأ في تدوينها، وهو الآن يحظى بالتقدير كمؤلِّف للملحمة السنسكريتية ماهبهارات Mahabharat، وغالبًا ما يُنسَب إليه الفضل في كتابة أو تجميع مجموعات شهيرة أخرى مِن النصوص الهندية، مثل الفيدا والبورانا.

كانت القصص المقولة والمكتوبة كلتاهما تُبقِي كلَّ شخص في بيتنا مرفَّهًا، ولكنَّنا تعلَّمنا أيضًا منها، والآن بصفتي خطيبًا، أتقاسم قصصًا تردّد صداها معي على مرِّ

السنين – بما في ذلك حكايات مِن حول العالم – وقد أدرجت عددًا مِن القصص المفضَّلة لديَّ في هذا الكتاب.

عادةً ما تبدأ القصص التقليدية بـ "كان يا مكان في قديم الزمان"، لكن القصة الكبيرة التي أريد أن أرويها تبدأ بشكل مختلف قليلًا: "كان يا مكان، في هذا الزمان، يعيش شخص هو أنت."

لديك قصة كنتَ تكتبها منذ ولادتك، ومِن المهمّ أن تضع نفسك في قلب الحدث. عليك أن تستمتع بما أنت عليه، إذا لَم تكن حذرًا يمكن لأي شخص آخر أن يصير الشخصية الرئيسة في دراما حياتك، شركاء، عائلة، أصدقاء، زملاء، مشاهير، سياسيُّون، حتَّى الغرباء، ولكن يجب أن تستمرَّ في وضع نفسك في مركز الاهتمام.

"أليس ذلك هوسًا بالذَّات؟" أسمعك تسأل هذا السؤال.

على العكس تمامًا، وسأخبرك لماذا البدء مع نفسك هو في الواقع أفضل شيء يمكنك فِعله للنَّاس الآخَرين.

اعرف نفسك

في مرحلةٍ ما مِن تاريخ البشرية، بدأ الناس يدركون أن هناك مستوًى مِن الوعي يتجاوز التفكير الضروري اليومي للبقاء على قيد الحياة، لا نعرف متى بالضبط ظهر هذا الفهم، ما نعرفه هو أن علامات المعرفة الذاتية يمكن تتبعها كموضوعٍ جميل من خلال العديد من الثقافات والحضارات العظيمة، كل واحدة تلاءمَت بطرُق أظهرَت معنًى خاصًّا لها.

فكِّر في هذه الكلمات الشهيرة التي غالبًا ما نُسِبَت إلى الفيلسوف الكلاسيكي اليوناني سقراط: اعرف نفسك! وقيل أيضًا إنَّ العبارة نفسها كُتِبَت على الحجارة في هيكل أبولو في دلفي، ويعتقد بعض المؤرخين أن هذه الكلمات ربَّما تبنَّاها اليونانيون مِن أهل مصر القدماء.

ويشتهر الهيكل الداخلي في الأقصر في مصر بنقش يقول: "يا رجل، اعرف نفسك وسوف تعرف الآلهة"، وسوف تعرف المزيد عن تلك الآلهة فيما بعد.

المقصود هو أنَّ العبارة ليست "اعرف تاريخك" أو "اعرف ثقافتك" أو "اعرف مجتمعك"، بل هي عبارة دقيقة تمامًا: "اعرف نفسك" هل تعرف نفسك؟

عندما أطرح هذا السؤال يبتسم معظم الناس ببساطة، ويقولون شيئًا مثل "ربَّما" أو "لستُ متأكِّدًا".

مَن أنت؟ إنه سؤال بسيط قد يكون من الصعب الإجابة عنه جزئيًّا؛ لأنَّنا عادة نحاول الإجابة بالكلمات بدلًا مِن المشاعر.

إنَّ الكلمات منطلق مناسب، ولكن معرفة أنفسنا تتمحوَر حقًّا حول ما نعيشه وليس حول كيفية تقويم أنفسنا، وأنا هنا لأقول لك إنه على مر قرون عديدة، أحسَّ الناس بالرضا الذي يأتي مع المعرفة الحقيقية للذات، ويمكنك أنتَ أيضًا أن تحسَّ بذلك.

جزء من عملي هو المساعدة على مواجهة آثار عالَم يمكن بسهولة أن يشتِّت انتباهك عن حقيقتك، سيُخبرك العديد مِن الأشخاص بما لستَ عليه، أنا هنا لمساعدتك على معرفة حقيقتك.

الكثير مِن الناس سوف يخبرونك بكل شيء خاطئ عنك، أنا هنا لمساعدتك على تقدير كل شيء صحيح في ذاتك.

كثير مِن الناس سوف يسرعون بقول ما يجب أن تكون عليه مثل هذا أو ذاك، أنا هنا لأقول إن لديك الكمال بداخلك.

على طول الطريق ستجيب نفسك طبعًا، مَن أنا؟ وربَّما حتَّى "لماذا أنا هنا؟"، وحتَّى يومنا هذا، تبدأ رسالتي بالحقيقة الأساسية، وهي أنَّ السلام موجود في كل واحد منَّا دون استثناء، ويبدو هذا وكأنَّه تصريح مهمٌّ في مواجهة الكثير مِن الارتباك، والاستهتار، والخوف، واليأس في عالمنا.

ستجد طريقتي بسيطة وعمليَّة وسهلة التطبيق، لا يتعلَّق الأمر بالدراسة لسنوات عديدة، فلدَيك ما تحتاج إليه بداخلك الآن، ولكن معرفة الذات يمكن أن تبدأ حقًّا عندما تتحمَّل مسؤولية رفاهك ورغد عيشك، وتختار أن تستكشف داخلك.

بحسب تجربتي، السلام يصبح ممكنًا فقط عندما تبدأ في معرفة نفسك، قال الفيلسوف اليوناني القديم أرسطو: "معرفة نفسك هي بداية كلِّ حكمة"، فمِن معرفة الذات والسلام يتدفَّق إحساس جميل بالبهجة، الوضوح، اللهو، المحبة، المرونة، وأمور أخرى كثيرة، مشاعر يمكن أن يتمتَّع بها المرء لنفسه دون أن تكون رهينة بأي شخص أو أي شيء آخَر.

لدَيك مخزون مدى الحياة مِن السَّلام الداخلي الذي لا يعتمد أو يُحدَّد مِن قِبَل أشخاص آخَرين، أو مِن قِبل أي شيء مِن الخارج، فلندَع هذه الفكرة تختمر في ذهننا.

إنَّ هذا السلام الداخلي ملكك وحدك، إنَّه يتَّسِم بالكمال، وهو يكمن في قلبك، وهذا هو المقصد الذي نتَّجه إليه الآن.

أنصِت إلى الصوت الخفي

قال الشاعر الهندي (كبير) في القرن الخامس عشر: "إذا أردتَ الحقيقة فسأقول لك الحقيقة: أنصِت إلى الصوت الخفي، الصوت الحقيقي الذي بداخلك، فمعرفة الذات هي كالموسيقى، عندما تبدأ بفهم نفسك تبدأ بسماع الكثير مِن الأصوات الجميلة التي يمكن لهذه الحياة أن تعزفها لك، كما لو أنَّ أذنَيك تصبحان متناغمتَين مع المزيد من تلك التردُّدات، وأخيرًا فوق الضجيج تسمع نفسك، وتتحول إلى موسيقي أيضًا، منتِجًا ألحانًا رائعة تبهج أولئك القادرين على سماعها.

وربَّما تلهم بعض التناغمات ولكن كأي موسيقي يجب أن تتعلَّم آلتك وتمارس، وتتمرَّن.

أتذكَّر مرة في دهرا دون، عندما كان الناس يؤدُّون الموسيقى في منازلهم فقط للمتعة، قليلون جدًّا منهم كانوا حقًّا موسيقيِّين، لكنَّهم كانوا يعزفون بلا انقطاع غالبًا مع الناس الآخَرين والحيوانات المقيمة في المنزل أثناء أشغالهم.

قد يكون شخص ما له دهابلي (دف)، وكان مِن الممكن أن تكون هنالك لوحة مفاتيح صغيرة كالهارمونيوم، وآلة أحادية الوتيرة كالجيتار "Guitar" الذي يُدعَى

أكتارا، عادةً ما كان الصوت بسيطًا، لكن اللاعبين كانوا منغمسين بشغف في عملية العزف.

كان أبي يقف أحيانًا في الخارج ليستمع، وكان يقول "شش.. لا تدعهم يعرفون أنَّنا نقف هنا؛ لأنَّهم سيتوقَّفون عن العزف".

لقد أرادهم أن يبقوا في تلك اللحظة، ويعبِّروا عن أنفسهم دون تفكير، دون الحاجة إلى القلق بشأن أدائهم للآخرين والسَّعي جاهدين ليكونوا على صواب، وهذا مشابِه جدًّا لممارسة معرفة الذات، فالأمر لا يتعلق بإتقان الآلة المستخدَمة أو رد فعل الجمهور على الأداء، إنَّما يتعلَّق بالشعور الذي يحسُّ به العازف.

تخيَّل كيف يمكن للشعور بالسلام أن يغيِّر طريقة عيشك لكل لحظة ثمينة، تخيَّل لو تمكَّن كلُّ مَن حولك مِن اكتساب هذا الارتباط العميق بماهية شخصيتهم، تخيَّل لو كان بإمكان الجميع سماع موسيقى معرفة الذات وتشغيلها، فكِّر في التأثير الذي سيَطرأ على الأفراد، والعائلات، والمجتمعات، والسياسة، والحرب، وعالمنا.

حسنًا، يبدأ الأمر بشخص تِلوَ الآخَر، وفي هذه الحالة الأمر يتعلَّق بك أنتَ.. هيَّا نبدأ.

الفصل 1

تجاوز الضجيج بين أذنَيك

إنَّ الوقت الذي بين أيدينا ثمين للغاية، منَ يدري كم مِن الوقت متبقٍّ لنا؟ كل يوم نتلقَّى هبة الحياة الرائعة، وأكبر مسؤولية تقع على عاتقنا هي أن نضمن أنَّنا نعيش كلَّ لحظة على أفضل نحو ممكن، عندما يحدث ذلك يكون الأمر كما لو أنَّ الحياة تزهر لنا في كلِّ مجدها، حتَّى في الأوقات الصعبة يمكننا أن نشعر ببهجة الحياة.

ولكن لكَي نستفيد إلى أقصى حدٍّ مِن وقتنا يجب أن نهتمَّ بتركيزنا، أن نركِّز فقط على ما هو مهمٌّ، ما نحتاج حقًّا إلى فعله وعلى أكثر ما يُرضينا، وكل شيء آخَر عدا ذلك هو ضجيج فقط.

كل يوم أريد أن يكون برنامج عملي واضحًا، إنَّ أجندة اليوم هي البهجة، إنَّ أجندة اليوم هي اللطف، إنَّ أجندة اليوم هي تحقيق الذَّات، أجندة اليوم هي الحبُّ، وفي المقام الأول مِن الأهميَّة، فإنَّ أجندة اليوم هي أن نعيش في سلام.

يمكن أن تظهر النشاطات اللامنهجية – كل هذه الأمور العملية أو الضرورية التي يمكن أن نمرَّ بها في حياتنا – ولكن لا يجب أن تصرفني عن أولويَّة الاستمتاع بالحياة إلى أقصى حدٍّ.

غالبًا ما يتحدَّث الناس عن الحاجة إلى تركيز انتباهنا، واقتراحي هو أن نرى بوضوح أكبر عندما ننظر إلى أنفسنا من الخارج ومن الداخل على حدٍّ سواء.

هناك فرص كبيرة يمكننا الاستمتاع بها في عالمنا، ولكن إذا كنا فقط مرتبطين بما يحدث هناك، وفقَدنا الاتصال مع ما يحدث داخلنا، يمكننا أن نفقد منظورنا، ونبدأ في الشعور بعدم التوازن.

عندما أقول "بداخلنا"، فإنني أشير إلى أعمق جزءٍ منَّا، أي القلب بدلًا مِن العقل، فمِن السهل جدًّا أن ينتهي بنا الأمر إلى قضاء كلِّ وقتنا في عالم العقل المضطرب – مجال الأفكار، والتوقُّعات، والإسقاطات، والهموم، والانتقاد، والتخيُّلات عن أمور خارجة عنَّا – ثمَّ ذات يوم نسأل أنفسنا: "هل هذا كل ما في الأمر؟ أهذا كل ما أنا عليه؟ هل أنا فقط وعاء لهذه الأفكار المتدفقة؟ إن هذا التعطش إلى الشعور بماهية الذات والكمال بما يتجاوز ما يدور في أذهاننا، يتعدَّى الثقافة.

حسنًا، هل هذا كل ما هناك؟ هل هذا كل ما نحن عليه؟ هل نحن أكثر بكثير من عقل داخل الجسم؟

والجواب هو أنَّ للحياة ولنا مغزًى أكبر بكثير مِمَّا يعبر أذهاننا، والواقع أن عقلنا هو الذي يلهينا في كثير من الأحيان عن الارتباط العميق بأنفسنا، والتحدي الذي يواجه العديد مِن الناس هو أنهم نشؤوا محاطين بمُلهيات خارجية، ولكن لَم يُعرَض عليهم قط كيفية التواصل خارج حدود العقل.

وبدون هذا الارتباط الأعمق في داخلنا، قد نشعر بأنَّ جزءًا منَّا مفقود – ربَّما هو الجزء الأكثر أهمية – ولكننا لا نعرف تمامًا ما هو الغائب، أو أين نجده.

ما ينقصنا هو علاقة مع إحساسنا بالسلام الداخلي، مع فَهم جوهر مَن نكون.

عندما نكون على اتصال بالسلام، تجربتنا في الحياة تزداد ثراءً بفضل البصيرة، وإحساس متبصِّر بما هو مهمٌّ، وعندما نبدأ كل يوم من وضع هادئ – حيث نعرف حقًّا أنفسنا – حينئذٍ يمكننا الخروج إلى العالم الخارجي منتبِهين إلى ما نريد أكثر أن نفعله، نعيشه ونشعر به.

إذًا السلام والرضا والعديد مِن العجائب الأخرى هي متاحة لنا، لكن علينا أن نتأكَّد أنَّنا نبحث في المكان الصحيح، وقبل أن نخوض ذلك مِن المفيد أن نفهم معنى الضوضاء.

انشغال الحياة

ربما سبق أن شعرتَ بما يلي: تستيقظ من النوم، تفتح عينيك ببطء، تتثاءب، وتتمدَّد، وعلى الفور تقفز عليك.

كل تلك الأفكار عن يومك، كل تلك الأهداف التي عليك تحقيقها والخطط التي يجب عليك السعي لبلوغها، كل تلك التوقعات والآراء من العائلة والأصدقاء والزملاء، كل هذه المشكلات في المنزل أو العمل، كل تلك المخاوف حول الأشياء التي حدثَت بالأمس أو قد تحدث غدًا، الماضي والمستقبل يجتمعان معًا في نشاز مِن الضوضاء.

الأمر كما لو أن العديد من الملهيات في عالمك كانت تجلس بصبر في نهاية السرير منتظرةً منك الخروج مِن السبات، والآن قد قفزتَ إلى الحياة، إلى حياتك.

في الواقع.. في بعض الأحيان الملهيات لا تنتظر، إنها تأتي وتوقظك مبكرًا جدًّا، حان وقت النهوض، إنَّها تبكي، نحن في حاجة إلى القوت!

لطالما سمعتُ عددًا مِن الشكاوَى مِن بعض أصدقائي:

"هناك الكثير مِن الأشياء تريد التِهَام وقتي".

"لا يمكنني الحصول على دقيقة لنفسي!".

"الأمور لا تتوقَّف".

فالناس غالبًا ما يتكلمون وكأنهم أصبحوا عبيدًا للعمل (انشغال الحياة)، وبكل سهولة قد تحدِّد الملهيات أجندَتنا، ووقتئذٍ ينفلت الزمن من بين أصابعنا، وعندما يحدث ذلك قد تفوتنا بركات ساعات اليقظة، القناعة والبهجة التي ينبغي أن نستلذَّ بها، هكذا يُصرفنا الضجيج عن الإحساس بالحياة.

عجائب التكنولوجيا وتحدِّياتها

كان مِن المفترَض أن تساعدنا التكنولوجيا على حل مشكلات الانشغال، وقيل لنا إنَّ ذلك سيُزيل المهمات المملَّة والتي تستهلك وقتنا لنصبح أحرارًا لفِعل المزيد ممَّا نحبُّ، ولكنَّ الأمور لَم تمشِ على هذا المنوال.

في الواقع أنا أحب التكنولوجيا، وهذا لا يعني أن علينا العودة إلى أسلوب حياة أقلَّ تقدُّمًا من الناحية التقنية، الاختراع والابتكار قد أسدَيا خدمات رائعة للبشرية، وقد استفدتُ أنا شخصيًّا مِن ذلك، وقد ساعدَ التقدُّم التكنولوجي في رفع مستويات الرفاه والصحة والراحة للعديد منَّا، فقد مكَّننا مِن السفر إلى مسافات أبعد وأسرع وأمان أكثر مِن أي وقت مضى، سمح التقدم التكنولوجي بأن نظلَّ على اتصال مع أحبَّائنا الذين يعيشون على بُعد أميال عديدة، فقد جلب خدمات ومعلومات، ونوعًا جديدًا مِن التسلية إلى بيوتنا، وآمُل أن يكون هناك المزيد في المستقبل، وبشكل خاص لأفقَر الناس على كوكبنا.

بدأت تجربتي الخاصة مع التغيير التكنولوجي عندما اشترى والدي ثلاجة، في ذلك الوقت كانت الهند متخلفة حقًّا فيما يتعلق بالتقدم التقني؛ لذلك عندما

وصل هذا الشيء الغالي الثمن إلى منزلنا، كنَّا جميعا مندهشين، وقد تمَّ وضعها في غرفة منفصلة عن المطبخ، ولم نكن نعرف حقًّا ماذا يجب أن نُدخِل فيها.

ولفترة مِن الوقت كانت تحمل أباريق تحتوي على ماء بارد، ثم قال أحدهم: "هيَّا، يمكنكم تخزين كل الخضروات والفواكه!"، وعلَّمونا ما يمكن أن تفعله الثلاجة.

كنتُ مفعمًا بالفضول عندما كنتُ طفلًا، وأردتُ حقًّا أن أعرف ما إذا كان الضوء داخل الثلاجة ينطفئ عندما يُغلَق الباب، فدخلتُ فيها، ثمَّ أغلقتُ الباب، وبعد نحو دقيقتين جاء شخص وفتحَه، لقد صُدِمَ، هنالك شيء حيٌّ داخل هذه الثلاجة، ولكنَّني في نهاية المطاف وجدتُ جوابي.

ثمَّ جاء الهاتف، وعوَّض أن نضغط على رقمٍ ما، كنَّا فقط نرفع سماعة الهاتف، وكانت السكرتيرة هناك في انتظار ربطنا بالمخاطب، إذا كانت المكالمة محلية، فيكفينا أن نعطي الاسم ليقوموا بإيصالنا بالمخاطب.

فيما بعد، عندما زرنا دلهي، كنَّا نستخدم الهاتف لنعرف ما إذا كان صديق العائلة الذي كان يمتلك أول جهاز تلفاز في المدينة سيشغِّل التلفاز ذلك المساء، كنَّا دائمًا نريد أن نذهب ونشاهده معه! ويا لها مِن قفزة من ذلك الزمن الذي كنا نشاهد فيه التلفاز إلى هذا الزمن الذي نشاهد أحدث الأفلام على الكمبيوتر اللوحي أو على الهاتف!

يمكننا أن نقدِّر فوائد التكنولوجيا ونحتضن الابتكار، ولكن إلى جانب العجائب تأتي التحدِّيات، يجب أن نتحقَّق مِن أنَّ التكنولوجيا تخدم مصالحنا، لا أحبُّ أن تتحكَّم فيَّ التكنولوجيا، أريد أن أكون المتحكِّم وصاحب القرار فيما يخصُّني، بما في ذلك تشغيل وتوقيف التكنولوجيا.

إنها عابرة

أحيانًا أجد أنَّ التواصل العاطفي الذي يكوِّنه الناس مع أجهزتهم مفاجئ نوعًا ما.

كنتُ في كمبوديا قبل بضع سنوات أقدِّم محاضرة لبعض الطلاب المتميزين، في مرحلةٍ ما خلال الأسئلة، وقفَت امرأة شابَّة تبدو متضايقة جدًّا، قالت: لقد شاهدتُ فيديوهاتك، وقلتَ إنَّه لا ينبغي أن نعيش مع الماضي، ينبغي أن نعيش مع الحاضر.

على الفور بدأتُ أتخيَّل أنَّها مرَّت بشيء صادم – ربَّما موت والدَيها – وكنتُ أشعر فعلًا بسعادة كبيرة لأنَّها تفصح عن ذلك لي.

ثمَّ قالت: فقدتُ هاتفي البارحة، وما زلتُ أندم على هذا، وأشعر بالأسف، ما الذي يمكنني فِعله لأُسعِد نفسي مجدَّدًا؟

لَم أرَ بتاتًا أيَّ شيء مأساوي فيما قالت، ومع ذلك كانت الشابة تبدو جدّ حزينة.

أجبتُها: "هل وُلدتِ مع الهاتف؟ لا، لا يمكنك تقييم حياتك بمقياس الهاتف، لكي تعيشين، هل تحتاجين إلى هاتف؟ هل تعرفين كم تعاقبَتِ الحضارات قبل مجيء

الهاتف؟ لآلاف وآلاف السنين لَم يكن لدى الناس هواتف، إذًا هل كانوا جميعًا حزناء؟ لا! ستأتي الأمور وتذهب. ولا يمكن أن ترتهن بهجتنا بهذه الأمور، هل يجب أن تنزعجي؟ نعم، هل يجب أن تحزني؟ لا."

عندما تهبُّ الرياح بشدَّة تتكسَّر الأشجار التي لا تنحني، لكنَّ الأشجار التي تعرف كيف تتزحزح مع الرياح تبقى صامدة، إنَّها مجرد عاصفة، إنها عابرة، ولكن يجب أن تترفَّعي عن ذلك، وستكونين على ما يرام.

دائمًا شغَّال

لذلك أستطيع أن أرى أنَّ التقدم التكنولوجي قد نَقَل العالَم مِن حولنا بشكل إيجابي وبطُرق عديدة، وأنا سعيد بذلك، فعندما يتعلق الأمر بالكون الداخلي تصبح مشاعري أكثر تعقيدًا.

إنَّ التكنولوجيا – وخاصةً في الاتصالات – يمكن أن تكون عنصرًا مضخِّمًا للضوضاء في حياتنا، عنصرًا مضاعفًا للملهيات التي تستقطب اهتمامنا.

يقول كثير مِن النَّاس إنَّهم مطارَدون برسائل البريد الإلكتروني والرسائل النصيَّة والإخطارات والملاحظات وما إلى ذلك، ولكنَّنا أيضًا نقلق بشأن الرسائل التي لَم نتلقَّها بعد، والأشخاص الذين هم ليسوا ضمن المتابعين لنا.

البشر يمكنهم التكيُّف بسرعة كبيرة مع الأوضاع الجديدة، لكن يبدو الأمر كما لو أنَّ بعضًا منَّا ينجرف مع الابتكار بدلًا مِن أن يتابع مساره.

التكنولوجيا موجودة لمساعدتنا على البقاء على اتصال مع بعضنا البعض، ولكن قد نشعر وكأننا نفقد الاتصال مع أنفسنا بدلًا مِن ذلك.

في بعض الأحيان يبدو الأمر وكأنَّ أجهزتنا تُثقل كاهلنا، وكأنَّنا اشترَينا حصانًا ينقلنا مِن مكان إلى آخَر، ولكن انتهَى بنا الأمر إلى حمل ذلك الحصان!

عندما نشعر بمتطلّبات التكنولوجيا تنادينا، يجب أن نسأل أنفسنا: في هذه اللحظة، هل أشعر بالحرية؟ أم أنّني أسلمتُ جزءًا مِن نفسي لهذا الاتصال الدائم؟ يقال لنا إنّه عالم "دائمًا شغّال"، هل يجدر بنا أن نتوقَّف أكثر؟

أحد التحدِّيات هو أنَّ الأشكال الجديدة مِن وسائل التواصل الاجتماعي لا تتوقَّف عن تقديم موادّ جديدة، وهذا يمكن أن يكون مثيرًا ومجزيًا، ولكن بدلًا مِن الإحساس بالانتعاش بما هو جديد، يمكن أن ينتهي بنا الحال دائمًا في الرغبة فيما هو قادم، ثمَّ نصبح قلِقِين بشأن احتمال فقدان شيء مهمٍّ.

هناك مختصَر لهذا الشعور: الخوف مِن أن يفوتك شيء ما (Fearing Of Missing Out).(FOMO)

الآن نرى موجة جديدة مِن التكنولوجيا تدخل في حياتنا أيضًا: الإبداعات التي قد تقدِّم لنا أشياء عظيمة، لكن مع العواقب يجب علينا أن نأخذها بعين الاعتبار، الذكاء الاصطناعي، الواقع الافتراضي المعزَّز، فهناك الكثير مِن الاحتمالات المثيرة، ولكن يجب أن نتحقَّق أنَّ التكنولوجيا تساعد على جعل حياتنا اليومية أفضل، ولقد تذكَّرتُ تعليقًا صادرًا عن رجل الاقتصاد جون كينيث جالبريث John Kenneth Galbraith: "إنَّ التوجُّه نحو تحقيق إنجازات تقنية معقَّدة يقدِّم دليلًا على أنَّ الولايات المتحدة جيِّدة في صناعة الفضاء، وسيِّئة في مشكلات الأحياء الفقيرة".

أُسألُ أحيانًا حول ما قد يحدث مع مجيء الذكاء الاصطناعي، سوف تبقى أنت هو أنت وأنا هو أنا، سيظلُّ البشر على حالهم، في بعض الحالات حجر عمره 6.2 مليون سنة يكون كفيلًا بقضاء المهمة، وبالتالي فهناك مِن التكنولوجيا العتيقة ما يظلُّ نافعًا.

قال إسحاق أشيموف Isaac Asimov مؤلف القصص الخيالية المشهور: "إنَّ مظهر الحياة الأكثر أسفًا هو أنَّ العلوم تجمع المعارف بوتيرة أكبر مِن اكتساب المجتمع للحكمة"، ولكنَّ الفرصة دائمًا أمامنا لتغيير ذلك، وعلينا دومًا تذكُّر أنَّ بداخلنا واقعًا عميقًا يعجُّ بالحكمة.

المتعة مفقودة

إنَّ إحساسنا بالحمل الزائد يتعلَّق طبعًا بما هو أكثر مِن التكنولوجيا، فأحيانًا توقُّعات الناس قد تزيد مِن الضغط الذي نشعر به، ثمَّ هناك توقُّعاتنا، تلك الرغبات والدوافع غير الملبَّاة، وتلك الرغبات المستمرة التي لا يمكن زحزحتها.

الطموح أمر جيِّد، ولكن ليس عندما يمنعنا مِن الاستمتاع الكامل بِغِنَى الحياة.

البعض منَّا مشغول جدًّا في محاولة تحقيق النجاح، لدرجة أنَّنا لا نملك الوقت للاستمتاع بما نحن عليه، والبعض منَّا مشغول جدًّا بمحاولة الوصول إلى مكانٍ ما بحيث لا نرى أين نحن الآن، يمكن أن يكون هذا عالمًا "دائمًا شغَّال" في عقولنا أيضًا.

ويحاول كلُّ جيل إيجاد طرق للاستجابة لتلك الرغبة الجامحة في شيء آخَر، ويبدو أنَّ الفيلسوف الروماني سينيكا Seneca قد فهمَ FOMO الخوف مِن أن يفوتك شيء ما، ففي مقالته عن قصر الحياة كتب:

فالرجال يجولون في كل مكان، ويتجولون في الشواطئ الأجنبية، ويعبِّرون عن عدم استقرارهم برًّا وبحرًا، كارهين لما يحيط بهم، ويقولون: "لنذهب الآن إلى

كامبانيا Campania"، ثمَّ عندما يملُّون مِن الرفاه يقولون: "دعونا نزور المناطق الخالية، دعونا نستكشف غابات بروتيوم "Bruttium" ولوكانيا "Lucania".

ومع ذلك في خضمَّ كلِّ هذا هناك غياب للمتعة، فهم يقومون برحلة تِلو أخرى، ويغيِّرون مشهدًا بمشهد، وكما يقول لوكريتس Lucretius ": هكذا يفرُّ كلُّ رجل مِن نفسه، ولكن إلى أي مقصد إذا لَم يهرب هو مِن نفسه؟"

ويبدو أنَّ المتعة مفقودة في خضمِّ الحياة العصرية، فيقدِّم العالم الخارجي فرصًا رائعة لنا لنتواصل مع الناس واختبار أمور جديدة، وأفسحَت تكنولوجيا التواصل مجالًا أرحَب لهذا، وهذا رائع، لكن ما نبحث عنه حقًّا هو ما بداخلنا، أريد أن أعرف هذا عن شخصٍ ما، ما شكل عالَم وسائل التواصل الاجتماعي بداخلك؟ هل تتابع نفسك؟ هل أنتَ مِن معجبيك؟ هل تعرف كيف تكون صديقًا لنفسك؟ إذا كنتَ لا تستطيع أن تكون صديقًا لنفسك فهل يمكنك أن تكون صديقًا حقًّا لأي شخص آخَر؟

أحيانًا نحتاج فقط إلى أن ندع جهازنا والجلوس مع الشخص الذي هو المعجب الأوَّل بنا نحن، وكما لاحظ الفيلسوف الصيني القديم لاوتسو Lao Tzu "مِن الذكاء الجيِّد أن تعرف أصدقاءك، ولكن مِن الحكمة الحقيقية أن تعرف نفسك".

حان الآن أوان الأخبار الجيِّدة

إذًا هل تريد إيجاد توازن أفضل بين ما يحدث في العالم وما يحدث في داخلك؟ تريد أن تقلِّل المُلهيات بحياتك وتجد الإحساس بالرضا؟ تريد أن تحسَّ بذلك الشعور الرائع بالبهجة والكمال في هذه اللحظة؟ تريد أن تخفض مستوى الضوضاء وتستمع إلى نفسك؟

هذا ممكن تمامًا، ولكن علينا أولًا أن نقرَّ أنَّ الضوضاء في العالم الخارجي لا علاقة لها بالشعور بالسلام الداخلي، بمعنًى آخَر، علينا فقط التعامل مع الضجيج بين آذاننا.

يحاول الناس بمختلف السُّبُل الهروب مِن الضوضاء، يختبِئون تحت البطانيَّات، ويضعون وسائد فوق آذانهم، يتسلَّقون الجبال، ويمشون في الغابات، ويركضون، يصعدون إلى قمم شاهقة، ويغوصون تحت الأمواج، يذهبون إلى الحجِّ، ويزورون أماكن صامتة في الزوايا البعيدة، يذهبون إلى المعبد أو الكنيسة أو المسجد أو السوق التجاري أو الحانة أو عند الباعة المتجوِّلين، ولكن الضجيج لا يزال موجودًا، فهو عالق بين أذنَينا؛ لذا فلا يوجد مكان آخَر يمكِن أن نعيش فيه، وعلى حدِّ تعبير الكاتب الأمريكي رالف والدو إمرسونRalph Waldo Emerson،

"رغم أنَّنا نسافر على امتداد العالم كلِّه لنجد الجمال، إلا إنَّه يجب علينا أن نحمله معنا، وإلا فلن نجده أبدًا".

وهكذا يهرب كلُّ رجل أو امرأة مِن نفسه دائمًا، ولكن إلى أي مقصد إذا لَم يهرب بها؟ فإذا لَم نجد السكينة بداخلنا، فستلحق بنا الضوضاء دائمًا.

الضجيج لا يحدث فقط مِن تلقاء نفسه، بل نحن مَن يسمح له بالحدوث، يمكننا أن نختار متى نُطفِئ أجهزتنا، يمكننا اختيار كيفية إدارة صندوق البريد الذهني، يمكننا اختيار مَن نستمع إليه، مَن نهتمُّ به، ومَن نردُّ علَيه.

لقد ذكرتُ أنَّ الناس يحاولون الهرب مِن الضوضاء على ارتفاع 30,000 قدم، دعني أصطحبك إلى هناك للَحظة.

باعتباري طيَّارًا، كنتُ داخل الكثير مِن القمرات، واستخدمتُ أنواعًا مختلفة مِن الطائرات، الآن هناك الكثير مِن التشغيل الآلي، حيث الكمبيوتر يتَّخِذ العديد مِن القرارات، وفي الواقع وحيث تحسَّنَتِ التكنولوجيا، انتقَل الطيَّارون مِن الاعتناء بالطائرة إلى الاعتناء بالتكنولوجيا التي غالبًا ما تساعد الطائرة على الطيران، ولكن في نهاية المطاف إنَّ الإنسان هو الذي يقود الطائرة وليس الكمبيوتر، وخاصَّةً في الحالات الطارئة.

عندما كنتُ أتمرَّن كثيرًا ما كان أساتذتي يقولون لي: "إذا كانت هناك مشكلة في التكنولوجيا، فقط أطفِئها وافعل ما كنتَ تقوم به دائمًا (قيادة الطائرة)".

هذا ما نحتاج إلى فعله عندما ترتفع الضوضاء في حياتنا، أطفِئ الأشياء الأخرى وقُد بنفسك، ونحن نفعل ذلك مِن خلال الخيارات التي نتَّخذها.

يمكن لمجرَّد لحظة مِن الاختيار الإيجابي أن تكون بداية رحلة تغيير في الحياة إلى الهدوء الداخلي والتركيز والرضا والسلام، وذلك مِن خلال معرفة الذات.

نتَّجِه نحو السلام الداخلي عندما نختار، ونختار أن نركِّز اهتمامنا أيضًا إلى داخلنا، وبمجرَّد أن نتواصل بشكل كامل مع نفسنا الداخلية، يتوقَّف الضجيج عن كونه دخيلًا، ويصبح صديقنا، فهو صديق منشغل وصاخب وحيويّ، لا نراه إلا عندما يطيب لنا ذلك.

مِن المهمِّ أن نثير الانتباه إلى كلمة "أيضًا" في تلك العبارة "تحويل الانتباه أيضًا إلى الداخل".

ليس مِن الضروري أن يكون الاختيار بين التكنولوجيا والسلام الداخلي، بين الضوضاء والرضا، بين العوالم الخارجية والداخلية.

في بعض الأحيان نفترض أنَّ بإمكاننا الحصول على جميع فوائد الحداثة أو السلام الداخلي، كما لو أنَّ هذا غير متوافِق مع ذاك، ليس علينا التضحية بواحد مِن أجل الآخَر، علينا فقط أن نتثبَّت مِن أنَّنا نحن الذين نختار أين نركِّز اهتمامنا.

عصابة اللصوص

دعونا نضع هذا النهج مِن الاختيار الإيجابي موضع التنفيذ على موضوع محدَّد.

إنَّ وقتنا يُسرَق منَّا، يبدو أنَّ كثيرا مِن الناس يشعرون بذلك، أليس كذلك؟

لعلَّ البعض يظنُّ أنَّ تكنولوجيات وسائل الإعلام الاجتماعية الجديدة هي لصوص الانتباه، ويبدو أنَّ البعض منها فعلًا مصمّم على ذلك، وفي أعماقنا نعلم جميعًا أنَّ رغباتنا مِن الممكن أن تصرف انتباهنا عن الرضا.

ولكن مَن يفتح الباب لهؤلاء اللصوص؟ نحن مَن يفعل ذلك، نحن نجلب العالَم الخارجي داخل أنفسنا، وغالبًا ما يكون مثيرًا ومبهجًا أن نواجه أمورًا جديدة وأناسًا ومعلومات جديدة، وهذا جزء مِن عملية التعلُّم، ولكن علينا أن نبقى حرَّاس مداخل عقولنا وقلوبنا، وعندما نسمح لأي شخص ولأي شيء بالدخول نصبح شركاء في سرقة وقتنا، وقد يكون أشخاص آخَرون محفِّزين على ذلك، ولكنَّنا نحن المصدر الرئيس لاضطرابنا، ونحن المصدر الرئيس لارتباكنا، نحن المصدر الرئيس لاستيائنا، نحن المصدر الرئيس لإلهائنا، ولكنَّنا نحن المصدر الرئيس لكلِّ الصفات الإيجابية القوية التي يمكن أن تعيدنا إلى البهجة والوضوح والتركيز والسَّلام الداخلي.

عندما نبحث دائمًا عمَّا هو قادم، عندما تندثر إنسانيَّتنا، عندما نعتمد بإفراط على شيءٍ ما إلى الحدِّ الذي يجعلنا نفقد التواصل مع أنفسنا، هذا هو الوقت الذي نحتاج فيه إلى إغلاق الباب بشكل مؤقَّت على العالم الخارجي وإعادة الاتصال بالداخل، حيث نجد حريَّتنا الحقيقية.

إنَّ استرجاع السيطرة على الذات بهذا النحو يمكن أن يكون عنصرًا هائلًا للتحرُّر، إنَّ هذا يساعدنا على أن نجد ونقدر وأن نكون أشخاصًا كاملين يعيشون ويتنفَّسون هنا، والآن لدَينا دائمًا خيار أن ندع ضوضاء العالم تفعل ما تشاء، ونركِّز اهتمامنا على الداخل، أنا الوحيد الذي يستطيع فِعل هذا من أجلي، وأنتَ الوحيد الذي يستطيع فعل هذا مِن أجلك، لا يمكن لأي شخص آخَر التحكُّم في خفض أو رفع مستوى الصوت لديك.

الضجيج يولِّد الضجيج، يخفي النَّاس الضوضاء بمزيد مِن الضوضاء، وهكذا تستمرُّ الأمور لتصبح أعلى، ولكن هناك شيء واحد يتحكَّم في الصخب، وهو السكون الذي بداخلك.

هذه بعض الكلمات مِن شاعر القرن الثالث عشر جلال الدين الرومي:

أنت أغنية، أغنية نتمنَّاها..
تعبر الأذن إلى الصميم، حيث السماء..
حيث الريح..
حيث المعرفة الساكنة.

عندما نُسكِت ضجيج العقل يمكن سماع القلب، ومِن ثمَّ نلاقي صوتًا حلوًا ولطيفًا جدًّا، نداء، ليس بالكلمات وإنَّما بالإحساس، ما هو ذلك الإحساس؟ إنَّها العبارة الداخلية لـ "أنا موجود.. أنا موجود.. أنا موجود".

"أنا موجود" تدعونا أغنية القلب هذه إلى اغتنام المناسبة، ولا تعدو هذه المناسبة كونها الحياة نفسها.

الوضوح والعمل

قد تقول: كلُّ هذا جيِّد جدًّا، ولكن ماذا عندما تتطلَّب الأشياء انتباهي؟ عندما لا يمكن تجاهل ضجيج الحياة؟

أجل.. هناك دائمًا أمور نحتاج فعلًا إلى معالجتها، ولكن هناك أيضًا العديد مِن الانشغالات اليومية التي تدخل في خيالنا السلبي وتتحوَّل إلى شيء خارق فوق أهميَّة الأمر.

فقط فكِّر في تلك الفتاة الكمبودية وهاتفها المفقود الذي قلَب عالمها رأسًا على عقب، لكنها كانت حقًّا مجرَّد لحظة عابرة، لَم يكن أمرًا مهمًّا، ولكن يمكن لكلِّ هذه الأمور غير المهمَّة أن تتضافر لتشكِّل مجموع حياتنا.

عندما نحسُّ بالألم والمعاناة نبحث عن الشروحات، لكنَّ البحث عن الشروحات قد يصبح مشكلة أيضًا، فبدلًا مِن محاولة الشرح، فإنَّ أول ما أفعله في مواجهة مشكلة حادَّة هو أن ألتفت إلى الداخل وأدرك أهم حقيقة بالنسبة لي: "أنا موجود.. أنا موجود.. أنا موجود"، وهذا يمنحني المنظور الأكبر والأفضل الذي أستطيع مِن خلاله أن أرى ظهور أي مشكلة.

تبدأ معرفة الذات بالشعور بالشيء الفريد والأهَمّ والأصوَب، أنت على قيد الحياة، أنت هنا تتنفَّس وتنعَم بكلِّ الإمكانيات المتاحة.. تهانينا!

فعندما تحلُّ المشكلات – وستحُلُّ بنا بالتأكيد – يمكننا دائمًا اختيار رؤيتها على حقيقتها ومعالجتها مباشرة، أو المناورة والابتعاد، وكطيَّار.. قد تجلس في قمرة القيادة، ويسير كلُّ شيء بسلاسة حتَّى تحدُث بعض الاضطرابات، أنتَ لا ترى ذلك، لكن تشعر به، وعادةً ما تبدأ ببطء، وغالبًا ما تذهب مِن تلقاء نفسها، ولكن في بعض الأحيان يصبح الأمر أكثر سوءًا، ولا بدَّ أن تتصرَّف.

حان الأوان للابتعاد عن ذلك العلوِّ والعثور على جوٍّ أفضل، قد تختار الصعود، قد تختار النزول، قد تختار الانعطاف يسارًا، قد تختار الانعطاف يمينًا، أو ما شاكلَ ذلك.

وكذلك الشأن بالنسبة للعواصف الرعدية، ولكن الميزة هناك هي أنك تستطيع رؤيتها أمامك.

في حياتنا اليومية، لطالما نمُرُّ بلحظات مليئة بالاضطرابات، أحيانًا نراها قادمة وأحيانًا أخرى لا نراها، عندها يجب أن نختار، إمَّا أنَّني لن أكترث بهذا، أو سآخذ نفسي إلى ارتفاع مختلِف.

أي مِن الخيارَين أفضل مِن الطيران داخل الاضطرابات بدون اتخاذ قرار ما؛ لأنَّ الأمور قد تتفاقم، وعندما يحدث ذلك ننسى كلَّ شيء ما عدا الاضطرابات فعوض الاستمتاع بالرحلة، نحن ننسى المناظر الخلابة من النوافذ، ونتوقَّف عن الحديث مع الركاب.

في خضمِّ المشكلات يمكننا أن نستلهم مِن زهرة اللوتس، يمكن أن تزهر حتَّى عندما تكون جذورها في ماء قذر، ومهما كانت قذارة موضعها تبدو الزهرة دائمًا

جميلة، فعندما تحيط بنا التحدِّيات يجب ألَّا ندَع الماء القذِر لظروفنا يمنعننا مِن التعبير عن بهجة وجودنا على قيد الحياة.

ماذا لو؟

يكون مِن الصعب أن تزدهر الحياة إذا سمحنا لأنفسنا بأن نعلّق بين الأسف على الماضي والقلق بشأن المستقبل.

الذكريات تضايقنا، والقلق حول الغد يطاردنا، ماذا لو لَم يحدث ذلك؟ ماذا لو حدث هذا؟ إنَّ مخيّلتنا السلبية تقضي علينا في كلا الاتجاهين، بعض الناس لا يتحمَّلون التفكير في الماضي؛ لذلك يستمرُّون في النظر إلى السلامة الظاهريَّة للمستقبل، ويعيش آخَرون في عالم خيالي مِن الحنين إلى الماضي لأنَّهم يخشَون الغد، ماذا لو؟ ماذا لو؟ ماذا لو؟

كانت إسبارطة Sparta إحدى المدن الكبرى في اليونان القديمة، وكان شعبها مشهورًا بكونه فظًّا جدًّا.

بعد أن استولى الملك المقدوني فيليب الثاني Philip II على جنوب اليونان واستولَى على مدن أخرى مهمَّة، حوَّل انتباهه إلى إسبارطة Sparta، ويخبرنا الكاتب اليوناني بلوتارخ Plutarch أنَّ فيليب Philip II كتب إلى الإسبارطيين رسالة يسأل فيها هل يجب أن يأتي كصديق أم كعدوّ، فأجابوا: "لا هذا ولا ذاك".

لذلك أرسل فيلب رسالة أخرى: أنصحكم بالاستسلام الفوري؛ لأنَّني إذا جلبتُ جيشي إلى أراضيكم فسأدمِّر مزارعكم، وأقتل شعبكم، وأمحو مدينتكم.

فأجاب الإسبارطيون مرَّة أخرى بكلمة واحدة: "إذا..."

لَم يحاول فيليب Philip II قطّ الاستيلاء على إسبارطة Sparta.

ماذا لو؟ ماذا لو؟ ربَّما في هذه النقطة يجب أن نأخذ النهج الإسبارطي للتخلُّص مِن خوفنا، نحن أيضًا يمكن أن نعيش حياة يشكِّلها خيالنا السلبي والأوهام المخادعة التي تنعكس على الواقع.

هذه قصة عن الأوهام والتأثير الذي يمكن أن تُحدِثه علينا.. فقد كانت هناك ملكة، وكان بحوزتها قلادة رائعة، وذات يوم كانت في الشرفة تجفِّف شعرها حين أخذَتِ القلادة ووضعَتها على خطاف، وكان بمقربة المكان غراب، رأَى القلادة تلمع تحت الشَّمس، فأخذها وحلَّق بعيدًا، وفي طريقه ألقَى الغراب القلادة على شجرة، فعلقَت بأحد الأغصان فوق نهر ملوَّث، وعندما مدَّتِ الملكة يدها إلى قلادتها لَم تجدها، فاستشاطت غضبًا، وصاحت: "مَن سرقها؟"، بدأ الجميع يبحث، ولكن لَم يستطِع أحد العثور عليها، فقالت للملك: "إذا لَم أعثر على قلادتي، فلن أقرب الطعام أبدًا".

كان الملك قلِقًا للغاية، وأرسل جيشه وآخَرين للبحث عن القلادة، ولكن مِن دون جدوى؛ لذلك أعلن الملك أخيرًا: "مَن يجد القلادة يحصل على نصف مملكتي"، ثمَّ بدأ الناس بالبحث.

وفي اليوم التالي مرَّ جنرال بجوار الشجرة، واعتقَد أنَّه رأى القلادة في النهر في الأسفل، فقفز على الفور إلى الماء القذر؛ لأنَّه أراد نصف المملكة، فرأى الوزير الجنرال يقفز، واعتقَد هو أيضًا أنَّه رأى القلادة فقفز.

رأى الملك جنراله ووزيره في النهر، فقفز بدوره، عندئذٍ جاء المزيد مِن الجنود والقرويّين، وألقَوا بأنفسهم جميعًا في الماء أيضًا.

وأخيرًا قال شخص يتحلَّى ببعض الحكمة: "ما الذي تفعلونه؟ القلادة ليست بالأسفل، إنَّها هناك في أعلى الشجرة، أنتم تقفزون وراء صورة الانعكاس".

فقال الملك: "بما أنَّكَ وجدتَ القلادة، فنِصف مملكتي مِلكك".

فقال الحكيم: "شكرًا لك، ولكنَّني سعيد بما أنا عليه".

إنَّنا نقفز نحو أوهامنا، الوهم الأكبر هو أنَّ الملهيات في حياتنا هي ما نسعى إليه، ولكن الواقع الداخلي يمنحنا المزيد مِن الانبهار أكثر مِمَّا قد نأمل، لدَينا دائمًا إمكانيَّة التواصل مع ذلك الواقع.

مرآة.. مرآة

حياتنا كلُّها تُعاش اليوم.. الآن في هذه الثانية، وفي هذه الثانية، وفي هذه الثانية، لا نستطيع العيش بالأمس، لا نستطيع العيش في الغد، فاليوم هو منتهَى الرَّوعة، اليوم هو المكان الذي يمكننا أن نشعر فيه حقًّا بالسلام والبهجة والمحبَّة، هذا هو المكان الذي يجب أن نكون موجودين فيه في الوقت الحاضر للشعور بيَومنا، يجب أن نتخلَّص مِن الأمس والغد، وبعد ذلك يبقى أمامنا الواقع، والشيء الوحيد الذي يجب أن نخاف أن يفوتنا هو إخفاقنا بالاتصال بالواقع FOMO ونحن على قيد الحياة.

اليوم مِرآة، إنَّها تعكس صورتنا تمامًا، إنَّها صادقة وعادلة، فهي لا تعكس وجهنا وشعرنا وملابسنا فقط، بل كلُّ شيء عنَّا، إنَّها تعكس وضوحنا أو ارتباكنا، إنَّها تعكس ثِقتنا أو شكوكنا، إنها تعكس لطفنا أو غضبنا.

لو وقفتَ أمام المرآة ماذا سترى؟ مَن سترى؟ ماذا يمثِّل انعكاسك بالنسبة لك؟ هل ترى نفسك مِن خلال عينيك؟ ترى أنَّ مظهرك قد تغيَّر على مرِّ السنين، ولكن هل يمكنك أن تشعر بشيء عنك لَم يتغيَّر أبدًا؟

في صميم عالمك

لقد وُلِدنا بسلام في قلبنا، وهو دائمًا موجود فينا، في صميم عالمنا، ورغم الصعوبات التي نواجه والمُلهيات التي تعترضنا، رغم مشكلاتنا وارتباكنا، فإنَّ السلام ممكن داخل كلِّ واحدٍ منَّا.

كل ما حدث في حياتنا، هناك دائمًا تلك الفرصة لإعادة توحيد كل العناصر التي تجعلنا كاملين، بينما تصبح حياتنا الخارجية أكثر انشغالًا وأكثر تطلُّبًا، يمكننا أن نفقد التواصل مع ما هو أكثر أهميَّة، لكن كلُّ شيء خارجي هو متغيِّر وعابر، انزع الضوضاء مِن حياتك، وسيبقى الشخص الوحيد المتبقِّي هو أنتَ، أنت في صميم قلبك الشيء الدائم.

هناك مسارات مختلفة للشعور بالسلام، ولكن هناك اتجاه واحد للسفر، وهو السفر إلى الداخل.

بعض الناس يقضون حياتهم كلَّها في بحث روحي دائم، يذهبون لزيارة كل زاوية في الخارج أملًا أن تعطيهم تلك الزوايا إجابة تكمن فعلًا بالداخل.

نصيحتي أن تكفَّ عن البحث، السلام ليس فكرة، إنَّه ليس نظريَّة، إنَّه ليس معادلة، إنَّه ليس شيئًا لِيَتِمَّ اكتشافه مِن مقطع كتاب في صفحات كتاب قديم موضوع على رفٍّ سري في مبنى غريب في مكان غامض فوق جبل.

السَّلام في الناس لا في الأشياء، إنَّه فيك، وهو موجود حتَّى يشعر به ويحسّ ويثمن ويحتفى به.

إنَّ الشاعر الهندي العظيم (كبير) (Kabir) عبَّر عن هذا المعنى على هذا النحو:

كن هادئًا في عقلك وهادئًا في حواسِّك، وأيضًا هادئًا في جسمك، وعندما تكون كلُّ هذه الأشياء هادئة لا تفعل أيَّ شيء، عندئذٍ ستنكشِف أمامك الحقيقة.

عمليَّة الوصول إلى المعرفة الذاتية وكشف السلام في الداخل بسيطة، لكنَّها ليست بالضرورة سهلة.

البعض قد يصل إلى وضوح الرؤية في الحال، وقد يحاول آخَرون الوصول لذلك على امتداد الحياة، وسنواصل عبر الصفحات التالية استكشاف ما ينطوي عليه إيجاد السلام والكنوز الرائعة التي يمكن أن يجلبها، ولكن علينا أولًا أن نتأمَّل لماذا كلُّ هذه الأمور مهمَّة جدًّا، وما هو هذا الشيء المسمَّى بالحياة؟

الفصل 2

اكتشِف إيقاعك الداخلي

هناك قوَّة مرَّت عبر الكون لمليارات السنين، لقد كانت موجودة قَبلنا وسوف تعيش أكثر منَّا، إنَّها تتخلَّل كلّ ذرَّة، وأحدثَت شيئًا رائعًا يسمَّى الطبيعة التي تتضمَّن كلّ ما يبتكره البشر.

كل ما نرى ونلمس ونسمع ونستنشق ونتذوَّق هو تعبير مباشر عن هذه القوَّة في الجبال والوديان وفي المغارات، إنَّها في الغابات وفي كل حبَّة رمل في الصحاري وعلى الشواطئ، إنَّها في المحيطات الواسعة والبحيرات والبِرَك، والأنهار والشلالات والأحواض، إنَّها في المطر والضباب والجليد والثَّلج، وفي كلِّ شعاع شمس وكلّ هبَّة ريح، وهي موجودة في كل مدينة وبلدة وقرية وموطن، في كل ما نتنفَّس ونأكل ونشرب، إنَّها فينا وحولنا، إنَّها في كلِّ مكان.

أنتَ المعجزة

تتجلّى القوّة في أشكال عديدة، مِن الغبار الكوني الذي يمثِّل أصغر مكون في هذا الكون إلى أنواع لا تُحصَى كلها تتطور وتتكاثر وتتكيَّف.

تخيَّل حجم تحوُّلنا، مِن كائنات وحيدة الخلية في المحيط إلى مخلوقات تمشي على الأرض ثمَّ تمشي على القمر.

للحظة حاوِل أن تتخيَّل كلَّ شيء حي وُجِدَ على الأرض، تخيَّل مدَى واتِّساع تلك الحياة على مدى ملايين عديدة مِن السنين، فكِّر في العدد الهائل من الحيوانات والنباتات التي عاشت.

يقدَّر عدد الأشجار على هذا الكوكب الآن بأكثر مِن عدد النجوم في مجرَّتنا، فهي أكثر مِن ثلاثة تريليونات شجرة، وذلك بحسب دراسة نُشِرَت في مجلة "نيتشر Nature".

هذا اليوم فقط، فكِّر في تريليونات وتريليونات وتريليونات الأشجار التي تشكَّلَت واختفَت منذ تشكُّل الأرض.

فكِّر في تشكيل واختفاء الورد البري، والحشرات، والجبال والأمواج، والناس الذين عاشوا واختفوا.

فكِّر في حجم ذلك الكمِّ مِن الخلق الذي سبقنا، ثم ستَفهم أنَّ كل هذا أدَّى إليك، إلى هذه اللحظة مِن وجودك هنا كتجسيد حيٍّ للقوَّة الكونية.

تلك الطاقة التي تتصاعد عبر الكون تأتي الآن مِن خلالك في شكل أنفاس. ممَّا يمكنك مِن الوجود.

هأنت تمتطي هذه الموجة مِن الإبداع الرائع، وقد تطلَّبَت هذه اللحظة بلايين السنين مِن التكوين!

هل يمكنك أن تحسَّ بنفسك مِن خلال تدفُّق الطاقة العظيمة التي بدأَت منذ زمن بعيد والتي ستستمر إلى أجل لا يعرفه أحد؟

أنت جزء مِن إيقاع الطبيعة النابض الذي يهب الحياة ويأخذ الحياة، يهب الحياة ويأخذ الحياة، تسقط بذرة فتنمو شجرة، تسقط بذرة أخرى وتصبح طعامًا، تسقط بذرة أخرى فتتعفَّن، يجب أن نقدر عدم اكتراث الطبيعة إزاء أي شيء عدا عملية الخلق والإفناء الجامحة.

الآن وفي مكان ما، النجوم تنفجر بقوة لا يمكن تخيُّلها، وهنا على الأرض الناس يُولَدون، ومَن ثَمَّ هأنتَ في هذا العالم الآخذ في الاتِّساع والتغيُّر تشهد على كمال الوجود.

أنت نموذج قصة نجاح تمشي على رجلين

إنَّ قوة الكون فصلَت مؤقتًا بين الماضي والمستقبل لتخلق الآن هذه الفترة الصغيرة من الزمن التي يحدث فيها كل شيء، هنا حيث نحن، هنا حيث كل شيء موجود، ما المشكل أو التوقُّع المهمُّ في حياتنا والذي قد يحرفنا عن عدم الشعور بالجمال الصافي للحاضر؟

كلَّما رأيتُ شجرة أو زهرة أو عشبًا فهذا في حدِّ ذاته نجاح، لقد اجتازت مرحلة الطفولة، ونمَت وأزهرَت وعاشت، وأنت أيضًا شهادة على هذه المعجزة المسمَّاة الحياة، أنت قصة نجاح تمشي على رجلين، إنه لأمر مدهش أن تكون إنسانًا، يجب أن نحتفل بأنفسنا.

يقول البعض إنَّنا مجرَّد حوادث أو نتائج التطوُّر، نحن نتكوَّن في حدود 99٪ مِن الأكسجين والهيدروجين والكربون والكالسيوم والنيتروجين والفوسفور. إذا مزَجنا هذه العناصر في زجاجة، وأضفنا 0.85 مِن البوتاسيوم والكبريت والصوديوم والكلور والماغنيسيوم، ثمَّ أضفنا 0.15 مِن العناصر الأصغر، هل سيُعطِي ذلك إنسانًا؟ قد يصف هذا أجسادنا، ولكن ألَسنا أكثر مِن ذلك؟ هل يمكن أن تقع في

حبِّ محتويات تلك الزجاجة؟ هل يمكنك التحدُّث إلى تلك الزجاجة المليئة بتلك المكوّنات عن الجمال والعائلة واللطف؟ هل يقدِّرون روعة وجودهم؟

بالتأكيد نحن أكثر بكثير مِن مجموع عناصرنا المادية لأسباب أهمها أنَّه يمكننا التواصل بوعي مع أنفسنا وجميع الكائنات الحية من حولنا.

إنَّ كل لحظة تتيح لنا إمكانية فَهم والتعبير عن امتناننا للحياة، هل نحن نحسِن اغتنام هذه الفرصة أم لا؟ فذاك أمر مختلف.

الإيقاع الرائع لأنفاسنا

إن الناس الذين يبحثون عن معجزة لشرح هدفنا ينسَون أنَّ هذه المعجزة تحدث كل يوم في حياتهم، وأنَّهم يتنفَّسون.

لقد وُلِدنا وحركة الحياة تدور حولنا وداخلنا، مع كل نفس نستنشق تتاح لنا الفرصة لاختيار دَورنا وتبوُّئه في كتابة سرديَّة لحياتنا.

هناك الكثير مِن الصخب يحيط بنا في العالم، ولكن هناك أيضًا أغنية قيد الإنشاد: الأغنية التي تمتد على مدى الحياة للتنفس شهيقًا وزفيرًا، فهناك الكثير من الإيقاعات في العالم، وغالبًا ما تكون غير متزامنة مع بعضها البعض، ولكنَّ هناك إيقاعًا واحدًا متزامنًا تمامًا معك، إيقاع التنفس الذي يستمر طوال الحياة شهيقًا وزفيرًا، كل نفَس يتحرَّك فينا هو نعمة عند كل شهيق وزفير.

في اليوم الذي وُلِدتَ فيه كان كل شخص في الغرفة يركِّز على شيء واحد فقط، ولم يكن الأمر يتعلق بما إذا كنتَ فتًى أو فتاة، شيء واحد فقط، هل تتنفَّس؟ إذا لَم تكن كذلك فإن الأطباء سيَفعلون كل ما في وسعهم لضمان تدفُّق نفس الحياة إليك.

كم هو مريح أن تسمع الأم طفلها يتنفَّس، كم هو مريح أن إيقاع أنفاس رضيعها يهمس مرارًا وتكرارًا: "كل شيء على ما يرام، كل شيء على ما يرام، كل شيء على ما يرام".

في آخِر الرحلة، عندما تعود إلى المستشفى، كيف يعرفون ما إذا وافَتك المنيَّة؟ يتحقَّقون مما إذا كنتَ تتنفس، ولدَيهم أيضًا هذه الآلة الرائعة التي تخبرهم ما إذا كنتَ على قيد الحياة أم لا.

لذا ماذا يحدث إذا أعلنَتِ الآلة أنك لَم تعد على قيد الحياة ولكن يمكنهم رؤية أنك ما زلتَ تتنفس؟ هل سيصفعك الطبيب أنت أم يصفع الآلة؟ لن يأتي إليك ويقول: "أنتَ ميّت" إنَّ التنفس هو الحياة.

إليكم مقطعًا مِن نظم القديس والشاعر الهندوسي في القرن السادس عشر Tulsidas تولسيداس:

هذا الجسم هو سفينة عبور محيط الالتباس.

هذا النفس نعمتي عند كل شهيق وزفير.

إنني أتخيَّل نفسي وأنا أخوض عباب هذا المحيط، وأنا أرفع شراعي للعبور، اخترت رفع الشراع، فالأمواج تتلاطم خيرًا وشرًّا، صوابًا وخطأً، وكل ما يجلبه التغيير إلينا.

إنَّها موجات الحب والاشمئزاز والأمل والامتعاض والندم والقلق، يجب أن نبحر بأنفسنا عبر كل هذا، وما نحتاجه لإنجاز رحلتنا موجود بالفعل في داخلنا، تحتاج فقط إلى رفع شراعك واغتنام الريح التي تهب، وأن تكون على استعداد لتأخذك عبر المياه المتلاطمة إلى المياه الهادئة، حيث السكون والصفاء.

إننا في حياتنا نتيه في خضمّ انعدام الرؤية والارتباك عندما نفتتن وننخدع بالوهم – أو كما يرمز إلى ذلك المصطلح الهندي "مايا Maya"– الوهم أنَّ ما هو موجود ويتغير في العالم الخارجي وداخل عقولنا هو واقعنا الحقيقي، لكن في نهاية المطاف واقعنا يكمن في أعماقنا، والحكمة تقتضي أن نعرف ذلك.

السرعوف حشرة يمكن أن تأخذ شكل الزهرة التي تجلس عليها، حشرة أخرى تمر بجانبها ترى الزهرة وليس الحشرة الخطيرة، ولكن في اللحظة الحاسمة عندما يتحرك السرعوف ويكشف عن نفسه، تصبح الفريسة مدركة، ولكن كم مرة نرى ما هي الحياة حقًّا؟ حتى لو لمحنا الحقيقة، ألسنا نعود إلى الوهم مثل رؤية الحشرة للزهرة فقط؟ كم مِن حياتنا نقضي في الاعتقاد في مايا (Maya)؟ ومع ذلك فإنَّ مجيء أنفاسنا وذهابها هو النعمة التي توجِّهنا نحو الواقع في كل شهيق وزفير.

يبدو أنَّ الناس قد شعروا منذ فترة طويلة بأن الصلة بين النفس وفهم الذات شيء أسمى مِن مكوناتنا المادية.

على سبيل المثال، "الروح"، و"النفس" و"الريح"، وهي تظهر غالبًا في الكتب المقدَّسة، ويمكنك العثور على المزيد مِن الكلمات التي تجمع بين هذه المعاني ومعاني متشابهة ولغات وديانات أخرى.

هناك بعض الكلمات فقدت معناها الأصلي مع الزمن كمصطلح "psyche".

كانت الأشكال الأولى لمصطلح "psyche" في الأصل عبارة عن مزيج من الكلمات التي تعني "الحياة" و"التنفس"، ولكن "psyche" أخذَت بعد ذلك معنى "الروح والنفس والذات".

ولكن في الآوِنة الأخيرة فإنَّ مصطلح "psyche" اصطفَّ بشكل وثيق مع العقل والفكر في "علم النفس" "Psychology"، وقليلون الآن يربطونه بالتنفُّس، بنفس

الطريقة نولي اليوم قدرًا كبيرًا من الاهتمام لتفكيرنا، وننسى بكل بساطة تنفُّسنا، يمكن أن ينتهي بنا الأمر إلى تبنِّي تعقيدات عقولنا فيما نتغاضى عن بساطة أهميَّة أنفاسنا.

احتفِل بكل نفَس

إن التنفس في حياتنا ليس رهينًا بفعلٍ ما، يومًا بعد يوم يأتي إلينا هذا النفَس دون تحديد موعد، دون إصدار حكم، يأتي سواء كنَّا في حالة جيدة أو سيئة، يأتي عندما لا نفكر فيه وعندما نفكر فيه، لا يوجد شيء أكثر قيمة بالنسبة لي ولك مِن ذلك، لا يمكن للمال شراء القدرة على التنفس، فكيف يجعلنا ذلك أغنياء؟ نحن في حوزة شيء لا يقدَّر بثمن.

إن هبة النفَس هذه ينبغي أن نقبلها، ونفهمها، ونعتز بها، كما يجب علينا أن ندرك كيف يمكن لضوضاء الحياة – خاصَّةً تلك الأفكار التي تدور في رؤوسنا – أن تشتِّت انتباهنا وتحرفنا عن جمال إيقاع الحياة؟!

على سبيل المثال، يمكن أن يؤدي الندم والقلق إلى ضبابية في رؤيتنا، ما هو وضوح البصيرة؟ إنَّه التقدير الواضح والجليُّ بأنَّنا ننعم بالوجود.

إن الارتباك هو نقيض الوضوح، وأحد أكثر مصادر الارتباك هو القلق، لنفكِّر في اللغة مرة أخرى.

يأتي الجذر التاريخي لكلمة «worry» "قلق" مِن الكلمة الإنجليزية القديمة "ويركان wyrgan"، والتي تعني في الأصل "الخنق"، وفي وقت لاحق تطور المعنى ليعني "الإمساك بالحلق"، مثل الذئاب التي تمسك بالفريسة.

يمسكنا الخوف مِن الحلق، تلك النقطة في أجسادنا، حيث يتدفَّق الهواء إلينا، يمكننا أن نخنق بهجتنا في الحياة في الوقت الذي يجب أن نحتفل بها مع كل نفس، يجب استحضار الوضوح لنبدأ مجدَّدًا في احتضان الحياة، تمامًا كما تحتضننا الحياة.

ابدأ في التعبير عن رغباتك

هناك مِنَّا مَن يقدر كل لحظة، ولكن يسهل تحريف انتباهه بسبب الخوف، وهناك مَن لا يلاحظ أبدًا أنه يتنفس، وفي حالته أصبح الوجود افتراضًا تلقائيًّا، بحيث باتت حياته مسيرة بشكل آلي دون تدخُّل منه، وعندما تفقد الاتصال بنفسك تفقِد الاتصال بالواقع.

غالبًا ما يتطلب الأمر تهديدًا قاتلًا لِلَفت انتباهنا إلى قيمة الحياة، أخبر شخصًا ما أن لديه أسبوعًا ليعيشه، ففجأة تزداد القيمة التي يضعها على كل نفَس، وبدلًا مِن انتظار الأزمة لتظهر لنا النعمة، ربما ينبغي علينا اتباع نصيحة الإمبراطور والفيلسوف الروماني ماركوس أوريليوس«Marcus Aurelius»: "افعل كل شيء كما لو كان آخر شيء ستفعله في هذه الحياة".

فكِّر في قصة علاء الدين ومصباحه، عندما يفرك المصباح يحضر المارد ليلبِّي له الأمنيات.

تخيَّل أنَّني أعطيتُكَ مصباح علاء الدين قائلًا: "لمدة ساعتين، يكون المصباح رهن إشارتك".

يمكنك أن تتمنى ما تريد في هاتين الساعتين، ثم بعد ذلك أسترد المصباح، ماذا عساك تفعل؟ هل ستقول: إنَّه مؤسف أن يكون في حوزتي لساعتين فقط، ليت بإمكاني الحصول عليه لمدة ساعتَين ونصف، يمكنني عندئذٍ أن أفعل أكثر من ذلك بكثير، أو ثلاث ساعات ربما لأنهي هذا الشيء الآخَر الذي يجب أن أفعله قبل أن أبدأ في طلب الأمنيات، ربما بصراحة، هذا ليس الوقت المناسب لمنح المصباح. هل يمكنني بدلًا من ذلك أن أحصل على المصباح يوم الأربعاء المقبل؟

المصباح هو حياتك، توقَّف عن هدر الوقت الثمين، وابدأ في فرك هذا المصباح، حقِّق رغباتك واحدةً تِلو الأخرى، اغتنِم فرصة الحياة، واجعل ذلك المارد مشغولًا بقدر ما تستطيع لأطول فترة ممكنة.

هذه قصة عن الاستجابة للفرصة، ذات مرة كان هناك رجل يكسب رزقه من بيع المعادن غير المرغوب فيها، ولقد اكتسب رزقًا وفيرًا مِن ذلك، لكنَّه كان بخيلًا، في الواقع كان بخيلًا لدرجة أنه باع ممتلكاته المعدنية واستبدلها بأخرى مصنوعة مِن الخشب والحجر والورق، ولَم يكن هناك معدن في منزله.

وذات يوم جاء رجل على بابه وقال: "انظر هذه القطعة مِن الحجر؟ ستحوّل أي قطعة من المعدن القديم إلى ذهب، لك الحرية في استخدامها كما يحلو لك، لكنَّني سأعود في غضون أسبوع لأستعيدها".

تذكَّر تاجر المعادن أنه باع كل الخردة مِن المعدن، ويحتاج إلى شراء المزيد، وبمجرَّد أن غادر الرجل، اتَّصَل بالسوق وسأل عن سعر الخردة المعدنية وسعر الذهب، كان الذهب أكثر قيمة مِن الخردة بالطبع، لكنه اعتقد أن سعر الخردة مرتفع للغاية، فقال: "هممم، لديَّ طوال الأسبوع، سأنتظر".

وطوال الأسبوع انتظَر، في كل مرة اتصل فيها وحصل على سعر الخردة، كان السعر مرتفعًا جدًّا بالنسبة له، حتَّى عندما بدأ السعر في الانخفاض، شعرَ أنَّه كان أكثر مِن اللازم.

يومًا بعد يوم، كان يؤجِّل شراء المعدن الأساسي الذي يحتاجه، لَم يتقبل فكرة دفع هذا المبلغ، وبعد أسبوع بالضبط ظهر الرجل على باب منزله، وقال: "لقد أتيت لاسترجاع حجري."

صُدم تاجر المعادن، فقد كلَّ إحساس بالوقت، ولَم يستخدم الحجر ولو مرَّة واحدة.

في حالة مِن اليأس ركض حول منزله بحثًا عن أشياء معدنية، لكن كل ما التقَطه كان مِن الخشب أو الحجر أو الورق، وفجأة ظَهر الرجل إلى جانبه، وأخذ الحجر مِن يدَيه، وقال: انتهى الوقت.

ما بين الجدارين

هل تعرف ماذا يمثل العدد 25550؟ كم عدد الأيام التي سنحصل عليها إذا عشنا 70 عامًا؟ ليس كثيرًا، أليس كذلك؟ حتى لو عشتَ 100 عام، فهذا فقط 36500 يوم، هذا مثير للاهتمام، أليس كذلك؟

نحتاج الآن إلى جمع رقم آخَر: اطرح كلَّ الأيام التي عشتَها بالفعل، كيف هو شكل حسابك الجاري؟

لقد أجريتُ حسابي وقرَّرتُ التوقُّف عن العد، فحتَّى لو سارت الأمور كما هو مخطَّط لها وكانت حياتك في كاملها، فإن الوقت يبقى ثمينًا، ومِن ثَمَّ علينا أن نأخذ في الحسبان عدم اليقين؛ لأنَّه لا أحد منَّا يعرف على وجه اليقين مقدار الرصيد الذي لدَينا في بنك الحياة.

نحن نعلم على وجه اليقين أنه كان هناك يوم جئتَ فيه إلى هذا العالم، وسيكون هناك يوم آخَر تغادر فيه، لا يمكنك تغيير ذلك، ولكن كل يوم فيما بين هاتين النقطتين يمكنك تغيير ما تحسُّ به وما تشعر به في هذا العالم، هذه هي الطريقة لتكون حقًّا على قيد الحياة، اعلم أنَّ الأمر متروك لك كلَّ يوم للاستمتاع بوقتك، وحاوِل ألَّا تشكو كثيرًا مِن الضرائب.

إليك طريقة واحدة للتفكير في وجودك، لقد دخلتَ الحياة من خلال باب في أحد الجدران، وستغادر مِن خلال باب في جدار آخَر.

بعض الناس مفتونون بما يوجد على الجانب الآخَر مِن الجدار الثاني، أنا منبهر بما بين الجدارين.

يمكنك أن تطلب مِن أولئك الموجودين على الجانب الآخر أن يصفوا كيف يبدو الأمر، لكن في تجربتي على الأقَلِّ لَم يردَّ أحد على الاتصال، ولا حتَّى الساحر هوديني «Houdini».

كان فنان الهروب العظيم قد وعد زوجته بأنَّه سيُرسِل إليها رسالة مشفَّرة مِن وراء القبر، لكن يبدو أنه لَم يستطِع الهروب مِن حتميَّة الموت.

إذًا ماذا يحدث في حالة انعدام الاتصال مع هذا الجانب من الجدار الثاني؟ نتوقع الآخِرة مثل هذا، أو الجنة هكذا؛ ولذا نحاول إنشاء صور لشيء يتجاوز خيالنا.

إنَّنا نعرف شيئًا واحدًا مؤكدًا، نحن هنا الآن، مع فرصة لإنجاز أي عمل يبدو مهمًّا بالنسبة لنا، بالنسبة لي العمل بسيط، أريد ملء حياتي بالبهجة، وأريد مشاركة رسالتي بأنَّ السلام ممكن في جميع أنحاء العالم.

حياتنا طويلة اليوم، ولَم تكن طويلة بالأمس، ولن تكون غدًا، يبلغ طول اللحظة الحالية 25550 يومًا، أو أيًّا كان عدد الأيام التي ينعم بها كل واحد منَّا.

يمكننا التعلُّم مِن الماضي، لكن لا يمكننا العيش هناك، يمكننا أن نتخيَّل الغد، لكن لا يمكننا العيش فيه، اللحظة الوحيدة التي يمكننا الشعور بها حقًّا هي الآن، الآن يأتي نفَس واحد في كلِّ مرة، حياتنا تُقاس بأنفاسنا.

ستحدث العديد مِن التغييرات لكلِّ واحدٍ منَّا بين عبور الجدار الأول والوصول إلى الجدار الثاني، مهما يحدث مِن شيء – سواء كان جيِّدًا أم سيِّئًا – يمكن أن يساعدنا

حقًّا عندما نستمر في إدراك أن الوقت لا يقدَّر بثمن، ربما يكون أعظم نجاح ممكن هو أن نعيش كل لحظة على أكمل وجه ممكن حتَّى عندما نواجه المشكلات.

التقَط الشاعر الروماني هوراس «Horace» هذا الشعور في عبارة carpe diem "كارب دييم"، وتعني حرفيًّا "اقتطِف اليوم"، ولكن يتمُّ التعبير عنها بشكل أكثر شيوعًا على أنَّها "اغتنِم اللحظة".

أنا أحبُّ كلا التعبيرين، لكن كلمة "اقتطِف" توحِي بأنَّ اليوم كالزهرة المتفتِّحة التي ينبعث منها عبير عبق، ويذكِّرني هذا ببعض الأبيات المشهورة للشاعر البريطاني روبرت هيريك«Robert Herrick» في القرن السابع عشر:

اجمع براعم الزهور قدر ما استطعتَ، فالزمن يمضي والأوان..
وهذه الزهرة نفسها التي تبتسم اليوم غدًا سوف تصبح في خبر كان.

وهنا يعنُّ لنا ذلك الخيط الرفيع المتَّصِل بمعرفة الذات المنسوج بحبكة عبر التاريخ، معبِّرًا عنه بكلمات يتردَّد صداها معنا بعد نحو 375 عامًا.

دع حياتك تُزهر

أحيانًا ينصرف ذهننا وانتباهنا للتفكير في يوم الغد والأمس، فلا نتمكن من اقتناص اللحظة، وفي أوقات أخرى قد نشعر أن اليوم لا يقدِّم لنا سِوَى القليل، وبأنَّه لا توجد براعم ورد جميلة لنقطفها، ويعيش كثير من الناس في هذه الذهنية مِن خيبة الأمل.

قد تبدو الحياة أحيانًا كما لو كانت صحراء قاحلة، إلا إن البذور اللازمة لاستنبات حديقة رائعة هي متوفرة وماثلة أمام أنظارنا، ولا تنتظر في الأرض سِوَى الظروف المناسبة لتينع، إنَّها كامنة بداخلنا منذ وُلِدنا، وحسبنا أن نواظب على سقيها وإتاحة الضوء بما تحتاج لتزهر وتينع، وعندئذٍ ستُزهر الصحراء، وتكتسي كلّ ألوان الطيف.

إنَّ السلام حريص على أن ينبلج أمام أعيُننا في كلِّ تجلِّياته لنراه يانعًا، ولطالما أعجبتُ بتحمُّل وصبر هذه البذور بداخلنا، إنها تنتظر بكل صبر بداخلنا إلى أن يأتيها في مرحلة ما الماء والنور لتنتعش وتنمو، كأنِّي بلسان حالها يقول: "أنا جاهزة في انتظار المطر والنور"، وهذا ما علينا تذكُّره، فمهما طالت فترة إحساسنا بأنَّ حياتنا صحراء قاحلة، إلا إنَّها قادرة على أن تزهر.

لنتعلَّم مِن الأشجار

إن كل شيء في الطبيعة وضع لنفسه فضاءً يتَّسع له، ووضع لنفسه علاقة مع كل شيء آخَر.

إنَّ له دورًا ومهمَّة ينبغي استيفاؤها، إلا إنَّنا أحيانًا نتناسى هدفنا وقدرتنا على الإزهار.

إنَّ بمقدورنا أن نتعلم أشياء مِن الأشجار، هل تعلم أن بعض الدراسات الحديثة تشير إلى أن بعض الأشجار تنبعث منها نبضات القلب؟ فهي تحرك أغصانها صعودًا وهبوطًا إيذانًا بنبضات بطيئة تضخُّ الماء في الجسد، إنها تبدع في إستراتيجية البقاء على قيد الحياة كما هو الشأن بالنسبة لنا كبشر، إنَّها تعي ما يتعيَّن عليها القيام به لكي تبقَى على قيد الحياة، بل وتينع بذورها، فهذا ديدنها على مدى الدهر؛ ولذلك نرى منها أعدادًا تفوق ثلاثة تريليونات، وإن كان البعض منَّا يقلِّص عدد الأشجار إلى ما دون ذلك لمآرب خسيسة.

إن الأشجار تصمِّم نفسها لتتكيَّف وتتحمَّل البيئة التي تعيش فيها، حتَّى تتمكَّن مِن الاستمرار في البقاء، لقد رأيتُ أماكن في الجبال حيث يوجد شقٌّ صغير في

الصخر، وهو المكان الذي مِن المستبعَد أن تنبت فيه شجرة، ومع ذلك نبتَت شجرة، حيث وجدَت فرصة فاغتنمَتها.

أيًّا كانت ظروفنا، وأيًّا كانت بيئتنا، فنحن بحاجة إلى إيجاد طريقة للسماح لطبيعتنا الداخلية بالتعبير عن نفسها بشكل كامل، لا ينبغي التغاضي عن أي فرصة للقيام بذلك أو التخلي عنه، لا ينبغي التسويف أو تأجيل أي فرصة حتى الغد، حتى عندما تبدو الأرض مِن حولنا راقدة، إلا إن هناك عالمًا رائعًا داخلها مليئًا بالإمكانيات الخصبة، وحالما نتمكَّن مِن الاستفادة مِن نفاذ البصيرة وحُسن الفهم في حياتنا، وهما النور والماء، فإنَّ صحراءنا ستُزهِر.

عندما نصبح في أتمِّ اليقظة

لماذا لدَينا مشكلات تمنع حياتنا مِن أن تزدهر؟ لماذا كثيرًا ما يطغى الضجيج على موسيقى الحياة؟ لأنَّه يمكننا أن ننسى ما هو مهم.

تبدأ الرحلة إلى السلام بتقدير أبسط، ولكن أهم شيء لدَينا هو وجودنا، هذه هي نقطة البداية لمعرفة الذات، فلدَينا دائمًا هذه الفرصة للتعبير عن امتناننا لهذه الحياة، وتقديم الشكر لكلِّ نفس بدلًا مِن هدر تركيزنا.

متى كانت آخر مرة شعرتَ فيها بالامتنان لكونك على قيد الحياة؟ وهنا لا أقصد فقط تلك الأفكار الجنائزية، فكما تعلم، ترى نعشًا يعبر أمامك، فيتبادر إلى ذهنك: "أنا سعيد لأنني لستُ في ذلك النعش"، ما أعني هنا هو عندما تكون واعيًا تمامًا بوجودك بالنهار كما بالليل.

يمكن للإنسان في حدِّ ذاته أن يمثّل احتفالًا بالحياة، كم هو رائع عندما نشعر بالامتنان لأنَّنا على قيد الحياة، ممتنُّون للأشخاص الذين نحبهم، ممتنُّون لأشعة الشمس والمطر، ممتنُّون لتداول الفصول، ممتنُّون للنغم الحلو في حياتنا، وممتنُّون على نعمة التنفس.

بدون هذا الامتنان قد تبدو الحياة كدعوة لأمسية أو لحفل اجتماعي لا نرغب حضوره، فيكون ردُّنا عليها: "أهلًا.. شكرًا لكم على طيب الدعوة، إلى اللقاء".

بفضل الامتنان نصبح نحن نبض وروح هذا الحفل الذي يسمَّى الحياة.

تذكير عاجل

هناك جداران، جدار الولادة وجدار الموت، وعندما نقترب من الجدار الثاني نبدأ بالتفكير فيه، فيستبدُّ بأذهاننا، القلق بشأن الموت يمكن أن يصبح مشكلة ذات ضجيج بشع، ومِن الممكن أن يكون الضجيج الأقوى، وإذا ما انجرفنا مع هذا الصخب فيمكن أن ينتهي بنا المطاف إلى وضع نحتفل فيه بعيد ميلادنا مرَّة واحدة في السنة، فيما نبقى نفكر في الموت بقية الأيام.

فالمفارقة الرهيبة إذًا هي أنَّ كل لحظة نقضيها في القلق بشأن الموت تصير مضيعة للحياة الثمينة، ويمكن أن تأخذنا الرغبة في العيش إلى الأبد إلى حدٍّ ننسى فيه أن نعيش يومنا.

مهما حاولنا فلا يمكننا تفادي المرور عبر هذا الجدار الثاني في مرحلةٍ ما، فحتَّى الأذكى منَّا يصرف انتباههم عن الحقيقة الطبيعية المتمثِّلة في أننا بشر وينسَون أنَّنا أموات.

هناك قصة قديمة تصبُّ في هذا الاتجاه، وتكون دائمًا مصدر تسلية لي، كان هناك طبيب في منتهى الذكاء، وكان الجميع يقرُّ له بذلك، وقد أمضى عقودًا مِن

حياته في مساعدة الناس على العيش، لكنه الآن يشعر أن الموت يدنو منه، وأنَّه لا يريد أن يموت؛ لذلك ابتكَر خطَّة.

كان يعلم أن الموت سيأخذ واحدًا فقط لا اثنين؛ لذلك قام بعمل نسخة طبق الأصل لنفسه بدقَّة، وصولًا إلى آخِر التفاصيل، لقد كانت نسخة مثالية، وكان فخورًا جدًّا بهذا.

ذات يوم، دخل ملك الموت دون موعد مسبق، ورأى طبيبَين اثنَين مستلقِيَين على السرير.

شعر الطبيب أن ذلك اليوم المشؤوم يقترب، وقد وضع نفسه بالفعل بجوار النسخة طِبق الأصل، وكانت تلك حركة ذكية مِن قِبَله، فقد كانت نسخة ممتازة حقًّا؛ لذلك ارتبَك ملك الموت، وتساءل: "لا يمكنني إلا قبض روح واحدة، مَن آخذ إذًا؟"

فكَّر للحظة ثمَّ قال: "تهانينا يا دكتور! لقد قمتَ بعمل رائع في تقليد نفسك، لكنَّكَ ارتكبتَ خطأً واحدًا".

كان الطبيب مستلقيًا، وبدأَت كلمات الموت تدور في رأسه، فقال في نفسه: أي خطأ؟ كيف يمكن أن أرتكب خطأ؟ إنَّه مخطئ.

مع مرور بعض الوقت، لَم يعد بإمكان الطبيب تحمُّل الانتظار، فصرخ قائلًا: "ليس هناك مِن خطأ!"

فقال ملك الموت لتوِّه: "هذا! هذا هو الخطأ"!

لقد وقع الطبيب ضحية غطرسته، نحن لسنا مخلوقات تتصف بالكمال، وليس هذا خبرًا جديدًا علينا، ولا يمكننا الهروب مِن قَدَرنا المحتوم وهو الفناء.

مِن الحكمة أن نقرَّ بهذا الأمر، ونسعى إلى أن نعيش كل يوم ملء العين والقلب، ونرى الواقع بوضوح، ونتقبَّل ما هو موجود، ونغتنم كلَّ فرصة للفرح والرضا، مصداقًا لمقولة Carpie Diem أو اغتنم يومك.

الإبحار على امتداد النهر

هناك أغنية لكبير يقول فيها: "أنت مجرد قارب صغير من ورق، تبحر في النهر".
إن هذه الكلمات لها مغزًى عميق؛ لأنَّك بينما تسير بقاربك في نهر الحياة، فإن
قاربك الورقي يبدأ بالتبلُّل والتفكُّك، مِمَّا يعني أنَّ القارب يفقد شكله، ويتحلَّل
تدريجيًّا في الماء، وهكذا تجري الأمور.

في غضون ذلك، عليك أن تدرك أنَّك حُرٌّ في الاستمتاع بهذه الحياة، كل شيء
رهن يديك ليكون أداة لأي غرض تريده، ولتختبر ثراء وجودك.

يبدأ كل شيء عندما ترسم دائرة الاتصال المستمرة داخل نفسك، مِن الامتنان
إلى السلام، ومن السلام إلى الامتنان.

هذه هي الطريقة التي أنتهجها للردِّ على واقع الجدار الثاني، أقول: "حاوِل" لأنَّه لا
أحد منَّا يتجلَّى له الزمن بشكل واضح، وبالتالي أتوخَّى العيش في حالة أستشعر فيها كل
تجلِّيات ذاتي الداخلية والبهجة التي تنبع من السكينة، عندما أكون في هذه الحالة
سأكون سعيدًا حتَّى إنِ استمرَّ اليوم إلى الأبد، لكنَّني أعلم أنَّ الليل آتٍ لا ريب فيه.

لستُ أخشى الموت، بيد أنَّني أستخدمه كمصدر إلهام للاستمتاع بأفضل ما في
كل لحظة، وهذا ما يزكِّي بداخلي ضرورة العمل على وجه الاستعجال، فغير هذا لن

يُجدِي نفعًا ما لَم نستمتع بهذا الغِنَى الذي مُنِحنا إيَّاه، وأي طريقة أخرى عدا ذلك لن تكون مُرضية.

كل شيء عابر

سيندثر هذا الجسد يومًا ما، أنا موقن مِن ذلك، ومع انتهاء جسدي تنتهي معه كل أفكاري وتجاربي.

ماذا سيبقى؟ لا يوجد شيء في هذا العالم في حوزتي، قد أقول أحيانًا: "هذا لي وهذا ملكي"، لكن كل هذا مؤقَّت وعابر، كل ما أعتبره ملكًا لن يكون لي يومًا ما.

يذكِّرني هذا السياق بقصة أحبُّها عن الحاكم المقدوني والقائد العسكري (الإسكندر الأكبر) حتَّى وإن كانت مختلَقة، فوفقًا للحكاية، قال الإسكندر وهو على فراش الموت: "لديَّ ثلاثة أوامر، يجب أن يحمل أطبائي وحدهم نعشي، يجب أن يكون طريقي إلى المقبرة منثورًا بالذهب والفضة والمجوهرات، يجب أن تبقى يداي تتدلَّيان مِن التابوت".

كان الأصدقاء والمستشارون المجتمعون مرتبكِين، فتقدَّم جنراله المفضَّل وسأل عن المغزى مِن هذه الأوامر، فأجاب الإسكندر: "أودُّ أن يَعرف الناس أنَّ الأطباء عاجزون في النهاية ولا يستطيعون علاجنا مِن الموت، وأودُّ أن يَعرف الناس أنَّ الحياة التي يقضونها في السعي وراء الثروة هي مضيعة للوقت الثمين، وأودُّ أن

يعرف الناس أنَّ كل إنسان يأتي هذا العالم خاليَ الوفاض، ثمَّ نتركه أيضًا بنفس الحال".

نعم، نترك جميعًا العالم بالطريقة نفسها، والأشياء الوحيدة التي أمتلكها حقًا في هذه الحياة هي سلامي ومعرفتي لِذاتي.

هذا هو الواقع بالنسبة لي، فبمجرَّد أن ينقضي عمري كلُّ ما يتبقَّى منِّي هي الذكريات المخزَّنة في قلوب الآخرين.

عندما تذهب إلى منزل شخصٍ ما، وتقضي وقتًا رائعًا هناك، ربَّما يكون مردُّ ذلك إلى الطعام الجيِّد أو الجو الرائع، ولكن بعد فترة تنسى العَشاء، وتنسى الجوَّ وشكل الغرفة تمامًا، لكن ما يظلُّ بخاطرك هو إحساسك بالاستمتاع، وطالما بَقِيَ هذا الشعور بداخلك فهو يُغنيك عن كلِّ شيء آخَر.

دعوة إلى اللامتناهي

على امتداد مليارات السنين كنتُ أنا وأنت لا شيء، ولمليارات السنين القادمة في المستقبل لن نكون شيئًا، حياتنا هنا هي الاستثناء، مهمَّتنا هي أن نعيش هذه الدقائق والساعات والأيام على نحو استثنائي.

دعوَتي لك هي أن تتجرَّأ على الشعور بالسلام الداخلي، حياتك هنا محدودة، لكن لدَيك فرصة لتجاوُز ذلك، والتَّوَاصل مؤقَّتًا مع اللامتناهي، (بهجة الوجود النقي)، إنَّها طريقة لتجربة تلك القوة الكونيَّة التي أتيتُ على ذِكرها سابقًا.

إذًا الفرصة متاحة لنا ككائنات محدودة في الزمن للالتقاء باللامتناهي.

نتَّجِه في الفصل التالي إلى هذا العالم الخالد من التجربة الخالصة.

الفصل 3
التجذُّر في السَّلام المطلَق

لمَّا كنتُ أترعرع في زهرة العمر في ديهرا دون Dehra Dun، كنَّا أحيانًا ننعم ببعض أيام الخريف السحرية، وذلك قُبَيل بداية الشتاء، حيث كانت السماء تكتسي لونًا أزرق، وكان الهواء فوق جبال الهيمالايا نقيًّا صافيًا.

كل صباح كان الندى يغازل العشب والنباتات، وكان أول النور يضيء الماء في الهواء بحيث تتلألأ القطرات مثل الماس، وكانت قطرات الندى صغيرة جدًّا، لكنَّها كانت تتألَّق مثل الشموس الصغيرة.

كلَّما أخذَتِ الشمس بتسخين الهواء، يبدأ النَّدَى في التبخُّر، تاركًا هذا المشهد الصباحي المنعش، حيث يصبح كل شيء جليًّا يمكن معه رؤية السماء إلى منتهى البصر، كنتُ أشعر كما لو أنَّ الزَّمن قد توقَّف عندئذٍ.

في المساء تأخذ السحب المتصاعدة ذات الحواف الفضية الساطعة بالتدحرُج ببطء.

كنتُ غالبًا ما أجلس في الفناء الأمامي للبيت تحت شجرتَين مِن المغنوليا، حيث كانت تنمو البازلاء الحلوة على الجدران، وكانت تينع على كل منها زهرة صغيرة جميلة، وكانت تنبعث منها رائحة عبقة للغاية مع بعض نسمات الخزامى.

كان هناك أيضًا ما نسمّيه زهور الكلاب - في حين يسمّيه بعض الناس "سنابدراغون" أو "نبتة أنف العجل"، وكنّا نضغط على رؤوسها بحيث يبدو الأمر وكأنها تفتح وتغلق أفواهها وتنبح علينا بصمت.. كان شعورًا جميلا أن أجلس هناك في ذلك المكان.

خرجتُ ذات يوم إلى الحديقة، وكانت تراودني رغبة جامحة لاقتناص اللحظة.

كان قلبي منشرحًا تمامًا، وكنتُ سعيدًا بالتجوُّل لتفقُّد كل شيء ينمو هناك.

وبعد لحظة أخذتُ مجلسي تحت إحدى أشجار المغنوليا، وأن أحدِّق في الغيوم والأزهار، فخالجني شعور قوي أيقنتُ معه أنَّ خالقي هو الذي خلق أيضًا أشجار المغنوليا والزهور المعطرة، ووضع الندى على العشب، وحرَّك الشمس مِن أدنى الأرض إلى أقصاها، وجعل تلك الغيوم السميكة تطفو فوق السماء الزرقاء، في تلك اللحظة أوحى إليَّ خالقي أن أشعر فقط.

لقد كان شعورًا مثاليًّا مِن أجل لحظة مثالية، كان المطلوب فقط هو الشعور باللحظة.

منذ ذلك الحين كان بإمكاني الجلوس تحت شجرة المغنوليا تلك والدخول في شعور لا أملك فيه تطلعات، ولا رغبات، ولا حاجة داخلية لفعل أي شيء، كنتُ أشعر بالارتياح لمجرَّد أنِّي موجود، وعندئذٍ ظلَّ الصوت يقول لي: "هذا اليوم مِن أجلك"، وهذه المقولة تنسحب على ذلك اليوم السابق في الحديقة واليوم الذي أعيشه الآن.

المكوث في ذات الشعور

إنَّ شعوري الذي كان جزءًا منِّي لَم يتغيَّر قط، لكنَّني أعرف أنني في بعض الأحيان قمتُ بوضع العديد مِن الأشياء الأخرى فوق نقاء تلك التجربة.

ربَّما تفهم ما أقصد: "أنا أحتاج هذا، وأنا أحتاج ذاك، ويجب أن يكون الأمر على هذا الشكل، ويجب أن يكون الأمر على ذاك الشكل، وبعد ذلك يجب أن أفعل هذا، ثم يجب أن أفعل ذاك".

بدلًا مِن الخروج والاستفادة مِن ذلك اليوم الجديد، أجد نفسي أحيانًا وقد انحرف انتباهي بسبب المشكلات والانشغالات، وهذا كفيل أن يوعز إليَّ أنَّ المشكلات في حياتي باتت مصدر خطر، بحيث ستتغلَّب على مسار حياتي.

أجل، حتَّى أنا كشخص دأبتُ على تقديم عروض حول السلام منذ سنِّ الرابعة يصعب عليَّ أحيانًا أن أبقى على اتصال بالصفاء الداخلي، وهذا هو مستوى العتمة والجهل الذي تؤول إليه الأمور في خضمِّ الضجيج المتفشِّي.

كان ذلك اليوم في الحديقة لفائدتي، فأدركتُ أنَّه يجب ألا يبرحني ذلك الشعور أبدًا، لقد عشتُ ذلك الاتصال العميق مرارًا وتكرارًا، إنه الواقع الذي أعيشه –

شعور بالسَّكينة المطلَقة — وكل ما عدا ذلك عبارة عن ضوضاء، ضوضاء ممتعة أحيانًا، وأحيانًا ضوضاء تشتِّت الانتباه.

الكمال ليس فقط ذكرى لتلك اللحظة مِن الطفولة، بل هو القدرة على الإحساس باللحظة الآنية.

السلام ينطوي على النِّعَم كلِّها

لطالما فكّرتُ في تجربتي في الحديقة، لقد أدركتُ أنَّ السكينة بداخلنا لا ترتبط بأي شيء آخَر سوى السكينة ذاتها، ليس منوطًا بالسكينة القيام بأي شيء، إنَّما منوط بها أن تكون لا مهمَّة لها إلا الكينونة، هدفها وقيمتها لا يعتمدان على عناصر خارجية، إنَّها شيء يخصُّك تمامًا، ولا يتعلَّق أو يعتمد على أي شخص أو أي شيء آخَر، كما كنتُ أنا تحت الشجرة في تلك اللحظة المثالية، إنَّها اللحظة كما هي، وهذا ما كنتُ أرتبط به في السابق، وهو ما أريد دائمًا معرفته في حياتي.

إنَّ الشعور بالسلام هو أعمق نسخة مني، لكنَّها أيضًا جزء مِن شيء أكثر مني، أكثر منَّا جميعًا بعد أن أموت وتموت، ستستمرُّ إمكانية السلام في العيش في كل ذرَّة في الكون، إنَّه سلام لانهائي، عندما نشعر فقط بذوَاتنا، فإنَّنا نتواصل مع هذا السلام اللامتناهي.

إنَّ كل المشاعر الحسنة التي تنبع من السلام الداخلي هي أيضًا غاية في حد ذاتها، البهجة بداخلك ليست مرتبطة بشيء آخَر، إنَّه البهجة ذاتها.

الحب الذي بداخلك لا يعتمد على شخص آخَر، إنه الحب النقي، أنت بحاجة إلى صفاء داخلي حتَّى ترى عالَم السلام بداخلك والعالَم مِن حولك، ولكن هناك

أيضًا الصفاء الخالص الذي يتأتّى مِن خلال الشعور والاستمتاع به على حقيقة ماهيَّته، وليس لحقيقة فِعله.

أودُّ أن أعرجَ هنا على نقطة مهمة، وهي أنَّ السلام ينطوي على كلِّ النِّعَم الأخرى، لكن ما مِن شيء آخَر ينطوي على السلام.

هناك بهجة في السلام، لكن البهجة وحدها ليست سلامًا، هناك لطف في السلام، لكن اللطف وحده ليس سلامًا، هناك وضوح في السلام، لكن الوضوح وحده ليس سلامًا، هناك كلمات مختلفة فقط للتعبير عن جوانب الشيء نفسه، السلام في نهاية المطا ف هو حالة فريدة وشاملة مِن الوجود.

كيف تنام مِن غير نوم؟

سأل أحدهم والدي ذات مرة: "ما الشعور الذي نكون عليه عندما نسبر أغوار دواخلنا ونرتبط بالسلام الداخلي؟" فأجاب: "مثل النوم مِن غير نوم."

لمَّا سمعتُ تلك القصة للمرَّة الأولى كنتُ أقود سيَّارتي، فأوقفتُها على قارعة الطريق، وجدتُها تنطوي على مغزًى عميق.

تخيَّل أن تجد نفسك في هذه الحالة، كما لو كنت نائمًا بدون نوم، يجرى دمج وضعيَّتَين اثنتين في واحدة، تخيَّل كيف يمكن أن يكون هذا النوم منعشًا للغاية؟

عندما نتخلَّص مِن الحاجة لأن تكون ذاتنا العميقة منشغلة بأشياء أخرى، يمكننا عندئذٍ أن نحسَّ بشعو ر هائل بالحرية، حيث إنَّ أوزار الارتباط تُرفَع عن أكتافنا، ومن ثمَّ يمكن أن نسأل ما إذا كنَّا – نحن كبشرٍ – قادرين على اختبار شيءٍ ما فقط لِمَا هو عليه وليس لما يتيح لنا فِعله بعد ذلك؟

طبعًا قد يتعارض ذلك مع عالمنا الذي تقوده الأفعال، لكنَّني أعتقد أنَّنا قادرون على اختبار شيء ما فقط لما هو عليه.

السلامِ متاح لنا جميعًا، لكن يتعيَّن علينا نحن أن نختبره بدلًا مِن محاولة صُنعه.

عمَى البديهيات

السلام موجود في داخلنا، لكنَّ الكثير منَّا لا يشعرون به قط، إنَّه مستعصٍ وبعيد المنال وإن كان موجودًا في كلِّ الأرجاء.

إنَّه إلى حدٍّ ما يشبه الضوء، فعندما تنظر مِن النافذة قد ترى جدارًا، وإذا نظرتَ عن كثب فسترى الطوب في هذا الجدار وحتَّى التفاصيل الدقيقة للملاط بين الطوب، وإذا كانت لدَيك عين ثاقبة فقد تبصر أيضًا تأثيرات الطقس على الطوب وزاوية الظلِّ، والألوان العديدة التي يبرزها ضوء الشمس أو ضوء القمر أو ضوء الشارع، كما أنَّ هناك انعكاسات للضوء على هذا الجدار مِن الأسطح الأخرى، كلٌّ منها يضيف قالبًا للضوء الذي يسقط على ذلك الجدار.

بالتأكيد نرى الحائط، لكنَّنا لا نرى الضوء؛ لأنَّ الضوء في كلِّ مكان، فالضوء الطبيعي ليس موجودًا لإلقاء الضوء على العالم نيابةً عنَّا، إنَّه مجرَّد ميزة رائعة وحيوية تتمثل في كون الضوء ضوءًا، كما هو الحال مع السلام الداخلي، يمكننا تقدير تأثيرات الضوء على العالم مِن حولنا، ولكن يجب أيضًا أن نقدِّر جوهر الضوء كشيء في حدِّ ذاته.

إنَّ أفضل ما قد يقوم به المرء أحيانًا هو أن يكون كما هو، في الكثير من الأحيان ينحرف انتباهنا جراء انشغالاتنا اليومية بما لا يسمح لنا بسبر أغوار داخلنا واختبار كينونتنا الداخلية.

نعبر حياتنا هاته ونحن نعاين الألوان تنعكس علينا انطلاقًا مِن العالَم الخارجي دون النظر في النطاق الكامل للواقع بداخلنا.

إنَّ هذا يحوِّل تجربتنا الحياتية عندما ندرك أنَّنا نعيش على هذه الأرض المشعَّة ونحن جزء منها.

اليوم الخالد

إنَّنا ننظر إلى صورنا كرضَّع أو أطفال، أو صور أطفالنا لمَّا كانوا صغارًا، ثمَّ نستذكر السنوات التي مرَّت.

عندما نرى أصدقاء قُدَامى يتبادر إلى ذهننا في كثير مِن الأحيان سؤال: كم مضى مِن الزمن؟ عندئذٍ نشعر أنَّ نهر الزمن يتدفَّق نحو محيط الخلود.

يمكن أن يكون الأمر مذهلًا، وغالبًا ما يجلب ذلك مشاعر الأسف والقلق عندما نستحضر الملهيات التي سمحنا لها بهدر وقتنا، ثمَّ نعود بعد ذلك إلى صخب وانشغال حياتنا اليومية.

يجب أن نسأل أنفسنا في تلك اللحظات – قبل استبداد جدولنا الزمني، وتحكُّم مشكلاتنا ومخاوفنا فينا – هذا السؤال: ما قيمة الزمن ما لَم نفهم قيمة كل نفَس نتنفَّس؟ إذا لَم تكن لحظة "الآن" مهمَّةً بالنسبة لي فكيف يمكن للأمس أن يكون مهمًّا بالنسبة لي؟ إذا لَم يكن "الآن" مهمًّا بالنسبة لي فكيف يمكن أن يكون الغد مهمًّا؟

بغضِّ النظر عمَّا نخطط له، وبغضِّ النظر عمَّا نفعله، وبغضِّ النظر عمَّا يحدث، يمكننا فقط العيش في هذا المكان المسمَّى "الآن"، هذا هو المكان الذي نحن

فيه، سواء كنَّا بعُمر ستة أشهر أو وصلنا إلى 100، فإنَّنا نعيش جميعًا في هذه الرحلة في هذه اللحظة ذاتها، ويعتقد الكثير منَّا أنه مِن المهمِّ العيش هنا والآن، لكن هل نعرف حقيقة ذلك؟ هل نقدِّر بعمق لحظة "الآن"؟ هل نعبِّر عن الامتنان المطلوب إزاء لحظة "الآن"؟

يمكننا أن نفكر بطريقة مختلفة تمامًا بمفهوم الزمن عن الطريقة الخطيَّة الزمنية التي اعتدنا انتهاجها، قد يكون مِن الصعب فهمها في البداية، لكنَّني سأحاول تبسيطها ليسهل إدراكها.

لنبدأ بالزمن العادي، دأبنا على تقسيم الزمن إلى أقسام صغرى: سنوات، شهور، أسابيع، أيام، ساعات، وثوانٍ، ومِن ثمَّ يقوم قطاع الأعمال والمقاولات على مفهوم الزمن، بحيث يتمُّ متابعة ومحاسبة الموظفين والمستخدمين على أساس مردودهم في العمل بموجب الجدول الزمني الذي يعملون وفقَه، والذي قد يختزل أحيانًا في الثانية، وهذا التقطيع الزمني يبدو جليًّا عندما نواجه مشكلة قانونية، بحيث يكون للجدول الزمني للمحامي تداعيات وكلفة مالية!

هناك أسباب وجيهة لتقسيم لحظاتنا على هذا النحو، مِن المفيد أن يكون لديك شعور مشترك بالزمن عندما تقوم بالترتيب لمقابلة الأصدقاء لتناول العشاء أو ركوب الطائرة أو حضور حفل موسيقي، لكن هناك وجهات نظر مختلفة حول الكيفية التي يجب أن نفكِّر بها في الزمن بمعنًى أوسع.

يكثر الجدل حول العلم والدين والفلسفة حول ماهيَّة الزمن، وكيف يمكننا فهمه مِن الناحية التجريبية، يبدو الأمر كما لو – لاستخدام استعارة مكانية – أنَّ الزمن يتحرَّك إلى الأمام.

أستطيع أن أقول بكل ثقة إنَّني إذا كسرتُ ساقي اليوم فلن تكون كاملة بحلول يوم غد، ولكن قد يتمُّ ذلك في غضون ستَّة أسابيع.

ومع ذلك – وهنا يكون الأمر مثيرًا للاهتمام حقًا – لدَينا منظور آخَر فيما يخص الزمن المتاح لنا، فيمكننا استخدامه عندما نريد التواصل مع شيء أعمق.

يمكننا الدخول والخروج من هذا الجدول الزمني كما نشاء عندما نعرف كيفية النفاذ إليه.

يمكنك التفكير في الأمر على هذا النحو: في العالم الخارجي نرى كلَّ لحظة كوحدة واحدة في مجموعة مِن اللحظات العابرة، مثل قطار شحن طويل جدًّا يسير على المسار، وفي الكون الداخلي يمكننا أن نشعر باللحظة كشيء مطلَق.. اليوم الخالد.. الزمان الداخلي هو بداية ونهاية في حدِّ ذاته، كالسلام والطاقة والنور، إنَّهم موجودون فقط.

تخيَّلِ الأمر على هذا النحو: في كل لحظة داخلية يتمُّ استبدال مسيرة الزمن برقصة الزمن، تمامًا كما كنت جالسًا تحت شجرة المغنوليا تلك، في اليوم الخالد، وأنت حرٌّ في شعورك، لا حاجة لتحسين نفسك أو البحث عن الحقيقة، لقد وجدت السلام اللامتناهي الذي تبحث عنه.

إليكم بعض المقاطع للشاعر الإنجليزي الشهير ويليام بليك William Blake والتي تصبُّ في نفس الاتجاه:

حتى ترى العالم في حبة رمل

والرضوان في زهرة برية

وتمسك السرمدية في راحة يدك والخلود في ساعة واحدة.

بينما نفكِّر في السرمدية حريٌّ بنا أن نعرف أنَّه لا يوجد حدٌّ لمدى سعادتنا ورضانا في الوقت الحالي، لقد مات الناس مِن فرط الحزن، فيما لَم يمُت أحد مِن فرط السعادة، إذًا دعونا نواصل ملء قلوبنا بالبهجة.

ليس هذا وليس ذاك NETI NETI

أدرك أن مفهوم السرمدية يمكن أن يكون محيِّرًا أو محبِطًا، نحاول استخدام عقولنا لفهمها، لكن من الصعب وضع شكل على شيء لا يمكن أن يتناسب بسهولة مع خيالنا، وبالتالي أقترح ألَّا نتعاطى مع فكرة السرمدية بعقلنا، بل يجب أن ندع قلبنا يشعر بها أيضًا.

سأقدِّم هنا ما مِن شأنه أن يساعد في تفسير الزمن السرمدي بشكل أوضح، هناك عبارة سنسكريتية (لغة هندو آرية قديمة، وهي اللغة الكلاسيكية للهند والهندوسية) تجسِّد الإحساس بأن التجربة تتجاوز الشرح أو التعريف البسيط، وهي ليست هذا وليست ذاك، والمصطلح يعني حرفيًّا "ليس هذا وليس هذا" وهو عبارة عن مزج كلمتين، مشتقَّة مِن na iti، أو "ليس كذلك"، ويتمُّ استخدامه أحيانًا عندما يحاول شخص ما الكشف عن طبقات نفسه "هذا ليس أنا ولا هذا، ولا هذا" حتَّى يصل إلى حقيقة "الأنا".

نحن في بداية نفس الرحلة في هذا الكتاب، تطوير قدرتنا على ترك الوقت الطبيعي والعقل المشغول خلفنا عندما نريد ذلك للانسياب إلى الزمن السرمدي حتَّى نشعر بالذات في أنقى وأجَلِّ صُوَرها.

في كثير مِن الأحيان عندما يجتاز شخص ما تجربة عميقة لا يمكنه التقاطها بالكلمات، فربَّما لَم يعِ بالضبط ما الذي واجهه، ربما يعرف كيف يبدو الأمر في ظاهره. فأحيانًا لا يكون كنه التجربة قابلًا ليُصاغ في التعابير أو الكلمات التي في حوزتنا، يمكن أن تكون اللغة مفيدة ومعبِّرة بشكل جميل، لكنَّه لا يسعها دائمًا أن تسبر أغوار التجربة الإنسانية.

قد يتبادر إليك صوت خفي يسألك: "ما الذي تشعر به؟ هل هذا؟ هل ذاك؟" ولا يمكنك الردّ إلا: "لا، لَم يكن الأمر كذلك، ولا ذاك".

"لكن ماذا كنتَ تفعل في تلك اللحظة؟"

"لا شيء"!

"بماذا كنتَ تفكر؟"

"لا شيء"!

"إذًا ما شعورك؟"

"كل شيء"!

إذًا لَم يكن بإمكان الناس تفسير التجربة بشكل سهل، فقد يفترضون أنَّها تجربة شديدة التعقيد بطبيعتها، لكن غالبًا ما تكون محاولة الشرح هي الأمر المعقَّد وليس التجربة في حدِّ ذاتها، فبدلًا مِن تقديم صورة واضحة وكاملة لما جرى، لا نستطيع أحيانًا سِوَى تقديم وميض لما حدث، وأحيانًا قد تكون التجربة معروفة، ولكنَّها غير قابلة للتعبير في قوالب لغوية.

وفي هذا السياق أودُّ أن أعرج على بعض الأبيات للشاعر الرومي:

ثمة قبلة نتوق إليها نظير حياتنا كلها

لمسة الروح على الجسد..

تتوسل مياه البحر من اللؤلؤة كسر المحارة
والسوسن في منتهى الشوق لحبيبة برية!
وفي الليل، أفتح النافذة راجيًا القمر أن يطلّ
ليضع وجهه على وجهي..
ويصبَّ نفسه فيَّ..
أغلِق باب اللغة
وافتح نافذة الحب..
لن يعبر القمر الباب
بل النافذة فقط.

في مسيري مِن منزل عائلتي في دهرا دون إلى الحديقة، ما كنتُ أفكِّر بأنَّني سأختبر الآن تجربة رائعة، بل بدأتُ أستمتع بكل لحظة أكثر دون أن أفهم السبب، ثم ظهرَتِ الأعجوبة بداخلي، كان الأمر بسيطًا للغاية، وتركتُ الأمور على عواهنها، كانت نافذتي مفتوحة.

ثمَّة أوقات يذهب فيها الناس إلى الحديقة ويكون الجو رائعًا، فيأخذون المقص، ويقصُّون الزهور لإحضارها للمنزل.. سبقَ وفعلتُ ذلك.

وقد يكون مِن الرائع أن يكون لديك القليل مِن لون وعطر الحديقة داخل منزلك، لكن في بعض الأحيان تكون الفرصة متاحة لنا لنقدِّر ببساطة هذا الجمال على ماهيَّته دون الحاجة إلى تغييره.

يمكن أن تكون الطبيعة في المزهرية شيئًا جميلًا، يمكن أن تكون مواجهة الطبيعة كما هي تجربة نقية وعميقة بشكل رائع.

التخلِّي

لِفَهم السلام الداخلي، نحتاج إلى تفكيك لبنات المفاهيم الفكرية للكشف عن شكل الطبيعة وجمال الذات، أنت لا تصنع السلام، بل تكتشفه في نفسك، إنَّه التخلِّي عمَّا هو غير ضروري.

يتحدَّث الناس عن الرغبة في تجربة الوحي، ولكن هذا هو الوحي الذي نبحث عنه، وهو أخْذ الأشياء حتى نتمكن من الكشف عن الذات الحقيقية وفهمها واختبارها في أبسط تجلِّياتها.

لقد تمكَّن الكاتب الفرنسي أنطوان دو سان إكزوبيري Antoine de Saint Exupéry مِن التقاط أناقة البساطة عند قوله:

"ليس الكمال عندما لا يكون هناك المزيد لنضيفه، بل عندما لا يبقى شيء نزيله".

دعونا نفكِّر للحظة في قميصنا أو فستاننا المفضَّل، تخيَّل أنَّك تُخرجه مِن خزانتك، وتضعه على سريرك، خذ صورة ذهنية دقيقة للمشهد، عندما ترتدي ذلك القميص أو الفستان فسوف يتَّسِخ بعد فترة؛ لأنَّك تعمل، وتسافر، وتتجول، وتتناول الطعام، بعدها تغسل الفستان.

كيف تتمُّ عملية التنظيف؟ الأمر بسيط جدًّا، تقوم بإزالة الأوساخ، أنت لا تُحضِر النظافة مِن مكان آخَر لتسبغها على القميص، بل تأخذ ما هو غير مرغوب فيه وتترك ما هو مطلوب.. قطعة الملابس النظيفة.

نفس الشيء ينطبق على إيجاد السلام بداخلك، فأنت لا تسبغ السلام على نفسك الداخلية، بل تدع كلَّ الأشياء الأخرى تتحلّل، فمعرفة الذات ترتبط أساسًا بالسماح لنفسك الحقيقية بالتألُّق في اللحظة الراهنة.

وفي ذات السياق أستذكِر قصة مزعومة عن مايكل أنجلوMichelangelo وسر النحت العظيم، فقد سُئِل ذات يوم: "كيف تمكَّنتَ مِن إنشاء هذا التصوير الرائع لداود؟" فأجاب حينها:

"حسنًا، لقد انبريتُ في كلِّ وقتي لإزالة كل ما لا يُشبِه داود".

يجب أن تتَّبع سبيل معرفة الذات، ساعتئذٍ ستشرع في التركيز على ذاتك مباشرةً، فيما تتخلّى عن كل شيء آخَر، ثم تصبح أنت العنصر الثابت والأساسي، فمِن السهل على الآخرين أن يصبحوا هم الأساسيين في حياتنا، فيما لا نلقي بالًا لأنفسنا، هذا ما يحدث عندما تهيمِن الضوضاء على حياتنا، فنحن بحاجة إلى التخلِّي عن الضوضاء.

هل يمكنك تخيُّل وضعيَّة خالية حقًّا مِن كلِّ هذه العناصر التي تصرف انتباهنا وتشتِّته؟

في المظهر الخارجي لديك جسدك، وهذا الجسد سوف يتغيَّر بالطبع، لكن هناك شيء بداخلك سيبقى على هيئته الأولى أيًّا كانت الأحداث الطارئة، وأيًّا كان الأشخاص الآخرون، تلك هي ذاتك الخالدة.

مِن الغياب إلى الوجود

لكن كيف لنا أن نتخلّى عمّا لا نحتاجه؟ كيف لنا أن نتخلّى عن الضوضاء؟ لديَّ اقتراح بهذا الصدد، لا تركّز على الشعور السلبي بداخلك، بدلًا مِن ذلك قم بتقوية الإيجابيات.

إنَّ الوجود والعدم موجودان في الكون، نحن ندرك كليهما، ولكن عندما يتعلّق الأمر بحياتنا يتعيَّن أن نختار ما نريد أن نجعله أكثر حضورًا وأكثر قوة.

مِن واقع خبرتي، مِن الأفضل أن نشجّع الوجود بدلًا مِن التلاعب بالعدم، إذا كنّا نفتقر إلى الشجاعة فإنَّ الخوف يتبوّأ الصدارة.

ما أفضل طريقة للتصدي للخوف؟ الاستفادة مِن شجاعتنا وإيلاؤها الصدارة مرّة أخرى.

حالما لَم تكن على صلة بالوضوح يحلّ الارتباك، أنت تزيل الارتباك مِن خلال الارتكاز على الوضوح.

ما السبيل للقضاء على الجريمة؟ مِن خلال مساعدة الناس على عيش حياة واعية ومدركة، بدءًا من الذات، فبإشراقة النور ينجلي الظلام.

هل تتذكَّر في المدرسة عندما كان المعلم يسأل: "هل الجميع حاضر؟" كان هذا مدعاة للتندُّر بالنسبة لي؛ لأنَّ الأشخاص الغائبين لن يقولوا: "لا، أنا لستُ حاضرًا!"

لا يمكننا العمل إلا مع ما هو موجود؛ لذا لا يمكننا ببساطة التخلُّص مِن الكراهية، ومِن شأن ذلك أن يترك فراغًا يمتلئ بسرعة بالكراهية، وعوضًا عن ذلك علينا أن نختار الحب، اجعل الحب في المقام الأول، وستتلاشى الكراهية.

عندما تفكِّر في ثقب في الأرض، فهل هذا شيء موجود أم شيء غير موجود؟ هل هو شيء له شكله الخاص أم أنَّه مجرَّد غياب لشيء آخَر؟

توجد الثقوب ولكن فقط لأنَّ شيئًا آخَر غير موجود، لا يمكنك نقل حفرة من مكان إلى آخَر، أليس كذلك؟ دعوني أشارككم فلسفتي حول الثقوب؛ لأنَّها يمكن أن تساعدنا في فهم هذه النقطة حول الوجود والغياب بداخلنا.

ما هو الحزن؟ غياب البهجة.

ما هو الارتباك؟ غياب الوضوح.

ما هو الظلام؟ غياب الضوء.

ما هي الحرب؟ غياب السلام.

الحرب حفرة، فراغ، نفي؛ لذا كيف نوقف الحرب؟ نملؤها بشيء، وأفضل شيء لملئها هو السلام.

أين يمكن أن نجد السلام؟ داخل كلِّ واحدٍ منَّا.

وأين يمكن أن نجد حفرة الحرب؟ داخل كلِّ واحدٍ منَّا.

إذًا هكذا يمكننا اتخاذ الخطوات الأولى نحو السلام بين الناس، وذلك بملء فجوات الكراهية والحزن والارتباك والظلام والحرب بداخلنا بالحب والبهجة والوضوح والنور والسلام الذي بداخلنا.

سيمفونية البساطة

ذهبتُ ذات مرة إلى حفل موسيقي كلاسيكي في فيينا Vienna، كانت القاعة غاصة بالحضور، وكان الجو مفعمًا بالصخب جراء المحادثات الجانبية المتحمسة.

مع صعود الموسيقيين على خشبة المسرح، زادت وتيرة الحديث خاصَّةً مع توافد المتأخِّرين ليأخذوا أماكنهم، ما يعني أنَّ على الآخَرين الوقوف والجلوس بين الحين والآخَر للسماح لهم بالعبور.

عمَّتِ الفوضى المكان كلَّه، لَم أستحسن الأمر؛ إذ كان فِكري مضطربًا، كانت تراودني فكرة النهوض والانصراف، لكن كان مِن الصعب إيجاد التذاكر!

فجأة توقَّف الهرج والمرج، ليطلّ قائد الفرقة الموسيقية تحت تصفيق الجميع، ويعمُّ الصمت.

تلَت ذلك لحظة مِن التوتر المبهج والهادئ فيما رفع قائد الفرقة عصاه في الهواء، فانطلقَتِ الموسيقى.

كانت الموسيقى هادئة جدًا في البداية، وكان بالإمكان سماع رنين الأوتار وحركة الأصابع، فما لبثَتِ اللحظة أن أضحَت تجربة حسية رائعة.

هكذا تكون في بعض الأحيان الأمور بداخلنا، فثمَّة حفل موسيقي يجري في قلوبنا، وبالنسبة للبعض تطغى المقدمات والثرثرة وتمتدُّ على سنوات، وبالنسبة للبعض الآخر مع رفع العصا تحلُّ السكينة إيذانًا ببدء الموسيقى.. إذًا فالضوضاء والصمت والموسيقى كلها قابعة بداخلنا.

قد يكون ثمَّة أحيانًا إيقاع يحملنا على الرقص، إيقاع أقوى من جميع إيقاعات الحياة الأخرى التي ما فتِئَت تدور حولنا، ومن خلال معرفة الذات، نختبر توقيعنا الزمني الحقيقي، ونعبر إليه في الوقت المناسب.

هذا هو الشعور بالتركيز حقًّا، كل شيء آخَر يتهاوى فيسود الصمت، ثمَّ تبدأ سيمفونية جميلة في العزف في قلبنا، وهكذا يتمُّ الإصغاء إلى نفسك.

الانفصال والطموح والاختيار

هل يجب أن نطمح إلى الانفصال التام عن العالم مِن حولنا؟

لطالما طُرِحَ عليَّ هذا السؤال، رأيي في هذا الشأن بسيط، لا يمكنك أن تكون منفصلًا بالكامل، واهمٌ مَن يظنُّ أنَّه يعيش في منأًى تمامًا عن تجاذبات وملهيات الحياة اليومية.

يساور بعض الناس قلق مِن أنَّ معرفة الذات ستؤدي إلى حياة مملة ومجرَّدة، أو انسلاخ عن الواقع.

إذا اكتسبنا الرضا فهل سنصبح مثل الخضروات (البطاطس، أو اللفت) المتجذِّرة في بقعتها؟ أما مِن شيء مثير للاهتمام يحدث في دماغ البطاطا أو اللفت أو أ ي تطلعات؟ لا على الإطلاق!

في بعض القصص التي قرأتُها عن حياة بوذا، وجدتُ أنَّه لما بلغ واكتسب النورانية أصبح طموحًا جدًّا، ساعتئذٍ أراد أن ينقل رسالة السلام إلى كل بقاع الأرض بعد أن بلغ مرتبة الرضا.

أودُّ أن أكون في منتهى الوضوح بهذا الصدد، إنَّ معرفة الذات لا تحوِّل أنفسنا الخارجية إلى كائن مثالي يمكنه السعي في الحياة دون أن تطاله وتؤثِّر علية أسئلة

ومشكلات، ما يمكن أن توفِّره لنا معرفة الذات هو الوضوح اللازم لندرك أنَّ لدينا إمكانية الاختيار، ليس لدَينا خيار بشأن متى نولد ومتى نموت، ولكن عدا ذلك لدَينا بالتأكيد خيار حول كلِّ شيء آخَر.

ينطوي العيش بوَعي على إدراكنا أنَّ لدَينا دائمًا اختيارًا، وذلك حتى في الأوقات العصيبة؛ ولذا فاختر بعناية، نحن نعيش بلا وعي عندما لا ندرك أنه يمكننا الاختيار، أو نختار عدم الاختيار.

يمكن أن يؤدي فقدان الوعي لدى شخص ما إلى فقدان الوعي لدى شخص آخَر، وبالتالي تستمر دورة الجهل، ولها بالتأكيد عواقب وتداعيات.

ومِن ناحية أخرى، فإنَّ الوعي بخياراتنا يمكن أن يكون مدعاة للتمكين والرضا، سأعرج إلى هذه الفكرة مجدَّدًا في الفصل الخامس.

تجاوز المخاوف

قد يعتقد البعض أننا إذا تخلصنا من كل مخاوفنا فسوف ننعم بالسلام، لا يمكنني التحدث إلا من واقع خبرتي الخاصة التي تقول: إذا توقَّفتَ عن التفكير في الطعام هل سيختفي الجوع؟ لا.. وإذا قال لي أحدهم: توقَّف عن التفكير في الطعام هل سيختفي الجوع بعد ذلك؟ لا.

طالما أنت على قيد الحياة، فمِن المحتمل أن تمرَّ بأوقات تشعر فيها بالقلق بشأن شيءٍ ما على مستويات مختلفة، وهنا يكون حريًّا بك اختيار الانتقال مِن عقلك المضطرب إلى قلبك الساكن إذا استطعتَ إلى ذلك سبيلًا.

أعرف أشخاصًا ذهبوا إلى أقاصي الأرض بحثًا عن تلك البقعة الواحدة القادرة على منحهم الذهن الخالي مِن القلق الذي يتوقون إليه، ماذا يحدث؟ يصلون أخيرًا ويستقرُّون أخيرًا على كرسي، ثم يغمضون أعينهم ويفكِّرون: أنا هنا أخيرًا! الآن يمكنني حقًّا أن أنعم بالسكينة".

كلُّ شيء هادئ للحظة او اثنتَين. ثم يبدؤون في سماع نقيق صراصير الليل، أو طائر وحيد يغرِّد في مكانٍ ما في الغابة، ثمَّ تبدأ الأفكار مِن المنزل في إعادة ملء

أذهانهم، مثل الأمتعة التي علقَت مؤقَّتًا في المطار، ولكن تمَّ تسليمها الآن، ومِن ثمَّ فإنَّ كلَّ رجل أو امرأة في سعي مستمرٍّ للهروب، ولكن ما المقصد إذا لَم يهرب بذاته؟

عندما نكون غير مستقرِّين داخل أنفسنا، يمكن أن تبدو العجائب الطبيعية وكأنها نشاز، عندما نكون مستقرِّين داخل أنفسنا، يمكن أن يصبح كل شيء وأي شيء تقريبًا عزفًا موسيقيًّا.

ما لَم نجد ردًّا على تشويش وضوضاء القلق، فسيُلازمنا هذا القلق دائمًا.

إنَّ أعظم قوة لنا للتصدي هو القدرة القابعة بداخلنا، وهي العلم بأنَّه يمكننا دائمًا اختيار السير في طريق معرفة الذات نحو السلام الداخلي.

قال الشاعر (كبير): "إذا كان عليك أن تقلق، فحريٌّ بك أن تقلق بشأن الحقيقة، إذا كان عليك أن تقلق، فحريٌّ بك أن تقلق بشأن البهجة، وإذا كان عليك أن تقلق، فحريٌّ بك أن تقلق بشأن الخير في حياتك".. وهذا كفيل بإزالة القلق مِن خلال استحضار استقدام الخصال الإيجابية.

أصغِ إلى قلبك

بالنسبة لي إنَّ عمليَّة معرفة الذات مِن التيقظ إلى الارتباط بالذَّات ثم الإحساس بالسلام، تشبه إلى حدٍّ ما عملية إدخال صاروخ في مدار الفضاء.

التيقظ يروم تهدئة العقل وتركيز الانتباه، أي إيصال الصاروخ إلى منصة الإطلاق، نترك وراءنا كل ما لا تحتاجه الرحلة، ونركِّز انتباهنا؛ لذلك نحن على استعداد للانطلاق.

يتعلَّق الارتباط بالذات بالاتصال الكامل بالداخل، حتَّى نتمكَّن مِن توليد شعور قوي بالاكتمال يبدأ في رفعنا عن الأرض، والسلام هو ما نشعر به في قلوبنا عندما نصعد ونصعد، ونبتعد عن دائرة الجاذبية، ومِن ثمَّ تسقط الخزانات الدافعة لنحلِّق على امتداد كوننا الداخلي بما يتجاوز أبعاد الزمان والمكان العاديين.

إنَّ قلبي هو الفضاء الذي بداخلي، حيث أشعر بالسعادة الحقَّة، لا لسبب آخَر سِوَى السعادة ذاتها.

هناك محيطات بداخل قلبي أُبحِر بها، ليس للذهاب إلى أي مكان، ولكن لأنَّها رحلة رائعة.

القلب هو الموقع الذي نشيّد فيه الشجاعة للبحث عن الوضوح لذاته، أنا في الجنة عندما يكون قلبي راضيًا، عندما يغني بامتنان لوجوده، عندئذٍ أشعر حقًّا بأنّني على قيد الحياة.

هذا ما شعرتُ به في ذلك الصباح الرائع في ديهرا دونDehra Dun.

جدير بنا أن نتحقَّق مِن أنّنا حقًّا على صلة بقلوبنا، وليس بما يظنُّ فكرنا أنّه ربّما هذا ما يريده قلبنا.

إنَّ فِكرنا المنشغل هو دائمًا على استعداد للتدخل وتحوير كل شيء على هواه، إنّه مِن الصعوبة بمكان بالنسبة لأذهاننا أن تتوقَّف عن تحليل العالم الخارجي بحثًا عن الخطوة الموالية، إذا كانت لديك فكرة عن قلبك فهذا مجرَّد ضوضاء إضافية، فقلوبنا ليست موجودة لنقودها أو نقول لها ما نشعر به، بل قلوبنا هي التي تعبِّر بكل بساطة عمَّا تشعر به.

إنَّ السكينة كفيلة بأن تعرِّفنا على أولويّاتنا بشكل أوضح، بحيث يمكن توجيه انتباهنا بشكل أفضل، إنَّ الشعور بالسلام في قلوبنا يمكِّننا مِن التعرُّف على أنفسنا بشكل أفضل، وتلك تكون لحظة مهمَّة لنقل انتباهنا إلى الفرق بين الاعتقادات والمعرفة.

الفصل 4
تعلَّم الفرق بين المعرفة والاعتقادات

إنَّ نمط تفكيرنا له تأثير قوي على نمط عيشنا، باستنباط قوتنا العقلية يمكننا فهم التحديات والفرص التي تواجهنا، حيث إن القيام بذلك يساعدنا على اتخاذ قرارات أفضل، وفي نفس الوقت يمكِّننا الذكاء الجماعي للبشرية مِن تشكيل العالم لصالحنا المشترك.

إن الارتفاع في متوسط مستويات المعيشة هو مجرَّد مثال يوضِّح تأثير التفكير الكبير على حياتنا؛ لذلك يجب أن نحتفل بقوة الفكر، ولكن مِن الذكاء أيضًا أن نرى حدود التفكير.

نتفاعل مع العالم بعدة طرق مختلفة، ولكن في معظم المجتمعات الحديثة يسيطر التفكير على كيفية عيش الناس لحياتهم.

يحاول الكثير مِن الناس إيواء كل شيء يواجهون في إطار ما يؤمنون به، ولكن يبدو أن هذه طريقة جامدة للاستجابة لثراء الوجود وتدفُّقه لانشغال الحياة المعقَّد بالكامل والعجائبي الفوضوي.

أشعر أنَّ هناك طريقة أكثر إرضاءً للتواصل مع العالم داخلنا وخارجه، بالنسبة لي فإنَّ النقطة الجميلة للتجربة الإنسانية هي عندما نكون فكريًّا على قيد الحياة لما هو جديد متمركز بالكامل في أنفسنا، وعلى هذا النحو يكون ذهننا منفتحًا على التغيير فيما يبقينا قلبنا على أسس ماهيَّتنا.

مِن خلال معرفة الذات يمكننا أن نبدأ في زيادة تركيزنا على ما يحدث بداخلنا، بعدم تجاهل العالم، بالإضافة إلى الإيمان بالمعرفة أيضًا، ومعرفة ما هو مهمٌّ حقًّا، وفي وقت يتمُّ فيه غالبًا تغليب التفكير على كل شيء، فإنَّ هذا التوازن الواعي بالذات هو أمر جذري.

العثور على حدود الفكر

ما المشكلة في ترك عقولنا تسيطر على شعورنا بالحياة؟ حسنًا، لأنَّ الأفكار والمعتقدات غالبًا ما تسعى بشكل حثيث لشرح جوانب مهمة من هويّتنا والتعبير عنها.

تخيل هذا السيناريو: تجلس مع الشخص الذي تهتم لأمره كثيرًا في العالم وتسأله: "هل تحبني؟" فيجيب: "أعتقد ذلك"، يعتقد أنه يحبك؟ فماذا لو قال: "أعتقد ذلك؟" يعتقد أنَّه يحبك؟ ربما يجيب أيضًا: "مستحيل!" أنت تعرف ما إذا كنت تحبُّ شخصًا ما أم لا.

إليك سؤال بسيط آخَر يمكن أن يكشف عن حدود التفكير: مَن أنتَ؟ غالبًا ما يشقى الناس للإجابة عن هذا السؤال؛ لأنَّه يتطلَّب منهم تجاوز الإيمان إلى الشعور، ولا يمكننا الإجابة عنه بطريقة واضحة من خلال إعطاء الاسم والعمر والجنس والوظيفة والحالة الاجتماعية واللون المفضَّل لدَينا، لا يمكننا الإجابة عنه بطريقة واضحة من خلال المنطق أو التنظير، فالأمر يتعلَّق بالتواصل مع نفسك بشكل عميق وواضح، لستَ بحاجة إلى الرد من خلال الكلمات، أنت فقط تعلم.

ذات مرة قال الراهب الهندوسي سوامي فيفيكاناند Swami Vivekanand، الذي كان يقدِّم محاضرات دولية حول فلسفة فيدانتا Vedanta: "الإيمان الأعمى هو إضعاف الروح البشرية، كن ملحدًا إن شئتَ، لكن لا تؤمن بأي شيء دون طرح أسئلة".

الاعتقادات شائعة جزئيًا لأنَّ شخصًا آخَر قام بواجبنا من أجلنا، ليس الأمر كما لو أننا لا نفهم عواقب الإيمان الأعمى، الأمر يبدو أنه أسهل بكثير مِن المعرفة، لكن في الواقع المعرفة ليست بهذه الصعوبة حقًّا، إنَّها تتعلَّق بمعرفة نفسك، وعدم معرفة شيءٍ ما أو شخص آخَر.

عالم داخلي

عندما قال سقراط: "اعرف نفسك" كانت دعوة لسبر أغوار الكون الأعمق بداخلك، وماذا تصادف عندما تصل إلى هذا المكان مِن المعرفة في الداخل؟ ليست قائمة من معتقداتك، ليس الكشف عن سمات شخصيَّتك أو أنواع شخصيتك أو مؤشِّرات نفسية، ليسَت نظريَّة عن هويَّتك، ما تواجهه هو شعور بسلام سرمدي وتقدير صادق لوجودك في الوقت الحالي، هذا هو اتصالك الكامل بالقوة الكونية، وهي تلك التجارب النادرة في عالم مِن الضجيج والانشغال، بهجة الوجود فقط.

يتجلَّى التفكير العقلاني من خلال مجموعة من الأسئلة، مَن؟ ماذا؟ أين؟ متى؟ كيف؟ لماذا؟ وهلمَّ جرًّا.

يمكن أن تكون هذه مفيدة بشكل لافت في حياتنا اليومية، لكنها لن تأخذنا إلى العالم اللامتناهي.

لاختبار الكينونة في أعلى تجلِّياتها علينا الابتعاد عن الإطار العقلي، فالمعرفة لا تتأتَّى لنا إلا عندما نترك الأسئلة تنأى بعيدًا، وهذا ما جعل الناس في الهند يسمُّون معرفة الذات "راج يوجا Raj Yoga".

إنَّ "يوجا" لا تعني أن تنحني نفسك في جميع أنواع المواقف، بل تعني الاتحاد، فيما تعني "راج" الملك؛ لذا فإنَّ ملك اليوجا هو الذي يضعك في اتحاد مع نفسك، وتلك أسمى وأعظم الاتحادات، والإله ليس شيئًا غامضًا مخفيًّا فوق الجبل، بل هو السكينة في قلبك.

يتحدَّث قلبي معي على نفس النحو المباشر الذي يعبِّر به جسدي عن نفسه، فعندما يجوع جسمك يخبرك، وعندما ينام جسمك يخبرك، وعندما يتألَّم جسمك يخبرك، لا يتمُّ تقديم أي طلب، فلا مجال للمجاملات.

أنت جائع، مِن الأفضل أن تأكل شيئًا، معرفة الذات تمكِّنك مِن سماع نفسك الداخلية بكلِّ وضوح؛ لذلك عندما يشبع قلبك فأنت تعرف ذلك، عندما يمتلئ قلبك بالبهجة فأنت تعلم ذلك، عندما يمتلئ قلبك بالحب تعلم ذلك.

لغة السلام الداخلي واضحة وقوية وفورية، لها كلمة بسيطة.. الشعر الذي يسعد سماعه.

الاهتداء إلى سبيلنا

ما أوَّل قاعدة الملاحة بالنسبة للطيار؟ اعرف موقعك! مهما كانت الخريطة دقيقة ومفصَّلة فهي غير مجدية إذا كنتَ لا تعرف موقعك.

الإيمان دون معرفة الذات يشبه امتلاك خريطة دون معرفة مكانك عليها، إذا كنتَ لا تعرف موقعك فكيف ستصل إلى مآلك؟

يمكن أن يختبر الطيارون ظاهرة تُدعَى "فقدان الاتجاه"، وعندما يحدث ذلك لا يعرفون موقعهم أو ارتفاعهم أو سرعتهم الجوية، إنَّهم ليسوا حيث يعتقدون أنَّهم موجودون، في الواقع هم تائهون ومربكون.

يمكننا الإحساس بشيء مشابه في حياتنا اليومية بدون معرفة الذات، قد يكون لدينا العديد مِن الأفكار والخطط، ولكنَّ القليل مِن الإحساس بما يهمُّ حقًّا. بدون معرفة الذات قد يكون لدينا أسئلة لا نهاية لها تأخذنا إلى أبعد من ذلك عن إجابة مرضية.

بدون معرفة الذات قد نشعر بالحاجة المستمرة للبحث عن السلام دون تجربة السلام الموجود بالفعل في الداخل.

أدعوك لمعرفة موقعك في هذه اللحظة مِن خلال النظر أيضًا في داخلك وتقدير وجودك هنا والآن.

هكذا تكون معرفة الذات هي كل ما يتعلَّق بمعرفتك لموقعك الحالي.

ما أهمُّ شيء يمكن أن نعرفه على الإطلاق؟ نحن ننعم بالحياة، والفرصة متاحة لنا، لكلِّ واحد منَّا، لنشعر بالرضا كلَّ يوم، وكل ساعة، وكل دقيقة.

عندما تكون متَّصِلًا بالسلام الداخلي ستستمتع حقًّا برحلة الحياة، وتجربة البهجة والرضا الآن بدلًا مِن الانتظار إلى أن تصل إلى مقصد متخيَّل غدًا.

المغزى ينبثق من الداخل

ما بداخلنا هو نقطة البداية لكلِّ مغزًى في الحياة، قد ننظر مِن النافذة ونقول: آه، ما أجمل العالم دون أن ندرك أنَّ الجمال يبدأ في داخلنا!

إذا انقرض الجنس البشري سيختفي الجمال معنا؛ لأنَّ الجمال يأتي منَّا.

أنتَ تحمل عالمًا غير محدودٍ مِن الجمال بداخلك الآن.

المعرفة الذاتية هي السبيل الذي يأخذنا إلى كل تلك العجائب التي تكمن بداخلنا في انتظار انتباهنا.

فكِّر في حلاوة فاكهة المانجو، جميع المكوِّنات اللازمة لإنتاج تلك النكهة الرائعة موجودة في الفاكهة، لكنَّها لا تنبض بالحياة إلا عندما نفتح المانجو ونستمتع بها، بدون رغبتنا في النكهة وعطشنا للعصير ستكون فاكهة المانجو مجرَّد شيء له خصائص كيميائية معيَّنة.

عندما نضيف رغبتنا وعطشنا، يصبح تناول المانجو تجربة لذيذة.. في النهاية حلاوة الحياة الرائعة تكمن بداخلك لتتذوقها.

أنت عطشان جدًّ ا، ويقدِّم لك أحدهم خيارًا بين كأس من الماء البارد أو عرض مدَّته ثلاثون دقيقة عن صفات كوب من الماء البارد، أيهما ستختار؟ بديهي! بدلًا مِن

محاولة إرضاء تعطشنا لمعرفة الذات من خلال تطوير نظرية عن هويتنا، يمكننا دائمًا اختيار تجربة ما نحن عليه.

بدون خبرة، كل ما نفكر فيه ونؤمن به هو التنظير، يمكننا أن نصبح مدمنين على النظريات، على أمل أن تشرح كل شيء بأعجوبة، ثم نبدأ في ثني الواقع ليناسب أفكارنا.

أتذكَر ملاحظة بارعة سمعتُها مِن أحد الاقتصاديِّين: "قد تنجح الفكرة جيّدًا في الممارسة العملية، ولكن هل تنجح مِن الناحية النظرية؟"

للنظرية العديد مِن الاستخدامات الهامة للغاية في بعض الأحيان، ولكن لها حدودها. تخيَّلوا رجلًا وعد شريكته بإعداد وجبة لذيذة للاحتفال بذِكراهم السنوية.

تسأله:

- ماذا أعددتَ للعشاء يا حبيبي؟

فيجيب:

- أنا أحبُّكِ كثيرًا لدرجة أنَّني أمضيتُ كلَّ فترة بعد الظهيرة أفكِّر فيما أردتُ أن أفعله لكِ.

- يبدو ذلك جيّدًا!

- لكنَّني في الواقع لَم أصنع لكِ أيَّ شيء.

- حقًّا!

هذا يشبه إلى حدٍّ ما بعض الجدل الفلسفي، فيمكن أن يكون تجميع أفضل المكوِّنات الفكرية التي تجعل الإنسان إنسانًا أمرًا مثيرًا للاهتمام، ولكن ما هو أكثر

إثارة للاهتمام هو تحويل ذلك إلى تجربة عملية، وهذا ليس اعتراضًا على البحث والاستقصاء الفلسفي، وإنَّما أشير فقط إلى أنَّ الأفكار والنظريات حول مَن نحن توصِّلنا فقط إلى هذا الحدِّ، فالحياة ليست خاضعة للتنظير.

ما الذي يمكن معرفته؟

يمكن أن يصرف انتباهنا عن طريق التنظير حول الذات وتفويت الفرصة لمعرفة أنفسنا.

ما الذي يمكن معرفته؟ نحن نستطيع أن ندرك أنَّنا على قيد الحياة، وأن هذه اللحظات التي نشهدها حقيقية، ويمكننا الاستمتاع بكل لحظة على أكمل وجه، وأنَّ السلام الداخلي يجلب إحساسًا عميقًا بالرضا الذي نسعى إليه، ويتحقَّق ذلك عندما نكون في سلام، فكلا العالَمَين الخارجي والداخلي يشعَّان لنا أكثر مِن أي وقت مضى في أبهى تجلِّياتهما.. إنَّ المعرفة ليست تفسيرًا، بل يتعلَّق الأمر بالإحساس بالسلام بداخلك.

إنَّ الحقيقة البسيطة لهذا ماثلة أمامنا مباشرة، لكن الإمعان في التفكير يمكن أن يصرفنا عن الحقائق البسيطة، وكما قال المسرحي اليوناني القديم يوريبيدسEuripides: "الذكاء ليس الحكمة"، ويبدو الأمر أحيانًا كما لو كان الناس بصدد قراءة دليل مؤلَّف مِن ألفَي صفحة حول كتاب مِن صفحة واحدة، وكلَّما أمعنوا في القراءة قلَّ فهمهم.

هناك قصة قديمة تعجبنا بهذا الصدد، فقد اجتمع أذكى الأشخاص في بلدة معيَّنة لتحديد أيُّهما أفضل: الشمس أم القمر، تبادلوا الأفكار وتداولوا طويلًا، وأخيرًا توصَّلوا إلى استنتاج مفادُه أنَّ القمر أكثر أهميَّة.. لماذا القمر أكثر أهمية؟ قالوا: "انظر، في النهار تشرق الشمس عندما يكون هناك الكثير مِن الضوء، ولكن في الليل يضيء القمر عندما يكون الظلام؛ لذلك مِن الواضح أنَّه أكثر أهميَّة بكثير".

عندما سمعتُ تلك القصَّة للمرة الأولى ضحكتُ وقلتُ: "هذا سخيف"، ثمَّ خطرَ لي: في الواقع هذه هي الطريقة التي نفكِّر بها أحيانًا، يمكننا أن ننسى أن نقدِّر العلامات الأساسية في حياتنا، العناصر الحيويَّة أمامنا مباشرةً، عندما ندرك هذا ونبدأ في تقدير ما هو مهمٌّ حقًّا، يبدو الأمر كما لو أنَّ ضوءًا أشرق علينا، ليسلط الضوء ويلفتنا إلى الهبة الرائعة التي مُنِحنا إيَّاها.

الاهتداء إلى المسار الواضح

كنتُ في إحدى المرات أمتطي السيارة في ساعة الذروة في لندن عندما رأيتُ شخصًا يسير في الشارع بطريقة غريبة جدًّا.

كان يمشي بوتيرة طبيعية، لكن حتى مِن مسافة بعيدة كان يتبيَّن لي أنَّ لغة جسده كانت مختلفة قليلًا عمَّن حوله، وكلَّما اقتربتُ يتَّضِح لي أنَّ الشخص – وهو رجل بمفرده – ضرير، وكان يستخدم عصاه ليستشعر مساره.

لقد لاحظتُ مِن قَبل الكثير من الأشخاص المعاقين بصريًّا يمشون بعصا؛ لذا لَم يكن هذا ما لفتَ نظري، لكن ما لفتَ نظري هو أنَّ هذا الرجل لَم يُظهِر أيَّ قلق خارجي بشأن الجدار عن يمينه، أو الطريق عن يساره، أو العوائق المحتمَلة الأخرى في أي مكان آخَر، كان يستخدم العصا لرسم خريطة كافية لمنطقة خالية حتى يواصل التحرك بأمان.

كان لدى الرجل حركة هادفة تشير إلى أنَّه لَم يكن مشتَّتًا ذهنيًّا بسبب حركة المرور، أو بسبب الزبائن الخارجين مِن المتجر، أو الموسيقى المنبعثة من السيارة المتوقفة أمامه، أو الكلب الكبير الذي كان ينبح على الجانب الآخَر من الطريق، كان

يعر ف مكانه، وكان يسأل سؤالًا واحدًا واضحًا طوال الوقت: هل الطريق أمامي ممهَّد حتَّى أتمكَّن مِن المتابعة؟

فكَّرتُ في مدى فعالية مقاربته مقارنةً مع الطريقة التي ننتهجها عقليًّا في حياتنا، ففي بعض الأحيان نتخيَّل عقبات ومشكلات محتمَلة في كلِّ مكان.

نحن نرى الأخطار حيث لا توجد، ولا نرى الأخطار المحدقة بنا، نحن نسمح بلفت انتباهنا إلى ما يتحرك حولنا بدلًا مِن مكاننا الآن وإلى أين نريد أن نذهب بعد ذلك.

عندما نرى الجبل يمكن أن يهيمن على رؤيتنا، ولكن الطريق يستمرُّ ويلتفُّ حول الجبل، نتعثَّر في التفكير في جميع العقبات التي تواجهنا ولا نتمكَّن مِن رؤية بساطة الطريق الواضح أمامنا.

ماذا يفعل الشخص الضرير عندما يصل إلى عقبة؟ يتلمَّس طريقه نحو مسار واضح حوله.

ماذا نفعل عندما نواجه عقبة في أذهاننا؟ غالبًا ما نستمرُّ في السير في نفس الطريق، على أمل أن يتحرك بطريقةٍ ما مِن تلقاء نفسه.

أريد التأكيد على هذه النقطة، مِن خلال تجربتي، فإنَّ امتلاك معرفة بالذات لا يمسح طريقنا مِن العقبات بطريقة تلقائية، ما يمكن أن تفعله هذه المعرفة بالذات هو مساعدتنا على رؤية الطريق الواضح، يمكننا بعد ذلك اختيار ما نفعله وفقًا لذلك، وإذا ركَّزنا على ما هو مهمٌّ بالنسبة لنا، وظللنا نشعر بالطريق الواضح، فإننا يمكننا الاستمرار في المضي قُدُمًا.

أعلم أنَّه في بعض الأحيان يمكن أن تبدو حياتنا خاضعة لقبضة الصعوبات التي تواجهنا، أعلم أيضًا أن الناس غالبًا ما يواجهون عقبات كبيرة أمام اكتساب معرفة الذات، والإحساس بالبهجة، ورؤية السلام يتلألأ في قلوبهم، والوضوح واتخاذ الخيارات الجيِّدة، لكن هذه مجرَّد ظنون، وأنا أعلم علم اليقين أنَّ هناك

حقًّا طريقًا واضحًا لنا عندما نختار التواصل مع السلام في الداخل والانطلاق مِن هناك.

حوار بين العقل والقلب

في زيادة التركيز على المشاعر، هل هناك خطر مِن أنَّ ردودنا العاطفية على العالم لا يتمُّ مساءلتها؟ ربَّما هناك هذا الخطر.

نحن نعلم أن مشاعرنا لا تتطابق دائمًا مع الواقع، يمكن أن نكون جميعًا غير عقلانيّين بشكل غير مفيد في بعض الأحيان، يمكن أيضًا أن تتأثر عواطفنا بشكل كبير مِن خلال أذهاننا.

إذا كنَّا لا نعرف أنفسنا فيمكن أن ننخدع بأي شيء، بما في ذلك عواطفنا، ولكن من خلال معرفة الذات نحاول الارتباط بمجموعة أعمق مِن المشاعر.

لقد تبيَّن لي أنَّه مِن المُجدي الاستماع بعناية لكلٍّ مِن أفكاري وأعمق مشاعري، لتحقيق التوازن فيما بينهما، وإذا بدا أنَّ هناك اختلافًا بينهما فقد يكون الوقت مناسبًا لدعوة القلب والعقل للجلوس حول الطاولة والتحدُّث. وإذا شئنا القيام بذلك، فقد ندعو أيضًا جزءًا آخَر مِنَّا إلى تلك المحادثة، وهو غريزتنا أو حدسنا كونها تمثِّل مجموع كلِّ تجاربنا.

غالبًا ما يكون عقلنا هو المساهم الأعلى في محادثتنا الداخلية، يمكننا دائمًا سماع ترداد المعزوفة حول مَن وماذا وأين ومتى وكيف ولماذا؛ لذلك قد يكون من

المفيد إعطاء فسحة أكبر لصوت القلب، في الوقت الذي يكون فيه العقل مشغولًا بالتحدث إلينا حول التوقُّعات والخطط والتطلُّعات والهواجس، فإنَّ القلب سيتناول شيئًا واحدًا بعدَّة طرق مختلفة: "حقِّق ذاتك بالكامل"، ولهذا السبب بالنسبة لي، الإجابة الأكثر أهمية على سؤال "مَن أنت؟" قابعة في القلب.

بينما تحاول أذهاننا دائمًا خلق المعنى، فإنَّ قلبنا يفيض بشكل جميل بالمعنى، خذ ذلك المثال السابق عن الحب: ليس هناك تفسير ضروري على الإطلاق، يمكن أن تحاول أذهاننا أن تعطينا أسبابًا، لكنَّنا إمَّا أنَّنا نشعر به في قلوبنا أو لا نشعر به، لا يمكننا حقًّا تفسير سبب شعورنا به، فالحب هو كما هو.. ما أروع ذلك!

إنَّ الأمر نفسه ينسحب على السلام، إنَّه فقط هو كما في قلوبنا، العطش إلى السلام فينا، ومصدر السلام فينا؛ لهذا فإنَّه دائمًا مِن الرائع التحدث إلى شخص ما عن السلام لأول مرة؛ لأنَّه يجب أن نبدأ في أذهاننا في فهم بعضنا البعض مِن خلال الكلمات أولًا، ثمَّ محاولة إلقاء نظرة على الجمال الخالي من الشكل للسلام الداخلي.

وفي النهاية، السلام منطقي كشعور، ومِن خلال هذا الكتاب أحاول التعبير عمَّا قد يمثِّله السلام بالنسبة لنا في حياتنا، لكن أنت فقط مَن يمكنه الشعور به وفَهمه بنفسك.

أهمية مساءلة كل شيء

إن ذهننا مليء بما اكتسب على مر السنين، وبما اخترنا أن نتقبَّله ونؤمن به، نحن نحمل آراءنا ومعتقداتنا حيثما ذهبنا، وأحيانًا قد يبدو ذلك كما لو كانت أوزارًا تثقل كاهلنا.

تخيَّل للحظة أن تتخلَّص مِن حقائبك المليئة بالآراء والمعتقدات، سوف تشعر بالخفة والانفتاح على الأفكار والتجارب الجديدة.

يجدر بنا التفكير في كيفية تعلُّمنا لما نؤمن به وما نعرفه، فعلى سبيل المثال، التعلُّم عن ظهر قلب مِن خلال التكرار هو إحدى الطرق التي نجمع بها المعلومات مِن الوالدين، نحن نستخدم هذا النمط مِن التعلُّم كراشدين أيضًا.

في المرة الأولى التي زرتُ فيها اليابان، أردتُ حقًّا أن أتعلَّم كيف أقول "شكرًا"؛ لذلك سألتُ بعض الأصدقاء، فأجابوني:

- أريغاتو غوزايماسو.

قلتُ:

- ماذا؟

- أريغاتو غوزايماسو.

140

- ماذا؟

بدا الأمر معقَّدًا جدًّا على أذني.

- أريغاتو غوزايماسو.

ساعدوني ببطء في فكها وفهمها وممارسة نطق الكلمات حتى تعني العبارة شيئاً بالنسبة لي، وحتَّى أتمكَّن مِن المشاركة في المحادثة، وفعلوا الشيء نفسه مع بعض العبارات المفيدة الأخرى، كان الأمر يتعلق بتملُّك هذه الكلمات.

وبالتالي يمكن أن يكون التعلُّم عن ظَهر قلب مفيدًا، لكن علينا أن نكون حذرين، وألَّا نتشبَّث بكلِّ ما يقال لنا.

عندما كنَّا نترعرع، تقاسَم آباؤنا ومعلِّمونا معنا فهمَهم للعالَم، إنَّ جزءًا مِن تحقيق الاستقلال هو الاستعداد لإعادة النظر فيما تعلَّمناه، الافتراضات التي نقوم بها والأسئلة التي نطرحها عن الحياة، هل هي افتراضاتنا وأسئلتنا؟

يعود الكثير مِن الضوضاء التي تتردَّد في آذاننا إلى أشخاص آخَرين، لكن دائمًا بإمكاننا خفض مستوى صوتهم حتَّى نتمكَّن مِن سماع أنفسنا.

ربَّما أخبرك والداك بأشياء عن حُسن نيَّة وطِيب خاطر، لكنَّها لَم تكُن بالضرورة صحيحة، فالأفكار الخاطئة تنتقل مثل الإرث المكسور جيلًا بعد جيل، ونحن نحمل هذه الأفكار المتوارثة معنا في تلك الحقيبة الثقيلة، ربَّما يمكننا جميعًا التفكير في الحقائق التي عاشها آباؤنا ومعلِّمونا والتي تبدو الآن خاطئة تمامًا، نحتاج فقط إلى الاستمرار في التساؤل عمَّا تعلَّمناه حتى نستمر في رؤية العالم بوضوح، ليس مِن خلال عيون الآخَرين، ولكن مِن خلال عيوننا نحن.

ذات يوم في فصل العلوم بالمدرسة، قال المعلِّم: "اذهبوا إلى الصفحة 132 مِن كتاب الفيزياء". فذهبنا إلى الصفحة، وبعد بضع دقائق مِن قراءة النص، أشار المعلم إلى أنَّ التعريف الوارد في الكتاب بأنَّ الذرَّة غير قابلة للتجزئة خاطئ، فصرخ قائلًا: "يجب شطب ذلك!" مِمَّا جعلني أتساءل: كل مَن درس في هذا الفصل في العام السابق قد استخدم هذا الكتاب المدرسي، وفي أذهانهم قد تظلُّ الذرَّة غير قابلة للتجزئة!

الآن لا أعرف الفرق الذي أحدثه هذا الاعتقاد بالنسبة لهم، لكن الحلقة بأكملها علَّمَتني أنَّه مِن الجيِّد عدم التمسُّك بأي نظريَّة.

مع مرِّ السنين، رأيتُ أنَّ الأفكار المتوارثة يمكن أن تكون حجر عثرة أمام تعلُّمنا لمعارف جديدة، في حين أنَّ ما تعلَّمناه مِن خلال التجربة يشجِّعنا على الانفتاح على عالَم مِن الاحتمالات والمدارك، ربَّما الثقة التي نكتسبها مِن خلال التجربة تفوق تلك التي نكتسب مِن خلال توارث الأفكار.

لدَينا هذه الفرصة الرائعة لعيش الحياة بوعي بدلًا مِن اتِّباع ما ألفَينا عليه آباءنا ومعلِّمينا، وهو في الحقيقة لا يعدو كونه مجرَّد تناسخ فِكري؛ ولهذا السبب أدعوك أن تنتبه إلى مدى وقْع هذه الكلمات عليك، لا تصدِّقها ببساطة، بل اختبِرها بالاستناد إلى تجربتك، لا إلى نظريَّاتك.

تحلَّ بالهدوء

عندما يبدأ شخص ما في التشكيك في معتقداتنا، يمكن أن يثير هذا فينا مشاعر الخوف.

إنَّ المعتقَد والخوف يلتفَّان حول بعضهما البعض مثل شجرتين مِن الأشواك تنمُوَان جنبًا إلى جنب، بحيث يكون مِن الصعب حقًّا تفكيكهما.

إذا كنتَ تضمر وتعيش في ظل الخوف فقد تلجأ إلى المعتقدات، لكن المعتقدات قد تفضي في بعض الأحيان إلى المزيد مِن المخاوف، وبالتالي أرى أنه من المفيد أن نتناول التعلم من خلال استحضار التوازن بين العقل والقلب الذي أتيتُ على ذِكره سابقًا، يجب أن يكون ذهني كذلك منفتحًا على التغيير المستمرِّ، لكنَّ قلبي غير قابل للتبدُّل، هذا يمنحني القوة في صميمي، وأيضًا الرغبة في الاستماع إلى وجهات نظر أخرى.

إليكم قصة قديمة تتبادر إلى الذهن حول الانفتاح على الأفكار الجديدة والتعلُّم مِن الآخَرين.

ذات مرة كان هناك شاب يروم اكتساب الحكمة ليصبح حكيمًا؛ ولذلك سعَى إلى العثور على رجل حكيم، فقام بالبحث إلى أن وجد شخصًا يبدو مناسبًا، اقترب مِن هذا الحكيم وقال: هل لك أن تعلِّمني الحكمة؟

في البداية بدا الرجل الحكيم متردِّدًا، فسأل: هل أنتَ مستعدٌّ حقًّا لتلقِّي الحكمة؟

فردَّ المريد: بالتأكيد، لطالما بحثتُ على مدار سنوات، وجلتُ أقطارًا نائية، فأنا في أتمِّ الاستعداد.

فكَّر الرجل الحكيم للحظة وقال: حسنًا، سأعلِّمك، لكن يجب أولًا أن أسقي نباتاتي، مِن فضلك تعالَ معي إلى البئر، وانتظِر حتى أقوم بسحب الماء للريّ.. أيضًا لديَّ شرط واحد، مهما حدثَ لا تسألني عن أي شيء، بعد أن أنتهي مِن سقي نباتاتي سأمنحك الحكمة.

فقال المريد في نفسه: هذا جيِّد جدًّا، كلُّ ما عليَّ فِعله هو الهدوء، ومشاهدته وهو يسقي نباتاته، ثمَّ يعلِّمني الحكمة عقب ذلك!

انطلقَا إلى البئر، وأدلى الرجل الحكيم بدلوِه، بعد لحظة سحب الدلو، وكان مليئًا بالثقوب، فتسرَّب الماء إلى أن أصبح الدلو فارغًا، وعلى الفور التقَط الرجل الحكيم الدلو الفارغ، وألقاه مجدَّدًا في البئر.

أسَرَّ المريد في نفسه: هذا غريب! هل هو حكيم حقًّا؟! ألا يعرف أنَّ دلوه مليء بالثقوب؟! كيف سيسقي النباتات وهو في كلِّ مرة يرفع الدلو فيجده فارغًا؟! لكنَّه فكَّر بعد ذلك: أيًّا كان الأمر سأهدأ وألتزم الصمت ليعطيني الحكمة.

سحب الرجل الحكيم الدلو مرة أخرى، ولكن الماء كان يتسرَّب عبر الثقوب فيفرغ الدلو بسرعة، بدأ المريد يتوجَّس مِن فِعل الحكيم، لكنَّه قرَّر الحفاظ على هدوئه ليحصل على الحكمة المنشودة.

وللمرة الثالثة، كان الدلو الصاعد فارغًا؛ لأنَّ مياهه تتسلَّل عبر الثقوب، ومع ذلك رمى الحكيم به مرة أخرى إلى أسفل البئر، فبدأ الطالب تراوده شكوك: كيف لا يرى أنَّ الماء يتسرَّب والدلو مليء بالثقوب؟! هل يمكن أن يكون هذا الرجل حقًّا مرشدًا؟

وللمرة الرابعة، ظهر الدلو من جديد فيما يتسرَّب الماء مِن الثقوب، ومع ذلك ألقى به الرجل الحكيم مرة أخرى في البئر، وكان الطالب يقول في نفسه: ما بال هذا الرجل!؟ هل يمكنه حقًّا أن يعلِّمني أي شيء!؟

وللمرة الخامسة، سحب الرجل الحكيم الدلو، وكان الماء يتسرب من جميع أنحاء جانب البئر، بحيث خلق بركة ضخمة مِن المياه على الأرض، حينئذٍ لَم يستطِع المُريد الإمساك بأعصابه، فقال للرجل الحكيم: عفوًا، ألا ترى أنَّ دلوكَ مليء بالثقوب ولا يمكنه الحفاظ على أي شيء!؟

وقتئذٍ ألقَى الحكيم الدلو جانبًا، وابتسم وجاء ليجلس إلى جوار المريد وقال: "صحيح، الدلو مليء بالثقوب ولا يمكنه الاحتفاظ بالمياه، وقد أظهرتَ أنتَ أنَّ دلوك به العديد مِن الثقوب، ولا يمكنه الاحتفاظ بأي شيء، فعقلك مليء بالمعتقدات، تمامًا كما هذا الدلو مليء بالثقوب".

وكما هو الشأن بالنسبة للكثير مِن القصص القديمة، فإنَّ الاستنتاج هنا بسيط، إذا كان عقلك مليئًا بالآراء والمعتقدات، فسيكون مِن الصعب عليك تعلُّم أي شيء آخَر مِن الآخَرين، لكنَّ الحكمة تتدفَّق في اتجاه الخارج، مثل تموُّجات الحجر التي أُلقِيَت في البركة أو في البئر.

ذات يوم جاء أحد المتشكِّكين ليرى والدي يقدِّم عرضًا، كان يخطِّط للمضايقة مِن الخلف، وكان ينتظر للعثور على اللحظة المناسبة بالضبط للاعتراض على شيء

ما، رسالة، قصة، أيًّا كان، وقد أجبره ذلك على الاستماع بعناية لما كان يقوله والدي، كان يصغي لكل كلمة، ولَم يتضايق قط.

وفي الواقع بحلول نهاية الجلسة، كان مستعدًّا تمامًا لطلب والدي عن المعرفة، لقد جاء بمجموعة مِن الأفكار المسبقة وخطَّة، لكنَّه انفتح بما يكفي للسماح لقلبه وفكره بالاستماع.

الحاجة إلى المعرفة

يقول لي الناس أحيانًا: "هيًا، كن واقعيًا، كل هذا الحديث عن السلام الداخلي هو محض خيال!"

في الواقع، هناك الكثير مِن الناس الذين يشكِّكون في أنَّ السلام ممكن، يصل البعض إلى هذا الاستنتاج بعد تمعُّن، وهذا إجراء جدير بالاحترام، والبعض الآخَر يحذفون السلام بجرَّة قلم، فبدون معرفة ذاتية في حياتنا فإنَّ المبادئ الكبيرة مثل "السلام ممكن" يمكن أن تكون مصدر تهديد وعدم استقرار، ومِن الناس مَن يخشى بالسماح لأي نوعٍ مِن الشكِّ بالتسلُّل إلى معقل معتقداته القوية.

يمكن للشكوك أن تدفعنا إلى الجنون، إذا كنتَ تشكُّ في أنَّ الشخص الذي تحبُّه صادق معك، فلن يتم التحدث عن الخوف الذي ينطوي عليه الأمر مِن الناحية النظرية، بل نحن نحتاج إلى أن نعرف.

اسمحوا لي الآن أن نضع هذا الحديث في سياق تأطيري لتقريب الصورة أكثر.

كان (أكبر) حاكمًا هنديًا في القرن السادس عشر، وكان (بيربال) Birbal مستشاره، وذات يوم جاءت زوجة الإمبراطور (أكبر) وقالت له: إنَّك تفضِّل

مستشارك (بيربال) على أخي، إنَّه قريبك، ويجب أن يتبوَّأ صدارة أفضليَّتك، أمَّا (بيربال) فليس مِن أهلك!

أجاب (أكبر): نعم، أنا أفضِّل (بيربال)، إنَّه حاضر البديهة وذكي.

قالت زوجته: أخي أيضًا ذكي، وأريد تعيينه بدلًا منه.

قال (أكبر): حسنًا، وكيف ذلك؟

فقالت: الأمر بسيط.. تجوَّل في الحديقة، اتَّصِل ببيربال، قُل له أن يأتي ويأخذني، ولن آتي، وبعد ذلك يمكنك طرده لعدم قيامه بالمهمَّة.

فيما بعد، بينما كان (أكبر) يمشي في الحديقة، أمرَ أحد الأعوان: أحضِر (بيربال).

وبسرعة جاء (بيربال): نعم جلالتك.. أنا في خدمتك.

- اذهب وأحضِر زوجتي، أودُّ أن تحضر الآن إلى الحديقة قبل أن أنتهي مِن جولتي.

نظر (بيربال) إلى (أكبر) وقال: جلالتك لدَيك الكثير مِن الخدم، لماذا منحتَني هذا الشرف؟

علَت على محيًّا الإمبراطور ابتسامة متكلِّفة، وقال: ما مِن سبب لاختيارك.

أدرك (بيربال) فورًا أنَّ هناك شيئًا يحاك ضدَّه، ولا بدَّ أنَّ زوجة الإمبراطور في رأسها أمر ما، وسرعان ما استنتج أنَّ الزوجة لا تنوي القدوم إلى الحديقة، فأوقف أحد الحراس وقال له: أنا ذاهب للتحدُّث مع الإمبراطورة، في منتصف حديثي معها، اقدِم إليَّ واهمس في أذني ببعض الكلمات بصوت عالٍ بحيث تسمعها، الكلمات هي: "وهي جميلة جدًّا".

ذهب (بيربال)، وتحدَّث إلى الإمبراطورة: صاحبة السموّ، يرغب الإمبراطور في أن تلتحقي به في الحديقة.

وكان يبدو له أنَّ الأمر لن ينتهي إلى حُسن مآل، وبعد هنيهة جاء الحارس، وراح يهمس في أذنه، وقال ما قال، وختم وفق التعليمات بما يلي: وهي في منتهى الجمال.. ثمَّ غادر.

التفت (بيربال) إلى الإمبراطورة: صاحبة السموّ، لا داعي للالتحاق الآن، لكنِّي أنا ذاهب هناك.. وانصرف.

بعد دقيقتين كانت الإمبراطورة بجانب الإمبراطور في الحديقة، التفَت إليها وقال: أترَين؟! لقد أخبرتُكِ أنَّ (بيربال) ذكي جدًّا، كيف فعلتَ ذلك يا (بيربال)؟

فقال (بيربال): جلالة الملك، كلُّ ما كان عليَّ فِعله هو زرع القليل مِن الشكِّ في فِكرها، فكان عليها أن تبدِّد ذلك الشكَّ بالمعرفة.

عن التعليم

لطالما كان والدي يقول لإخوتي وأنا: "لَم أفهم أبدًا كيف، ولكن أستاذي كان دائمًا يجيب عن جميع الأسئلة، حتَّى تلك التي لَم أسأل".

كان أحد الأشياء التي تعلَّمناها مِن والدي هو كيفية الاستماع ثم التفكير فيما تعلَّمناه، ففي كثير مِن الأحيان تصبح الأسئلة واضحة بعد سماع الإجابات.

وأنا ممتنٌّ جدًّا لما أعطاني إيَّاه والدي، خاصَّةً تلك الهديَّة المتمثِّلة في التمعُّن في نفسي والشعور بالرضا.

انتهَت علاقة الأب والابن منذ زمن بعيد عندما وافته المنيَّة، لكن الهدية التي قدَّمها لي لا تزال تؤتي ثمارها، طموحي هو مشاركة بذور تلك الثمار مع أكبر عدد ممكن مِن الأشخاص.

لَم يكن مِن السهل دائمًا أن ينظر إليَّ كمعلِّم عندما كنتُ صغيرًا، أتذكَّر أنَّني كنتُ أنظر إلى القاعات الكبيرة حيث كان يجلس الأطباء والمحامون والعديد من الأشخاص الراشدين والمتعلِّمين ينتظرون منِّي التحدث وإلقاء العرض.

كنتُ وقتها في التاسعة أو العاشرة من عمري فيما كانوا هم في الثلاثينيات والأربعينيات والخمسينيات مِن العمر، وينتظرون طرح الأسئلة عليَّ لأعقد لهم الإجابات.

عندما كنتُ ألقِي العروض، كان الناس غالبًا ما يسألونني: "لكن كيف تعرف ذلك؟" وكانت إجابتي دائمًا: "لأنَّني عشتُ ذلك"، وقتئذٍ يقول الناس: "هل يمكنك أن تريني؟" فأجيب: "نعم، لكن عليكَ أولًا أن تشعر بتعطُّشك للسلام"؛ ذلك لأنَّ التحضير لمعرفة الذات يبدأ بالاعتراف برغبتك في معرفة نفسك.

لا طائل مِن البدء في هذه الرحلة إذا كنتَ فقط ترغب في تأكيد معتقداتك الحالية، فالأمر يتعلَّق بالشعور بالحاجة إلى معرفة مَن أنتَ حقًّا.

يبدو الأمر كما لو كنتَ تقدِّم هديَّة ملفوفة لطفل، فإنَّه يبدأ في التساؤل: "ما هذا؟ هل كذا؟ أعتقد أنَّني أعرف ما هو".

إنَّه يحاول مطابقة شكل الهدية مع ما يريد أن تكون عليه، لكنَّ الطريقة الوحيدة التي يمكنه مِن خلالها معرفة ما بالداخل هي إزالة طبقات ورق التغليف، ونفس الشيء ينسحب على الذات.

في الهند، مع انتهاء جولات العروض، كنتُ أعود إلى المدرسة لأصبح مجدَّدًا طالبًا، وفي بعض الأحيان كان مِن الصعب التكيُّف مع هذا الوضع سواء بالنسبة لي أو للمعلِّم، في لحظةٍ ما كان الناس يُنصتون إليَّ بكلِّ اهتمام، وفي اليوم الموالي تنقلب الأمور ليصيح في وجهي المعلمون قائلين: "أنتَ متأخِّر عن الدرس" والأرجح أنَّي كنتُ فعلًا متأخِّرًا.

لذا سألتُ نفسي: مَن أنا؟ بدأت إجابتي بهذه الفكرة البسيطة، وهي أنَّ حياتي تتغيَّر باستمرار، ولكن مِن خلال المعرفة الذاتية سأكون دائمًا على اتصال بنفسي.

وبوضوح كبير، رأيتُ أنَّه لا شيء سيستمرُّ إلى الأبد؛ لذلك لا داعي للقلق بشأن التنقُّل بين الأدوار المختلفة في حياتي، ففكَّرتُ: "لن أكون طالبًا إلى الأبد، لكن عندما أكون في المدرسة يمكنني أن أكون تلك النُّسخة منِّي، ولن أكون طفلًا طوال حياتي، وبينما أنا كذلك يمكنني أن أكون ذلك الابن، ولن أكون بالضرورة متحدِّثًا عن الحكمة في الهند طوال حياتي، ولكن في الغضون عليَّ أن أكون كذلك".

إنَّ إدراكنا أنَّ ما مِن شيء قار في الحياة هو مصدر تحرُّر بالنسبة لنا. لقد مكَّنني ذلك مِن أن أكون أكثر مرونة في وجهة نظري، مِمَّا جعلني أتحمَّل بسهولة أكبر بعض المعلِّمين الذين كانت شخصيتهم صعبة المِراس.

الكف عن الاعتقادات

قال سقراط: "إنَّ الحكمة تبدأ بالدهشة"، وبقوله هذا تمكَّن مِن التعبير عن حقيقة عميقة في بضع كلمات، وتجدر الإشارة إلى أن صدى نفس الفكرة يتردَد في رغبة الشاعر الإنجليزي كوليردج Coleridge بأن يسمح القرَّاء لخيالهم بتعليق التشكيك في كل شيء لفترة قصيرة، والذي يشكِّل إيمانًا شعريًّا".

وُلِدَ صامويل تايلور كوليردج Samuel Taylor Coleridge عام 1772، وأراد أن يحرِّر الناس أنفسهم مِن عقولهم المنطقية عند القراءة حتَّى يتمكَّنوا مِن تجربة شيء آخَر يتجاوز ما سبق أن فكَّروا فيه بالفعل.

شرع كوليردج Coleridge – وهو مفعم بهذه الروح – في مشروع عُرِفَ بالشِّعر الغنائي بالتعاون مع زميله الشاعر ويليام وردزورث لإنشاء مجموعة مِن القصائد عالية الخيال، وقد وصف كوليردج Coleridge هدف وردزورث بأنه يتحرَّى **إيقاظ انتباه العقل مِن خمول العادة، وتوجيهه إلى جمال وعجائب العالَم الماثل أمامنا، فهو معين وكنز لا ينضب، ولكنَّه نتيجة لغشاوة الألفة والأنانية لدَينا أعيُن لا ترى، وآذان لا تسمع، وقلوب لا تشعر ولا تفقه.**

وبروح مماثلة، ما نهدف إليه هنا هو الكف عن المعتقد طواعية.. نعم.. سنحتاج دائمًا إلى التفكير الذكي والأفكار السليمة لإبلاغنا بكيفية فهمنا للعالم، فالعلم ينتج فوائد هائلة لنا جميعًا، ولكن عندما يتعلَّق الأمر بمعرفة الذات يجب علينا تهدئة تفكيرنا، والاستماع إلى أعمق صوت بداخلنا.

نحن بحاجة إلى عيون ترى حقًّا، وآذان تسمع حقًّا، وقلوب تشعر وتفقه حقًّا، وتعرف حقًّا.

علاوة على تنمية أذهاننا، أين الضرر في التعليق الطوعي للمعتقَد الذي يوقظ انتباهنا مِن خمول الحياة الصرفة ويوجهه إلى مباهج العالم أمامنا وفي داخلنا؟

الفصل 5
ابدأ بنفسك

كان هناك شاب يمشي في الطريق، فجال بنظره، فرمق رجلًا طاعنًا في السنّ يمشي منحنيًا تحت وطأة رزمة حطب كبيرة يحملها على ظهره، فقال في نفسه: هذا الرجل عاش ردحًا طويلًا مِن الزمن الذي لا زلتُ في أولى محطاته، فهلّا طلبتُ منه بعض الحكمة؟

فبادَر بالتوجُّه بالكلام للشخص العجوز بالقول: أيُّها الرجل العجوز، أعطِني مِن فضلك بعضًا مِن الحكمة حول الحياة.

فنظر إليه الرجل العجوز، ووضع الحمل الثقيل الذي كان على كتفيه، وجلس في مكانه، ورمق الشابَّ مرَّة أخرى بنظرة قبل أن ينحني مِن جديد، ويحمل كومة الحطب على كتفيه، ويقف ويمشي في حال سبيله.

ما المغزى المستنبَط مِن هذه القصة؟ ربَّما يستفاد منها ضرورة الحدِّ مِن الأعباء التي نُلقِيها على عاتقنا، أو ربَّما ليقول لنا إنَّ جزءًا مِن الحياة يقتضي منَّا الاكتفاء بالضروريات، وأن نتحاشى بذل وقتنا في أمور تُلهينا، أو أنَّه في بعض الأحيان يمكن أن

تكون أفعالنا أكثر بلاغة مِن أقوالنا، لكن أهمّ العِظات التي أتذكّر دومًا مِن هذه الحكاية هو تذكيرها إيَّاي بأنَّ الحياة تحتاج إلى الوقوف على أقدامنا، وأنَّه يمكن أن نكون الآن وغدًا في حاجة إلى مساعدة مِن الآخَرين، على أنَّه في محصلة الأمر يجب علينا أن نتحمَّل مسؤولية أنفسنا. وهذا هو ما سينصرف إليه القول في هذا الفصل.

لنُبحِر على متن زورقنا

دعونا نرجع بالذاكرة قليلًا، عندما قدِمنا إلى الحياة كنَّا نشكِّل قطب عالمنا، لَم يصِبنا حينها أي من تعقيدات الحياة، وكان بمقدورنا آنذاك التعبير عن الطاقة التعبيرية النقية عن وجودنا على قيد الحياة وعن حاجاتنا.

تأمَّل طريقة التعبير الطبيعي والعفويّ للرضيع الذي يرُاوح بين الضحك والبكاء، فكِّر في الضحكة العميقة للرُّضَّع حين يستمتعون بذواتهم، لماذا نطلق العنان لهذه الأحاسيس أسوةً بالبالغين؟ يمكن أن نكون كالممثلين في أداء أدوار ليشاهدها الغير، محاولين إسعاد كل الناس، لكن ماذا عن سعادتنا نحن؟ أين حبنا نحن؟ أين سكينتنا نحن؟ هي أحاسيس كلها كامنة في أعماقنا، لكنَّنا ننسى أحيانًا موضعها.

عندما ينقطع حبل الوصل هذا مع أنفسنا، يمكن أن نتوجَّه بأعيُننا نحو العالم الخارجي لنتلمَّس إجابات، يمكن لأناس آخَرين أن يقدِّموا لنا يد العون – بدءًا مِن طيب الإصغاء وانتهاءً بتقديم التوجيه – رغم أنَّنا في محصِّلة الأمر

مرغمين على إعادة إيجاد حبل الوصل الذي يعيدنا إلى ذواتنا الحقَّة؛ لأنَّني في النهاية أنا وحدي المسؤول عن سعادتي، وأنتَ أيضًا المسؤول الوحيد عن سعادتك.

هل توافق على نفسك؟

قد نعتقد واهمين أحيانًا أنَّه ينطبق علينا أي وصف تسبغه علينا أُسَرنا وزملاؤنا، بإمكاننا إنهاء وضعيَّة صياغة الآراء بالاحتكام إلى ما نسبغه على أنفسنا، أو اعتبار أنَّ ما يصدر عن الآخَرين لا يخرج عن دائرة الظنون.

يمكن أن نصبح مثل أولئك السياسيِّين الذين يحتكمون بشكل دائم إلى استطلاعات الرأي لاختبار مستويات قبولهم، فلا يجانبون فيما يصدر عنهم من قول ما يعتقدون أنه يستهوي الناس وما يريدون سماعه، إلا إنَّ آراء الغير من الناس وحاجاتك الذاتية شيئان مختلفان.

لقد قالها الإمبراطور والفيلسوف الروماني ماركوس أوريليوس Marcus Aurelius كما يلي:

سعادة المرء في أن يستكفي بنفسه، ويستقلَّ عن غيره، إنَّها شيء داخلي حين نحمله، نملكه ويصير أمره بِيَدنا، ومردُّه إلينا وحدنا، فلا تجعل أرواح وأوهام الأخرين تسلبك السعادة.

مِن الصعب أن تحترم شخصًا يجد صعوبة في احترام نفسه، في حقيقة الأمر نجد حاجة مُلِحَّة للقبول في جميع الأوساط التي نراها، ينتاب الناس توجُّس تجاه ما

يحمله الغرباء مِن أحكام بشأن مظهرهم، يخامر الناس ذات التوجُّس بشأن منسوب الحكمة فيما صدرَ عنهم مِن أقوال خلال الاجتماعات، ويحملون هَمًّا بخصوص مدى قبولهم في عيون الآخرين.

المهمُّ في هذا كلِّه، هل أنتَ موافق على نفسك؟ هل تحبُّ قضاء الوقت مع نفسك؟ هل تفهم نفسك وتقدِّرها؟ لا يعني هذا البتَّة أنَّكَ أناني، بل هي بالأحرى نزعة لتكون مركزًا على نفسك.

لا تَقبل الإساءة.. لا تُصدِر الإساءة

في البيت، في مكان العمل، بالمدرسة، وسط الجمهور، يمكن أن يراوِدنا شعور بكوننا موضوعًا لأحكام الغير، فنردّ لهم الجميل مِن خلال إصدارنا بدورنا لأحكام، نحكم على الناس لكونهم يحكمون علينا؛ ولذلك تتفشّى بيئة سلبية شأنها شأن المنظومة المناخية، حيث تباغِتنا عواصف.

تصوَّر معي أن مادتين كيميائيتَين في عبواتهما الخاصة تنفجران بمجرَّد خلطهما، فكِّر فيهما كما لو تجسَّدَتا في تلك الرغبة التي تحملها ويحملها غيرك لمحاكمة بعضكما البعض، قم فقط بخلط المحلولَين الكيميائيين معًا، وابتدِئ في الحين مسار الاشتغال العاطفي، إلا إنَّ هناك طريقًا آخَر؛ لأنَّ الأمر ليس بالسهولة بمكان ما لَم نوقف الحكم على الغير ونركِّز على مدى قدرتنا على قبول أنفسنا؛ لأنَّ ذلك سيكون بداية التغيير، فعندما نشعر بمحورية الذات فإنَّ ما يصدر عن الآخرين مِن آراء لا يضيرنا في شيء مهما كانت.

هناك (مانترة) Mantra أو قول مأثور أجده صالحًا للاستعمال السياقي وفق صوغها كالآتي: "لا تقبل الإهانة ولا تصدر الإهانة"، أي إذا لَم تحمل معك على متن الباخرة شحنة مِن التعاليق السلبية، لن تحذوك الرغبة في التخلص منها عند أول مرفأ.

عندما تراودنا النفس للتركيز على سلوك شخصٍ ما، فالأجدى أن نركز بدلًا مِن ذلك على أنفسنا، ماذا عنّي؟ هل أفهم نفسي؟ هل كنتُ طيِّبًا وودودًا حيال الآخَرين؟ هل أنا منسجم مع نفسي وأعيش سلمًا داخليًّا؟

أقول لنفسي: لا تبحث عن الطيبوبة عند الآخرين ما دمتَ لَم تجدها في نفسك، لا تبحث عن الحب عند الآخرين ما دمتَ لَم تجده في نفسك، ولا تبحث عن السكينة عند الآخرين ما لَم تجدها سلفًا في نفسك.

لقد صوَّر جلال الدين الرومي هذه الصورة بشكل بليغ في بيته:

بالأمس كنتُ ذكيًّا وتوَّاقًا لتغيير ملامح العـالم
اليوم صرتُ حكيمًا وسرتُ في اتِّجاه تغيير نفسي

نفس الحكمة لامسَها الروائي الروسي ليو تولستوي Leo Tolstoy، وأعاد التعبير عنها بعد 600 سنة وصاغها في مقولته المأثورة:

في عالمنا، الكلُّ يفكِّر في تغيير الإنسانية، ولا أحد يفكر في تغيير نفسه.

بتعبير آخَر، ابتدِئ بنفسك.

ليس مِن شأنك

صادفتُ مقولة رائعة تذكِّرنا بوجود مسار آخَر للردَّ على الانتقادات: "ما يظنُّه الأخَرون بشأنك ليس مِن شأنك، ولا تلق له بالًا".

نعم، إذا تحدَّث شخص تحترمه بشأن نقطة من النقاط المتعلقة بك، فتعلَّم منه، وإلا فتابِعِ السير في طريقك.

خرج زوج وزوجته في رحلة طويلة مشيًا على الأقدام بدلًا مِن امتطاء صهوة فرسهما الذي يصحبانه، رآهما بعض القرويّين، وقالوا بنبرة متهكِّمة: "هذان الزوجان بالتأكيد أحمقان، يملكان فرسًا ولا يركبانه!"

سمع الزوجان تهكُّم القرويّين، فقالا لبعضهما: "حسنًا، سنركب الفرس"، فامتطيَا سويًّا صهوة الفرس، ولمَّا وصلا القرية الموالية خرج العديد من سكانها لرؤية هؤلاء الغرباء عن قريتهم فقالوا: "أي قسوة هذه التي تجعل شخصين يمتطيان معًا ظَهر هذا الفرس المسكين؟!"

مرة أخرى سمع الزوجان تلك التعليقات، فقال الزوج في نفسه: "يجب أن أُظهِر عطفي على الفرس وعلى زوجتي في ذات الوقت". فقام حينئذٍ بدعوة زوجته لامتطاء صهوة الفرس، ففعلَت، في حين تابع المسير مشيًا على الأقدام، ولمَّا بلغَا المجمع

السكني الموالي خرج جمعٌ غفير مِن السكان وقالوا: "انظروا إلى هذه الفتاة التي لا تتوفَّر على ذرَّة مِن العطف في قلبها تجاه زوجها".

لحماية زوجته مِن المنتقدين، أمرها بالترجُّل عن صهوة الفرس ليمتطيه مكانها.

بالطبع، بمجرَّد وصولهما إحدى القرى المجاورة، انبرى بعض القرويّين وقالوا: "ألَم يحركك العطف حيال زوجتكَ؟! أنتَ تمتطي الفرس وهي تسير مشيًا على الأقدام!"

ترجَّل الزوج عن ظهر الفرس وقال: "زوجتي، إذا كنَّا سنصدِّق في كلِّ مرة هؤلاء الناس فلن نصِل أبدًا إلى وجهتنا، دعينا نواصل المسير كما كنَّا". فواصلَا سفرهما بالمسير جنبًا إلى جنب برفقة فرسهما.

لا أحد يكترث

بالهند تدير أغلب العائلات مصاريفها بشكل حذر- مصلحتهم تقتضي ذلك لكنَّ الامر يتغيَّر حين يتعلَّق الأمر بإقامة حفل زواج ابنهم أو ابنتهم، فتحذوهم غالبًا رغبة غريبة في التفاخر بشكل غير اعتيادي، فالناس يُضطرُّون أحيانًا لاقتراض مبالغ تتجاوز دخلهم السنوي، يقترضون مِن أجل الانطباع الجيِّد.

يقع هذا في باقي بلدان العالم، إلَّا إنَّ الهنود يُولونها اهتمامًا خاصًّا وصل إلى حدِّ الإبداع، وينتهي الأمر بسداد الأقساط.

هناك نصيحة تتيح توفير مبالغ كثيرة: "اكتفِ بتوجيه الدعوات لحفل زفافك بشكل حصري لمن يحبك ويحترمك".

هذا المبدأ ينطبق على حفلات العقيقة، وأعياد الميلاد، وغيرها مِن المناسبات الاجتماعية، إلَّا إنَّ النقطة الفعلية تكمن هنا، إذا كنتَ تنشد تحقيق الكمال في عيون الناس على المستوى الخارجي، فأنت ربَّما تسلك الطريق الخطأ، فتصوُّرات الآخرين بشأنك لا يمكنك بأي حال ضمان مراقبتها، فأحاسيسهم تتطور وتتغير، فحين نثق في أنفسنا ونقدِّرها فإنَّ آراء الآخَرين بخصوصنا هي آراء عابرة، وتعبِّر في أحيان كثيرة عن أحكام مجحفة وأحيانًا سديدة، أو حتَّى تبعث على الشعور

بالسعادة، ولا تكتسِي أبدًا أهميَّة قصوى دائمة، ما يبقى هو ما يخالجني مِن أحاسيس ذاتية، وما تحسُّ به حول نفسك.

في العديد مِن الحالات هذه الأحكام العابرة لا تعبِّر صراحةً عن أفكار بخصوصنا بقدر ما تعبِّر عن الأفكار التي نفكِّر فيها، ربَّما كان هذا ما عبَّرَت عنه الصحفية آن لاندرز Ann Landers صاحبة عمود صحفي للنصائح بجريدة أمريكية حين لاحظَت أنَّه في سنِّ العشرين نكون قلقِين بشأن ما يظنُّه الناس بشأننا، وفي سنِّ الأربعين لا نهتمُّ بخصوص ما يظنُّون، وفي سنِّ الستِّين نكتشف أنَّهم لَم يكونوا أصلًا مهتمِّين بالتفكير بنا".

ذات مرَّة لمَّا كنتُ أتحدَّث إلى نزلاء سجن بون Pune بالهند، قام أحد السجناء فطرحِ عليَّ سؤالًا: "أنا هنا مِن أجل أسباب مغرضة"، واستطرد قائلًا: "لا ينبغي أن أكون هنا، سيُفرَج عنِّي عمَّا قريب، وسأعود لبيتي، لكن ماذا سيظنُّ الناس بي؟"

أدركتُ بسرعة مدى أهميَّة هذا الأمر للعديد مِن السجناء؛ لأن كل شخص ينظر إليه.

أثار سؤاله حساسية خاصَّة؛ حيث كان هناك الكثير مِن الناس في تلك القاعة، وكانت لحظة مهمَّة.

عمَّ الصَّمت في القاعة، والتفت الجميع نحوِي وهم يتساءلون: ماذا عساي أقول؟

أجبتُه بالقول: هل تريد فعلًا أن تعرف؟

فردَّ بالإيجاب.

فقلتُ له: حسنًا، أنا آسف لأنَّني سأقول لك هذا، فالناس لا يفكِّرون بك أصلًا، ويفكِّرون في مشكلاتهم الذاتية! أنتَ تفكِّر فيما يفكِّرون فيه بشأنك، إلا إنَّ معظم الناس منشغلون بالتفكير في شؤونهم وبأمور أخرى، تعتقد أنَّهم فقط جالسون

هناك ويفكِّرون فيك، حسنًا، ربَّما كنتَ مهمًّا، لكن لستَ بتلك الأهميَّة، والناس يمضون قُدُمًا.

لقد ظهر أنَّ السجناء وجدوا في هذا البعد عنصرًا مساعدًا، ربَّما لأنَّنا نعلم جميعًا أنَّه كلَّما تعلَّق الأمر بالأحكام التي يُصدِرها الغير بشأننا، فإنَّ الأمر ينصرف إلى مدرستَين فكريَّتَين.

إنَّ في الأمر تقريبًا نوعًا مِن العبث، ففي أذهاننا نخال أنَّنا نعرف ما يجول برؤوسهم، حتَّى وإن كنَّا نعتقد في قرارة أنفسنا أنَّ الأمر لا يهمُّ، وأنَّ مِن المحتمَل أنَّهم يفكِّرون في شيء ما، ويستمرُّ الأمر على هذا المنوال، ويمكن للأمر أن يستنزف وقتنا، والحل يكمن في توجيه طاقتك نحو ما يمكن أن تعرفه، أي أنتَ بالذات، وتستفتِي قلبك، أمَّا غير ذلك فمجرَّد ضجيج.

وعاء بوذا

أودُّ أن أتوجَّه لكلِّ شخص أحسَّ يومًا بأنَّ الآخَرين مثار إحباط بالنسبة له، وأدعوه لسماع هذه الكلمات بإمعان: "أنت تملك القوة لتقرِّر بشأن ما يصلح لك، أنا هنا لأذكِّرك بهذه القوة، لأقول لك إنَّها حيَّة بداخلك وعلى ما يرُام، لأوحي لك بمحاولة ربط الاتصال المباشر بتلك القوة التي تقبع بداخلك، وأدعوك للوقوف إجلالًا لنفسك مرة أخرى.

أنْ يساورك إحساس بالنكوص يعني أنَّ شجاعتك تختبئ عنك وتختفي بداخلك، وأنَّ شجاعتك حاضرة وهي وحدها بمقدورها أن تتيح لك سبيلًا لإيجاد قوَّتك مِن خلالها والإحساس بها.

في يوم مِن الأيام، كان بوذا يمشي بمعيَّة أحد مريديه، وكان كلُّ شخص في المدينة ينتقده بالقول: "أنتَ لستَ جيِّدًا، لِمَ تفعل هذا ولَم تقُم بذاك؟"

فتوجَّه المريد لبوذا بالقول: "ألا يزعجك قول كلِّ هؤلاء الناس الذين يوجهون لك الانتقادات؟"

لَم ينبس بكلمة، وانتظَر حتَّى عاد إلى بيته، فأخذ وعاءَه، وحرَّكه في اتجاه مريده، متوجِّهًا له بالسؤال:

- لمَن هذا الوعاء؟

فردَّ المريد: الوعاء وعاؤك.

فحرَّكه بوذا حتَّى أدناه مِن المريد، فسأله مرَّة أخرى:

- لمن هذا الوعاء؟

فردَّ المريد: لا زال الوعاء وعاءك.

فظلَّا على هذه الحال، وظلَّ المريد يردِّد في كلِّ مرة: "الوعاء وعاؤك، الوعاء وعاؤك".

حينها أخذ بوذا الوعاء، ووضعه في حضن المريد وقال: لمن الوعاء الآن؟

فردَّ المريد: لا زال الوعاء وعاءك.

فقال بوذا: تمامًا.. إن لَم تقبل بهذا الإناء، فهو ليس لك، وإن لَم أقبل بالانتقادات، فهي ليسَت لي.

لا للتذمُّر

إذا لَم نكُن حذرِين بما فيه الكفاية، يمكن للطاقة السلبية التي تصدر عن شخصٍ ما أن ترخي بظلالها على الآخَرين.

ربَّما كان هذا الأمر وراء موقف القديس بنيديكت Saint Benedict، المؤسِّس لأمر البندكتين المقدَّس، الرافض تمامًا للتذمُّر الذي وردَ بشكل مسترسل في كتاب قواعد بنيديكت Benedict للعيش بالدير.

تصوّر منسوب الهيجان الذي يثيره متشكِّيًا إذا كنتَ تعيش معه بالدير على مدار 24 ساعة يوميًا.

يذكِّرني هذا الأمر بمزحة: "التحَق شابٌّ يافع بدير، وفي أول صبيحة له، قدَّموا له شروحًا مفادها أنَّ قاعدة محورية تحكم هذا المكان ألا تتكلَّم، وبعد مرور سنة سنَطرح عليك السؤال عن الحال، وعليك أن تجيب في كلمتين اثنتين فقط".

مرَّ العام الأول، وطرحوا عليه السؤال: كيف تجري الأمور؟

فردَّ قائلًا: بارد جدًّا.

مرَّت سَنة أخرى، وأعادوا طرح السؤال: كيف تجري الأمور؟

فردَّ قائلًا: السرير قاسٍ.

وأعادوا طرح السؤال بمرور السنة الموالية: كيف تجري الأمور؟

فردَّ قائلًا: هادئ جدًّا.

في النهاية، تقدَّم الراهب الأكبر لرؤيته، وقال له: لقد أمضيتَ هنا ثلاث سنوات لَم تفعل فيها شيئًا غير الشكوى، الشكوى ثمَّ الشكوى.

ستجد بداخلك كلَّ ما تحتاجه

في بعض الأحيان، نتطلَّع إلى الموافقة وقبول سُبل الترفيه، وتقسيم الوقت لملء الإحساس بالفراغ الذي يستحوذ على أنفسنا.

لكن لا أحد يمكن أن يملأ هذا الفراغ بالنيابة عنَّا؛ لأنَّه سيكون كمَن يملأ الماء في وعاء مشروخ.

يجب أن نقبل أنفسنا، ويعني ذلك أن نَقبل مكامن القوة والموارد الرائعة التي تكمن بداخلنا.

في محصِّلة الأمر لا حاجة لنا للشعور بالقلق حيال أحكام الناس؛ لأنَّ كل ما نحتاجه بداخلنا.

إنَّ لهذا الأمر مِن الأهمية ما جعلني أرنو مرة أخرى للقول بأنَّ كلَّ ما نحتاجه يكمن بداخلنا، الوضوح، التمتع، السكينة، المحبَّة، كلُّ هذه الأحاسيس الإيجابية وغيرها التي تكمن بداخلك في انتظار أن تينع وتزدهر.

كذلك الشأن بالنسبة لكلِّ المشاعر السلبية، فالوضوح يكمن فيك، بنفس وجود الخلط والتسويف، البهجة أيضًا تكمن بداخلك، شأنها شأن اليأس، والسكينة تكمن بداخلك جنبًا إلى جنب مع الفوضى، والمحبَّة بداخلك وكذا

الكراهية، فصفاتك السلبية تحاول الظهور؛ لذلك يتعيَّن عليك الاشتغال قليلًا لإيجاد الصفات الجميلة بداخلك، فالسِّمات الإيجابية تنبع مِن داخل نفسك، وهذا يمنحك الأساس الصلب والثابت الذي يتأسَّس عليه قلب كينونتك، إلا إنَّه يلزمك أن تعلم أين يمكن أن تبحث عن هذا الكنز الدفين، وهذا يحيلني على قصَّة.

غادَرَ شابٌّ قريَته متوجِّهًا صوب المدينة ليجني بعض المال، حقَّق ما كان يصبو إليه، وقرَّر بعد بِضع سنوات قضاها خارج قريته الرجوع لزيارة أسرته. فشدَّ الرحال لرحلة سفره الطويلة نحو قريته محمَّلًا بالحقائب والهدايا.

تعقَّبه قاطع طريق، ففكَّر قائلًا في نفسه: هذا الفتى بحوزته مال، ولا يهمُّني أمر الهدايا الصغيرة بقدر ما تهمُّني حافظة نقوده.

توجَّه صوب الرجل، ودخل معه في دردشة، فاستهلَّها بسؤاله عن سبب سفره، فقال له: حسنًا، طريقنا واحد لأنَّني سأتوجَّه بالضبط إلى نفس الوجهة، إذًا دعنا نسافر سَوِيًّا.

خلال تلك الليلة نزلا بأحد النُّزل، ولمَّا كانا بصدد تناول وجبة العشاء، أسرَّ الرجل أنَّ أحواله تحسَّنت لمَّا كان بالمدينة، وصار ميسور الحال ويعتني بعائلته.

شعرَ اللص بالسرور عند سماع ذلك، وافتعل عذرًا ليخلد للنوم باكرًا، وبدلًا مِن الذهاب لغرفته توجَّه نحو غرفة الرجل، وبحث بحثًا حثيثًا في أغراضه وحقيبته فلَم يجد مالًا، واصل تفتيش كلِّ الأدراج فلَم يجد المال، كما قام بقلب الفراش رأسًا على عقب، فلم يجد فلسًا واحدًا.

في الليلة الموالية، نزلا سويًّا بنُزُل آخَر، فقال اللص: إذًا فقد جمعتَ الكثير مِن المال، وأنت تحمله كلَّه معك الآن لتَبني بيتًا وتعنى بأسرتك، أليس كذلك؟

فردَّ الرجل: آه، نعم، لقد حقَّقتُ أرباحًا مالية لَم أكن أتوقَّعها، وأنا فعلًا مسرور لأنَّه بمقدوري حمل كلِّ تلك الأموال نحو منزل عائلتي، وأصنع شيئًا جميلًا.

تسلَّل اللص مرَّة أخرى، وقام بتفتيش غرفة الرجل، وبحث في كلِّ ركن يُحتمَل أن يفكِّر فيه الرجل، لكنَّ بحْثه ذهب سُدًى.

في الليلة الأخرى، وصلَا إلى فندق آخَر، والتَحق اللص بالرجل لتناول وجبة العشاء سَوِيًّا، وبعد الانتهاء مِن العشاء قال اللص: إذًا، ستصل بعد حين إلى منزلكم، وستستثمر المال.

ردَّ الرجل: تمامًا.. واستطرد قائلًا: سيكون الأمر رائعًا.

فتمنَّى اللص للرجل ليلة سعيدة، وانطلق في جولة يائسة بغرفة الرجل، والبحث في كل شِبر منها بحثًا عن محفظة النقود، لكنَّه لَم يجد شيئًا.

في صبيحة اليوم التالي بعد أن شارفَا على الوصول لبلدة الرجل، لَم يعد اللص قادرًا على ضبط نفسه، فقال: أريد أن أعترف لك بأمر، أنا لص، ولمَّا أخبرتَني بأنَّ لدَيكَ هذا المقدار الكبير مِن المال، كنتُ في الحقيقة راغبًا فيه، كنتُ في كل ليلة أفتِّش كلَّ ركن في غرفتك، إلى درجة أنَّني كنتُ أفتِّش أحذيَتك وتحت وسادتك، فلَم أجد شيئًا، هل فعلًا حصَّلت أموالًا؟

فردَّ الرجل مبتسمًا: آه، حسنًا.. قبل أن يسحب مِن جيبه حافظَتَي نقود مكتنزتَين ويقول للصِّ: لقد اكتشفتُ حينها أنَّكَ لصٌّ؛ لذا كنتُ في كل ليلة ونحن في طريقنا لتناول العشاء، أتوجَّه إلى غرفتك وأقوم بإخفاء ثروتي تحت وسادتك، كنتُ أعلم أنَّكَ ستفتِّش تحت وسادتي، ولن يخطر ببالك أبدًا أن تفتِّش تحت وسادتك.

حتَّى توفَّق في إيجاد الكنز الثمين الذي يقبع بأعماق النفس، ابحث بداخلك لتجده؛ لأنَّك لن تجده ضمن مبيعات محل البازار، ولا حتَّى ضمن مجالات مراقبة

مُلّاك الأراضي، أو في حظيرة الأمور التي تسهر الحكومة على تقنينها، واعلم أنَّه لن يقدر أحد عن سرقته منك، أنت غني بمعرفتك لنفسك وبكلِّ الكنوز التي تتيح لك اكتشاف السلم الداخلي الكامن فيك.

لقد صِرنا خبراء في تحسُّس العالم الخارجي، رؤيةً، وشعورًا، وتذوُّقًا، وشمًّا، وسمعًا، لكن هل تعلمون أنَّه بمقدورنا أيضًا توجيه حواسِّنا إلى الداخل؟ ما الأنسجة والقوام الذي يبدو عليهما عالمك الداخلي؟ كالصورة التي تطالعك حين تحاول النظر بنفسك إلى نفسك مِن الداخل؟ ما مذاق حاجاتك ورغباتك؟ ما الرائحة التي تفرزها عواطفك؟ ما الصوت الخفي الذي تهمس لك به نفسك بداخلك؟ هل بوُسعك سماع نفسك بوضوح؟

لمَّا كنتُ طفلًا، كان لدَينا تلك الكتب الخاصة بالتلوين عن طريق الأرقام، فالرقم واحد يعني الأحمر، والرقم اثنان يعني الأصفر، والرقم ثلاثة يعني الأزرق، وهكذا.

كانت فعلًا رائعة وممتعة، وقد ظهرَت بعدها كتبٌ تتضمَّن سلفًا رسومًا على صفحاتها، وتحتاج منك فقط أن تضع الماء فوقها لتبدأ الصور بالظهور.. كان الأمر بسيطًا.

ذات يوم قلتُ لنفسي: لِمَ كلُّ هذا التعقيد وتتبُّع كلِّ هذا المسار برمَّته؟! لذلك قمتُ بأخذ كلِّ تلك الكتب ووضعتُها في الماء، وتركتُها تجفّ، ففتحتُها لأجد أنَّ كلَّ الرسوم قد لُوِّنَت، إلَّا إنَّه لَم يكن هناك أيُّ معنًى، كان الأمر فوضويًّا، فبدأتُ أرسم وألوِّن مِن نقطة الصفر.

يعيش الكثير مِن الناس في هذا العالم مِمَّن يحذوهم الأمل يومًا في أن تقول لهم أين يمكنهم القيام بالتلوين، ولسان حالهم يقول: أعطِني مربَّعات يمكنني أن أقوم بطلائها أو تنظيفها بالماء، لكن لا تطلب منِّي أن أبدع شيئًا مِن وحي نفسي.

لقد أُتيحَت لنا الفرصة للتعبير عن ذواتنا، لرسم صور جميلة مِن وحي القوَّة التي بداخلنا، يمكننا في مستهلِّ كلِّ صباح جديد أن نختار أروع الصيغ لتقديم ذواتنا، عليك فقط التغاضي عن الأعداد، وارسم خارج المعهود، وارسم ما يخالج قلبك، وارسم النسخة الأكثر إبهارًا لمن تكون.

الآحاد والأصفار

منذ زمن بعيد، كنتُ ألقي كلمة في مناسبة نُظِّمَت بسانتا كروز – كاليفورنيا Santa Cruz California، وأنهينا اللقاء بحصَّة أسئلة وأجوبة.

لا زلتُ أذكر أن القاعة غصَّت عن آخرها، وكان الناس يقفون خارج القاعة، وينظرون عبر النوافذ والأبواب، ولحظة.. رفعَت سيدة تدرس اليوغا يدها لتشير لي بأنَّ لدَيها سؤالًا تعتزم توجيهه إليَّ، وتوجَّهَت أنظار الحضور نحوها.

سألَتني: ما رأيُك بخصوص اليوغا؟

ربَّما كنتُ سأسيء تفسير وفهم الوضعية، لكن أحسَّستُ أنَّها كانت تنتظر منِّي أن أقول لها إنَّ اليوغا شيء يتعيَّن على الجميع ممارسته، ويمكنها بعد ذلك الحصول عل زبائن أكثر وعلى إطراء ومجدٍ أكبر.

وبتدبُّر الأمر مليًّا، رأيتُ أنَّ جوابي ربَّما قد يبدو سخيفًا وعبثيًّا بالنسبة لها، فردَدتُ على سؤالها بالقول: آه، اليوغا؟ إنها مثل الصفر!

اصفرَّتِ السيدة، وبدَت متضايقة، لقد خرق الجواب سقف انتظار سؤالها، فغادرَتِ القاعة.

بعد ذهابها تابعتُ الحديث لأورده مفصَّلًا ومفسِّرًا حول ما كنتُ أرمي إليه حتَّى يفهمه مَن ظلُّوا في القاعة: فكِّروا فيها وفق الشكل التالي: أنتَ رقم واحد واليوغا رقم صفر، ضع الصفر بجانب الواحد، ستحصل على ماذا؟ رقم واحد يبقى واحدًا، والصفر يظل صفرًا، أمَّا إذا وضعتَ الصفر خلف الرقم واحد، فستحصل على الرقم عشرة، أضِف صفرًا آخَر لتحصل على مائة.

أظنُّ أنَّ الجواب كان باهرًا، وإن كنتُ بطيئًا في شرح عبقريَّتي لأستاذة اليوغا!

هناك نقطة مهمَّة هنا، وهو أنَّ ما وضعناه أمامنا لا يضيف لنا أي إضافة، العمل، والمال، والمعتقدات وباقي احتياجات الناس لليوغا لا يجب أن تأتي قبلنا وتسبقنا.

مِن جهة أخرى، أي شيء يمكن أن نضعه بعدنا يضاعف ذواتنا ولا يضعفها.

أولًا وأكثر مِن أي شيء، يجب أن نضع الواحد في صدارة الترتيب؛ لأنَّ الأمر دون ذلك لن يكون ذا جدوَى، يمكن أن نبدأ بعدها بوضع العديد مِن الأصفار بعد الرقم واحد.

هناك سبعة مليارات واحد في هذا العالم، وأنا واحد، وأنت واحد في حياتك، كلُّ شيء في حاجة لأن يبدأ برقم "واحد" الخاصّ بك، أي يبدأ بك أنتَ.

على ماذا سَيَقع اختيارك؟

عندما نفهم مَن نحن فعلًا فإنَّنا بذلك نمنح أنفسنا أداة قوية، هذه الأداة تحدِّد حياتنا والعالَم المحيط بنا.

أنا أتحدَّث هنا عن الاختيار، فمعرفة الذات تؤهِّلك لرؤية ما ينبغي أن يقع عليه اختيارك بين خيار السلام أو النزاع، بين الحبِّ والكراهية، بين البهجة والتذمُّر.

عدم الاختيار هو اختيار في حدِّ ذاته، إذا اخترتَ أن تطفو على سطح نهر الحياة فلا تشتكِ إن قادك مجرى الماء إلى مكان لا تحبه.

يجب أن نكون واعين بما يحدث في حياتنا، فإذا كنَّا متوجِّهين للبيت على متن سيارة أو دراجة، فكيف نعرف حينها أنَّنا سلَكنا الطريق الصحيح أو أنَّنا جنحنا؟ لأنَّ كلَّ شيء نراه يؤكِّد أين نحن وإلى أين نقصد.

في الحياة، هل هناك علامات على طول الطريق؟ هل نرى تلك العلامات بشكل واضح وجليّ؟ هل أنا واعٍ بما أنا عليه اليوم وعمَّا أريد أن أعيش تجربته في هذا العالم؟

هل مِن الممكن أن أكون واعيًا طوال الوقت؟ لا.. لأنَّ لحظات العيش ونحن فاقدون للوعي تنتابنا بشكل طبيعي، ونحن نتقن هذه العادة السيئة مع الأسف.

لكن ماذا لو اخترنا العمل ونحن في كامل وعْينا وإدراكنا؟ حسنًا، يمكن أن يكون لهذا الوضع أثر عميق علينا وعلى الآخرين، إلَّا إنَّه ينبغي علينا دومًا البدء بأنفسنا، فأنت مركز عالمك الخاص، ولمعرفة ذلك، يلزمك اختيار وفهم الاحساس الفعلي بذلك.

ما نختاره في حياتنا يكون فارقًا، ويمكن أن يخلق كلَّ الفرق بالنسبة لنا، ويمسَّ حياة أولئك الذين مِن حولنا، فالعديد مِن الناس يشعرون بأنَّهم ليس لهم خيار، وينتهي بهم المطاف دومًا بالاختيار.

يمكن أن تكون في وضعية صعبة، وتشعر شعورًا طفيفًا بأنَّ لديك هامشًا ضئيلًا مِن الحريَّة، مِن الحماية والأمان أو الفرص، وتحدث هذه الوضعيَّات للعديد مِن الناس، ويصيبهم الهلع، رغم أنَّه بوسعك اختيار ربط الاتصال بأعماق ذاتك، نحن فقط مَن يمكن أن نقوم بالاختيار، ولا يمكن للغير أن يقوموا بذلك نيابةً عنَّا.

يكاد السير في دروب الحياة أن يحاكي قيادة سيَّارة، فالقيادة تجسيد للاختيارات، عندما توجِّه المقوَد أو مستوى ناقل الحركة الذي أنت فيه، والسرعة التي تمشي بها، والمكان الذي ستقف فيه، وما الذي ستنصت إليه على راديو السيارة، عندما تكون على كرسي قيادة مركبة حياتك فأنتَ المكلَّف، وقراراتك ستترتَّب عليها تبعات.

توقَّف فقط عن القيام بالاختيارات الصائبة لتعجِّل بضياع نفسك، واترك الوقود ينفد، تلاعب لينتهي بك الأمر بالارتطام، قم بالاختيارات الجيدة، ويمكنك أن تذهب حيث تشاء وتعيش متعة الركوب.

دعونا نعمد إلى مماثلة، إذا كنت تقود سيارتك وأمعنتَ النظر طوال الوقت في مرآة الرؤية الخلفية، سيفلت منك بالتأكيد ما هو آتٍ أمامك، إذا بقيتَ عند حدود

تصوُّر وترقُّب ما يمكن أن تصادفه في المنعطف القادم، ستغفل عمَّا يجري ويدور أمامك.

مِن الأجدَى أن تجعل الموقف سيِّدًا لتكون سيِّد الموقف، إذا نظرتَ إلى الطريق بوضوح يمكنك حُسن التصرُّف مِن خلال اختيارات صائبة، وتقييم أمثل للوضع في كلِّ ميل تقطعه في حياتك، فهل أنتَ جالس على كرسي قيادة مركبة حياتك؟

الانطلاق

نبدأ بأنفسنا عندما نريد اختيار ما تُتيحه لنا الحياة مِن فرص في كل وقت وحين، فندرك أنَّ الفرصة قد أتيحت لنا لنفعل بها ما اخترناه؛ لأنَّنا نحن مَن قام بفعل الاختيار.

نبدأ بأنفسنا حين نختار الإنصات لقلوبنا في زخم الضوضاء التي يثيرها الناس عند التعبير عن آرائهم، عن احتياجاتهم وعن رغباتهم.

نبدأ بأنفسنا حين ندرك أنَّ عالمًا مِن السلم والقوَّة يكمن بداخلنا، وأنَّ كنوزًا تستحيل سرقتها لا زالت تقبع داخل أنفسنا مِن أجلنا كلَّما اخترنا أن نتَّجه إلى الداخل.

نبدأ بأنفسنا كلَّما شعرنا بتعطُّشنا لمعرفة مَن نحن.

هذه بعض أبياتي حول إصغائي للقلب والالتقاء بالذات:

في العتمة قلتَ لي تعلَّم النظر

كنتُ مرتبكًا في البداية

لكنِّي الآن يمكنني الرؤية..

دون كأس قلتَ لي تعلَّمِ التذوُّق

كنتُ عطشان في البداية

لكنِّي الآن قد أطفأتُ ظمئي..

قلتَ لي تعلَّمِ اللمس دون أن تتحرَّك..

كنتُ مخدَّرًا في البداية

لكنِّي الآن قد صرتُ أشعر..

قلتَ لي تعلَّمِ الإنصات لما ران الصمتُ

كنتُ أصمَّ في البداية

لكنِّي الآن أسمع.

قمنا في هذا الفصل بتناول العديد مِن المساحات؛ لذا سأتركك في رحابها مع تذكيرك بثلاث طرق سهلة تتيح لنا سبل الربط بذواتنا:

- اعلم أنَّ كلَّ ما نحتاجه يكمن بداخلنا، واشعر بمجموعة رائعة مِن الموارد التي تملكها بداخلك.

- لدينا إمكانات كبيرة، لكن يتوجَّب علينا التعبير عنها لتظهر في طريقة عيشنا؛ لأنَّه لا أحد مثلك، لذلك حاوِل أن تكون الصيغة الأفضل لِمَا تقدِر أن تكون عليه.

- تذكَّر أنَّ لدَينا دائمًا الاختيار، ومهما يكن مِن أمر الوضعيَّات التي تكون فيها، فإنَّ لدَيكَ أكثر مِن خيار.

ملحوظة: مَن الغبي؟

لَم أستطِع مقاومة إضافة هذه القصة لآخِر مقاطع الفصل، إنَّها صيغتي لحكاية أكبر وبريبال الكلاسيكية، وأروم مِن خلالها بيان كيفية هدر الوقت مِن خلال تمرين إصدار أحكام عن أناس آخَرين في الوقت الذي تعوزنا رؤية أنفسنا بوضوح.

كان ببلاد الهند إمبراطور اسمه أكبر، فبعث في طلب وزيره المفضَّل بيربال ليَمثُل بين يديه طلبًا للمساعدة.

قال الإمبراطور بلهجة آمِرة: بيربال، اذهب وأحضر لي خمسة أغبياء.

أجاب بيربال: حاضر صاحب الجلالة.. وغادر الغرفة.

ولمَّا كان في الطريق كان يفكِّر ويقول في نفسه: أجبتُ بالإيجاب عن الطلب، لكن كيف السبيل لإيجاد خمسة أغبياء؟ لماذا قَبِلتُ القيام بهذا الأمر؟ لن يكون الأمر سهلًا!

لقد كان بيربال مِن أكثر رجال القصر ذكاءً، لكنَّه كان متوجِّسًا مِن عدم القدرة على إيجاد حلٍّ لهذا المشكِل؛ لذلك وضع جانبًا كلَّ مهامه الأخرى داخل القصر وأرجأها، ليخرج نحو الشارع بحثًا عن أغبياء.

كان يتساءل عن كيفية حلِّ هذا الموضوع حتَّى لاح له رجل مستلقٍ على الأرض، ويحرِّك رجليه بشكل هستيري، ويمسك بيديه بشكل متباعد.

باغته بيربال بالسؤال: ماذا تفعل؟

فرد الرجل: حسنًا، تقوم زوجتي بتغيير ديكور المنزل، فقامت بقياس خامة ستائر النافذة، وطلبَت منِّي الذهاب إلى السوق لشراء نفس القياس مِن الخامة.

مومِئًا برأسه للمسافة بين يديه، ومستطردًا: وقد وقعتُ على الأرض، وأكافح هنا مِن أجل الوقوف مِن جديد؛ لأنَّني لا أستطيع استعمال يديَّ.

أطرق بيربال قليلا فقال في نفسه: حسنًا، أظنُّ أنِّي وجدتُ الغبي الأول.

بعد ساعة أو ما يربو عن الساعة، لمح بيربال رجلًا يركب حمارًا في الوقت الذي يضع فيه سلَّة كبيرة تتأرجح فوق رأسه. فسأله بيربال: ما الذي أنت بصدد فِعله؟

فردَّ الرجل: آه، إنَّني أحبُّ حماري، ولم أشأ وضع هذا الحمل الثقيل على ظهره، فقمتُ بحمله على رأسي بدلًا عنه.

تهلَّلَت أسارير بيربال بالعثور على غبي ثانٍ.

بدأ الليل يرخي سدول الظلمة، فجلس بيربال ليرتاح تحت فانوس إنارة، فرأى رجلًا جاثيًا على ركبتيه ويديه، مستغرقًا في البحث عن شيء ما على الأرض.

بادره بيربال بالسؤال: ماذا تفعل؟

فردَّ الرجل: كنتُ بعد ظهيرة هذا اليوم بمعيَّة أصدقائي بغابة على بعُد ميل واحد مِن هنا، كنَّا في رحلة استجمام، وكنتُ أضع خاتمي الذي سقط منِّي.

فردَّ عليه بيربال مستغربًا: ألَم يكن مِن الأجدى أن تبحث عن خاتمك بالغابة؟

فردَّ الرجل: هل أنتَ أحمق؟! لا يوجد ضوء بالغابة في هذا التوقيت؛ فالمكان مظلم.

فرك بيربال يديه معًا طربًا!

في اليوم التالي، ذهب بيربال بالرجال الثلاثة، ووقفوا بين يدَي الإمبراطور، وقال: "مولاي، لقد وجدتُ لكم الأغبياء الأربعة، وهم الآن ماثلون بين يدَيكم" قبل أن يبسط له وصفًا للوضعيَّات التي وجد عليها كلَّ واحد مِمَّن صادفَهم.

سأل الإمبراطور بريبال مستغربًا: لكن يا بيربال، لقد طلبتُ منك خمسة أغبياء!

ردَّ بيربال: أما الغبي الرابع فهو أنا؛ لأنَّني قمتُ بإهدار يوم أمس بحثًا عن أغبياء.

فعاوَد الملك سؤاله لبيربال عن الغبي الخامس، فاكتفى بيربال بابتسامة معبِّرة.

الفصل 6
اختر الامتنان

لما كنتُ أسأل الناس: ما الشيء الذي تشعرون حياله بالامتنان في حياتكم؟ كانت إجاباتهم تصبُّ غالبًا في منحى مِن قبيل "آه، أسرتي، أصدقائي، منزلي، عملي".

هذا أمر مفهوم تمامًا، وكلها نِعَم رائعة، وإن كنتُ أظنُّ أحيانًا أنَّ الناس يقولون صراحة ما يظنُّون أنَّه يجب عليهم الإقرار نحوه بالامتنان.

بقيتُ أنتظر التوصُّل بأهمِّ نعمة أنعم بها على أي منَّا، فوجدتُ أنها الحياة نفسها، فبدونها كل شيء سيكون – لا محالةَ – محالًا، وهذا ما يمكن أن يغيب عن الذهن.

فتح علبة الهدية

كنتُ غالبًا ما أسمع الناس وهم يصرِّحون: "نحتاج لعيش يومنا هذا"، لكن كم منَّا يحسُّ حقيقية هذه الحاجة فعلًا في قرارة قلبه؟ كم مرة في اليوم نقول: "أنا على قيد الحياة، شكرًا".

هل هذا أول ما يحدث لنا في الصباح؟ أم أنَّ عقولنا تحملنا إلى أسئلة مثل "ما الساعة؟" ما الذي عليَّ فِعله اليوم؟ أين معجون الأسنان؟ أحتاج إلى قهوة! الصخب.. الضجيج.

عندما نتحوَّل إلى بيئة صاخبة نكفُّ عن سماع أي شيء آخَر، ونتوقَّف عن سماع أنفسنا.

إنَّ نعمة الحياة تستحقُّ الكشف عنها وتثمينها، بالمناسبة، هناك مدَّة صلاحية لاستعمال هذه الهدية؛ لذلك يتعيَّن عليك أن تبدأ في نزع غلاف التلفيف!

قلوبنا يملؤها شعور مفعَم بالتقدير كلَّما رأينا بوضوح الفُرَص التي تتاح لنا في كلِّ حين، وذلك هو مناط الامتنان الذي أودُّ الحديث عنه. المعرفة الداخلية التي يحملها كل نفَس يؤشِّر على نعمة الحياة، وبفضل هذا الوضوح يتحقَّق لدينا شعور هائل بالرضا.

عندما يعبِّر شعوري بالامتنان عن نفسه فلسان حاله يقول: "أنا حي، وعرفتُ للتوِّ أنِّي على قيد الحياة"، بعدها أشعر بقوة الحياة تنبض بداخلي على التوِّ، فالقوَّة الخارقة التي تحمل العالم كله باستمرار هي التي تحملني.

خلايا دمي تحمل الأكسيجين مِن رئتيَّ إلى المناطق التي تحتاجها، إنِّي أحتوي بداخلي ومن حولي على كلِّ هذه الإلكترونات والبروتونات والنورونات، وكل نفَس جديد ألتقطه يقوِّي وجودي هنا بهذا الكوكب الرائع بكلِّ الإمكانات التي يتيحها ويحملها، فالكيان الإنساني يتأسَّس مِن توليفة مُركَّبة مِن الأجزاء والمسارات – وهذا أمر عجيب في حدِّ ذاته – ولذلك فهل هناك هدية أفضل من تقدير تصميمنا والإحساس الكامل بكل لحظة؟

في أكثر تجلِّياتها قوة ونقاء، فإنَّ امتناني لهذه الحياة يتعلَّق بالنعمة نفسها، ليس لما تتيحه لي فعله، لكن لمجرَّد الإحساس بالوجود في هذا الكون في هذه اللحظة بالذَّات، تطربني هذه النغمة الممتنة للنعمة، كل يوم أقوم برحلتي مِن الخارج إلى الداخل.

هناك مليارات منَّا على وجه هذه البسيطة، كلٌّ منَّا فريد في طريقة تفكيره فيما منح، كلٌّ منَّا يمكن أن يترنَّم شدوًا بأغنية مختلفة، أغنية حول إحساسه بالحياة، حول الرضا، حول البهجة.

البعض لا يعرف الهبة التي مُنِحوا إيَّاها، والبعض الآخر يعرفها ويحتفي بها في معظم الأوقات.

أيًّا كان، فهناك دومًا الفرصة لتشعر بالامتنان نظير النعمة الكبيرة التي بحوزتك.

الشعور بالامتنان

الامتنان ليس شيئًا نُخرِجه إلى حيّز الوجود، بل هو شيء نشعر به، يمكن أن نشعر بالرضا، لكن لن نفكِّر في الرضا، يمكن أن نشعر بأنَّنا ممتنُّون، لكن لا يمكن أن نفكر في الامتنان، فالأمر لا يتعلَّق بالتفكير في كونِنا محظوظين، بل يتعلَّق الأمر بشكر النِّعَم التي نشعر بها.

الامتنان لا يتعلَّق أيضًا بالسلوك الحسن، ما دمتُ أنا مَن أختار تقدير وجودي بالشكل الذي أحسُّ به، نُبدِي غالبًا موقفًا موافقًا عندما نقول شكرًا على ما أوتينا، فالأطفال يحسُّون بهذا كلَّ الوقت، إلَّا إنَّ الامتنان للحياة ينبع مِن الداخل.

متى يحين الوقت المناسب ليراودنا الشعور بالامتنان للحياة؟ الآن.. فلا حاجة لانتظار المناسبة المواتية، أو اصطفاف الكواكب أو أزمات شخصية، كلُّ ما في الأمر هو أنَّنا نحوِّل اهتمامنا نحو الداخل لنقدِّر ما أوتيناه.

في ذلك الوقت المثالي للامتنان، كل أشكال الإلهاء تتلاشى، فكأنَّما شارفَت رحلتنا بشكل نهائي على الوصول، ولكن رحلة جديدة تبدأ، فالعرفان هي نقطة الالتقاء الفُضلَى بين الماضي والحاضر والاحتفال بالآن.

نحن في أحسن تقويم

تأتي عبارات الامتنان ممَّا هو كائن وليس ما قد يكون، ولا يعني ذلك أنَّه علينا إهمال حاجياتنا ورغباتنا وأمانينا وأحلامنا، إلَّا إنَّنا لا نحتاج لانتظار نصر خارجي للبلوغ قبل التعبير عن شكرنا لِمَا بلغناه، فخيالنا وحماسنا يمكن أن يحقِّق أمورًا عظيمة في العالم الخارجي لنا ولغيرنا، ولا حاجة لنا للإنجازات لنكون كاملين، فنحن كاملون.

يمكننا دائمًا أن نختار قبول الأشياء على حالها، الإحساس بها كما هي، وبالتالي تقديرها على حالها، فعندما نقدِّرها على ما هي عليه يكون عرفاننا لا متناهيًا.

إذًا لا يكون بوُسعنا قياس مستوى رضانا، فإنَّ بهجتنا لا يمكن أيضًا قياسها، ولا قياس حبِّنا، ولا حتَّى قياس مستوى فهمنا أو حتَّى منسوب سعادتنا، أو قياس سلمنا الداخلي، فلا يمكننا استعمال شريط القياس بشتَّى مستوياته كما يفعل الخيَّاط لمطابقة الأرقام والمقاسات، فلا يمكننا وضعها في الميزان؛ لأنَّها لا متناهية ولا شكل لها، إلا إنَّها تشكِّل حقيقة بالنسبة لنا.

عندما نقدِّر كل نفَس فهذه حقيقة، حين نربط بشكل كامل الاتصال بالسلم الكامن بدواخلنا فتلك حقيقية، وكل هذا لا يمكن أن يحدث إلَّا هنا والآن.

فما هو الكارما Karma؟ فالسلوك الجيد الذي يقتضيه "الآن" هو الوعي، السلوك الجيّد الآن هو البهجة، والسلوك الجيِّد هو الامتنان.

تجاوز المعاناة تجاوز النجاح

في العديد مِن المرَّات وُجِّه إليَّ السؤال التالي: ماذا عن الأشياء السيِّئة التي حدثَت لي في حياتي؟ هل أحتاج للتعبير عن امتناني لها؟ أو بالأحرى كما يسألني البعض في بعض المرَّات بغضب: هل يجب أن نكون شاكرين على الالتباس؟ هل ينبغي لنا أن نكون شاكرين على المعاناة؟ وهل يجب أن نكون شاكرين على الألم؟

بالتأكيد لا، إلَّا إنَّ هذه المشاعر هي مؤشِّرات دالَّة على أمور جيِّدة في الأفق، على الحياة نفسها، فبدون حياة لن يكون بمقدورك الشعور لا بالحَسَن ولا بالسَّيِّئ، فبدون حياة لن يكون بمقدورك أن تحسَّ بأنَّك غاضب أو أن تحسَّ بالألم، وبدون حياة لن تتاح لك الفرصة أصلًا لرؤية ساعة عسر تنقلب إلى ساعة يُسر، وحول هذا سأسوق لكم حكاية.

كان هناك ملك ووزيره وفارسه في مهمَّة سريَّة قادَتهما نحو مملكة أخرى، فتعرَّضَ إبهام الملك للبتر عندما كان يهمُّ بقطع تفاحة، فبدأ الدم ينزف، ووضع الفارس ضمادة على إبهام الملك المبتور، وواصلوا المسير.

لَم يكن الملك سعيدًا بعد تعرُّضه لهذا الجرح المؤلم، وبدأ يسأل نفسه: لِمَ حدثَ هذا؟

وبعد مسيرة أميال التفتَ إلى وزيره وسأله: لماذا قطعت إصبعي؟

فردَّ الوزير: مولاي، كلُّ ما يحدث فيه خير.

وجد الملك في هذا الجواب وقاحة زادت مِن ألم إبهامه الذي لا زال يخفق مِن فرط الألم، فقرَّر أن يلقِّنه درسًا؛ لذلك نادَى فارسه، وأمره أن يبحث له عن خندق، ويلقِيَ الوزير بداخله حتَّى لا يتمكَّن مِن الخروج.

نفَّذ الفارس حرفيًّا أوامر الملك رغم مقاومة الوزير باستماتة، وقضْمه لأذن الفارس حتَّى سال دمه.

بدأ الوزير في الصراخ: لِمَ فعلتُما هذا بي؟

فردَّ الملك: أليس كلُّ ما وقع فيه خير على حدِّ قولك؟!

ترك الملك وفارسه الوزير قابعًا في الحفرة، وتابعَا مسيرهما حتَّى بلغَا غابة، استمرَّا في المشي لساعات حتَّى لاحت لهما قرية غريبة، قبل بلوغها أحاط بهما بعض القرويِّين، فالسكان المحليُّون كانوا غاضبين مِن هؤلاء الزوَّار الأجانب، وكانت العقوبة التي يُنزِلها السُّكَّان المحلِّيُّون بكلِّ شخص غير مرحَّب بهم بقريتهم هي عقوبة الموت وتقديمهم قربانًا.

اتَّجَهَت أعيُن القرويِّين نحو الملك، وقرَّروا أن يكون الضحية الأولى، فأحكموا ربطه، وبدؤوا في إضرام النار.

صاح الملك: هذا فظيع، ما الذي جنَيتُه؟ لِمَ تفعلون هذا بي؟ كُفُّوا عن هذا!

شرع الرجل المكلَّف بحفل تقديم القربان في وضع اللمسات الأخيرة حين لمح شيئًا ما، فالتفَت إلى زعيم القبيلة وقال: لا يمكن أن نقدِّم هذا الرجل قربانًا!

فسأله زعيم القبيلة: لِمَ لا؟

حينها ردَّ الجلاد وهو يقوم بنزع عقدة ضمادة جرح الإبهام قائلًا: كلُّ مَن نريد تقديمه قربانًا ينبغي أن يكون كاملًا، انظروا إلى هذا الإبهام.

أصدر سكّان القرية عبارات التذمُّر، واتَّجَهَت أنظارهم مباشرةً إلى الفارس، وقاموا بإحكام توثيقه في النُّصُب.

شرع الرجل المكلَّف بحفل تقديم القربان مرة أخرى في وضع اللمسات الأخيرة، فلمح حينها أنَّ أُذن الفارس تقطر دمًا، فصرخ: لا يمكننا أيضًا تقديم هذا الرجل كقربان! وهو ينزع عنه الحبال.

انخرط زعيم القبيلة وسكَّانها في موجة استياء عارمة، وظلَّ كلُّ واحد منهم يزبد، فاستغلَّ الملك وفارسه حالة الجلبة التي خيَّمَت على المكان للفرار بجلدِهما، وسلكَا نفس الطريق داخل الغابة حتَّى بلغَا الخندق الذي ألقَيا فيه الوزير.

فلمَّا ألفياه أمر الملك الفارس بإخراجه، فاعتذر إليه الملك قائلًا: أنا آسف على إلقائك في هذه الحفرة، فقد كانت هذه الإصبع المبتور سببًا في نجاتي مِن موت محقَّق.

وروى الملك للوزير قصة القرية البدائية والنجاة مِن الموت، فردَّ الوزير بكلِّ ثقة: أنا في منتهى السعادة لأنَّكما ألقيتماني في الخندق؛ لأنَّني مكتمل الذات، وكان بالإمكان أن يضحُّوا بي قربانًا بدلًا عنكما!

تُذكِّرنا هذه القصة بتلك الإشراقات الفضية التي تأتي مصاحِبة للغيوم التي تخيِّم على حياتنا، وتشكِّل إشراقات تبدِّدها، فبماذا تشعِرنا تلك الإشراقات الفضية؟ إنَّها تحمل لنا إشعارًا يُنبئنا بشمس قوية كامنة وراء تلك الغيوم السوداء الداكنة، ننتظرها لتشعرنا بالدفء وتنير طريقنا.

إنَّنا لا نريد مِن خلال هذا أن نهوِّن مِن وقع الأشياء الفظيعة التي يمكن أن تصادفنا، بل نروم التأكيد على أنَّ هناك دومًا شيئًا أكبر مِن الألم الذي قد نشعر به بالمقابل، حتَّى الأمور المتعلِّقة بمباهج الحياة تجري على نفس المنوال، فكل شيء خاضع لسُنَّة التغيير، فمِن الممكن أن نعاني، ولكنَّ المعاناة لا تحدِّد هويَّتنا، ويمكن

أن نعرف نجاحًا منقطع النظير، ولكنَّ النجاح لا يحدِّد هويَّتنا. فالنجاح والمعاناة يمكن أن يعبرا حياتنا، ولكنَّ السلم يظلُّ هو العنصر الثابت.

فالألم الجسدي، والألم الذهني، والألم الوجداني قد يتغلَّب على عقلنا، إلا إنَّ هناك دومًا شيئًا جميلًا يحدث في قلبنا. يمكن أن يكون مِن الصعب أن تشعر بسلام داخلي عندما تكون في خضمِّ لحظة عصيبة، لكن لو نظرتَ مِن خلال تلك اللحظة يمكن أن يطالعك في خضمِّ المعاناة ملمح، تذكير لطيف بوجود بهجة تنتظرك في الضفة الأخرى مِن واجهة الألم.

هذه كلمات تنطق بالحكمة قالها سقراط يومًا في نفس السياق:

"إذا لمَ تحصل على ما تُريد فسوف تُعاني، ولو حصلتَ على ما لا تُريد فسوف تُعاني، وحتَّى لو حصلتَ على ما تُريده تمامًا فسوف تعُاني أيضًا؛ لأنَّك لن تكون قادرًا على الحفاظ على هذا الشيء للأبد.

المشكل يكمن في عقلك؛ لأنَّ العقول لا تحبُّ تغيُّر الأحوال، وتريد أن تكون خالية مِن الألم ومِن الالتزامات التي تفرضها علينا الحياة والموت. ولكن في النهاية يأبى التغَيُّر إلَّا أن يكون سُنَن الحياة وناموسها، والتظاهر بغير ذلك لن يُغيِّر مِن الأمر شيئًا".

ليسَتِ الحياة معاناة، بل سوف تعاني فيها فقط، عوضًا عن الاستمتاع بها، إلى أن تتخلَّى عن ارتباطات عقلك لتنجرف بشكل حرٍّ مع التيَّار مهما حدث.

الغمامة الأكثر سوادًا

مثل أي شخص، أقضي أيامًا جميلة وأيامًا صعبة، حتَّى في الحالات التي أعيش فيها يومًا عصيبًا أريد أن يكون بمقدوري العودة إلى الداخل والقول: "لساني يلهج بالشكر لأنَّني حيٌّ".

وحين أعيش يومًا مبهجًا، وكلُّ شيء فيه يجري وفق هواي، أنفذ إلى أعماق نفسي وأقول: "لساني يلهج بالشكر لأنَّني حيٌّ"، فلا المشكلات المستعصية ولا السعادة يمكن أن تجعلا المرء ينسى الأهمَّ، كما أنَّ المشكلات المستعصية والسعادة لا ينبغي أن تحرفنا عن السكينة الموجودة في قلوبنا.

فالغمامة الأكثر سوادًا التي تخيِّم على حياتنا رمَت بظلالها القاتمة عليَّ لمَّا كنتُ بالأرجنتين بصدد إعداد كلمة في إحدى المناسبات.

وصلَتني مكالمة هاتفية تخبرني بأنَّ زوجتي مارولين Marolyn قد نُقِلَت إلى المستشفى بسرعة، كانت في فندق بسان دييغو بمعيَّة طفلنا الأصغر، وطلبَا بيتزا مِن خدمة الغرفة، وسقطَت لمَّا همَّت بفتح باب الغرفة.

في اليوم التالي، أخذوا عيِّنات مِن سائل العمود الفقري، وكان هناك دم، فأظهرَتِ التحاليل أنها تعاني من شيء ما على مستوى رأسها، كما تبيَّن مِن

197

التشخيص أن لدَيها على مستوى الدماغ مشكلًا عويصًا على مستوى أحد الأنسجة الدموية، وتمَّ إخباري بأنَّ احتمالات موتها تظلُّ قائمة.

وضعتُ سماعة الهاتف جانبًا، ونظرتُ مِن حولي، كنتُ بعيدًا عنها بآلاف الأميال، في مجال زمني مغاير تمامًا كنتُ في تلك الليلة على موعد مع خطاب موجَّه لجماهير عريضة، والعديد منهم كانوا ينتظرون حلولي بمدينتهم لسنوات، كنتُ أحارب نفسي لضبطها ولجم الحالات الوجدانية التي تجيش بداخلي.

في تلك اللحظة، قرَّرتُ الجلوس وربط الاتصال بنفسي، حينها أحسستُ بوطأة الكارثة التي تَجري بعيدًا عنِّي بآلاف الأميال، ولكنَّني شعرتُ أيضًا بالسكينة الداخلية، إحساس كبير بالهدوء والصفاء اخترق نفسي، فاتَّفقتُ مع نفسي على إعداد الطائرة التي ستقلُّني، وكنتُ في ذات الآن أقوم بإعداد نفسي للحديث مع جمهور عريض.

في هذا اليوم وجدتُ سبيلًا للموازنة بين الحسن والقبيح، وهي الموازنة التي مكنَّتني من البقاء في المسار.

ذهبتُ إلى مكان الحفل، وقمتُ في الناس خطيبًا، وغادرتُهم في اتِّجاه المطار لأحلِّق ليلًا في رحلة جويَّة اعتبرتُها سريالية، فقد كان عقلي يسارع بشكل جامح في اتِّجاه التفكير في النتائج المحتمَلة التي يحملها الوضع الصحي لمارولين Marolyn، في الوقت الذي كان فيه جزء منِّي مدركًا بشكل واضح لما عليَّ فِعله.

عند نزولنا في المدرج وعبور الجمارك، توجَّهتُ مباشرةً نحو المستشفى، كانت مارولين Marolyn مستيقظة، لكنَّ الطبيب قال إنَّه ينبغي إجراء العملية.

ستكون عمليَّة جدّ معقَّدة، وكنتُ أريد أن أبقى قريبًا مِن المستشفى؛ لذلك حجزتُ بأحد الفنادق القريبة.

جلستُ هناك، وظللتُ بين المستشفى والفندق لمدة تربو عن شهر، كل يوم كانت عائلتي وزمرة أصدقائي يتمسَّكون بالأمل.

كانت هناك دائمًا أخبار نستقيها، وكان بمقدوري دائمًا أن أستشعر القوة والبساطة التي نستقيها مِن معرفة الذات، وكان ذلك يعني أنَّه بمقدوري مساعدة مارولين Marolyn والعائلة.

خلال تلك المدة كانت العائلة برمَّتها في عمق المعاناة، لكن ما زال هناك ذاك العرفان للحياة، لَم نكُن ممتنِّين للمشكل، لكنَّ العرفان ظلَّ هنا بداخلنا كجذوة تنير مساحات العتمة بداخلنا، وقبس نور يؤهِّلنا لرؤية الصورة كاملة حول ما يجري.

بعد كلِّ تلك الأيام، بدأَت مارولين Marolyn في التماثل للشفاء، ورويدًا رويدًا رجعَت إلى منزلها، وأولَينا لها هناك كامل العناية والرعاية.

بالطبع لا يمكنكم الآن معرفة مرورها بهذه التجربة العصيبة، إنَّنا نملك مقدَّرات جدّ خارقة على التماثل للشفاء مِن الوعكات الصحية والعقلية والوجدانية، وسأتحدَّث في الفصل التالي بشكل مسهب عن طريقة تقديم أجوبة عن أقسى اللحظات في الحياة.

نهر السلام

أفكِّر في تشبيه السلام الداخلي بنهر يتدفَّق مِن خلالنا، يمكن أن نشعر في بعض الأحيان أنَّنا فوق أرض جافَّة جرداء لا ينبت فيها شيء، فلا ملمسَ ولا لون ولا مأوى، حينها ينبع جدول رقراق مِن السلام في هذه الأرض الصلبة، وتتلألأ بقعة ضوء لتشقَّ مسارات في الأرض الجرداء في مسيرة بحث تسلك الأخاديد القديمة.

حين تطفو المياه فوق السطح وتتحرَّك على طول الوادي، تحدث أشياء، فنصلات العشب تنبت على جنبات النهر، والبذور المستلقية على الأرض القاحلة تينع وتزهر، وتأتي الحشرات لتأكل الحشائش والأوراق، وتحاول الحشرات الكبيرة الاقتيات على الصغيرة منها، وتثير نَهم الطيور الباحثة عن الطعام، وتحمل معها كل أنواع البذور والحبوب، لتسقط تلك البذور فوق الأراضي التي أصبحَت خصبة.

وها هي الأشجار وأغصانها المحمَّلة بالثمار الناضجة، وها هي كلُّ ألوان وأشكال الأوراق الممكنة، متوهِّجة كلوحة رائعة ممتدَّة على الأفق كلِّه، تعلوها ثرثرة الحشرات وزقزقة الطيور التي تملأ الأرجاء أنغامًا، وتعبق الغابة بالروائح الطيبة التي تعطِّر الأجواء وكأنَّها دعوة موجَّهة للحياة ككلٍّ للإقبال والالتحاق بحفل الخلق المبهج.

فكلُّ نبتة أو مسار تطوُّر أي مخلوق يقتضي عناصر خاصَّة؛ إذ إنَّ كلَّ عنصر منها يقتضي الماء ليُزهِر، فالسلام هو الماء الذي يؤهِّل الحياة لتُزهِر. لقد توجَّهتُ بالامتنان للسَّلام الذي يتدفَّق مِن خلال حياتي وللحياة التي بوركتُ بها، وللألوان والأصناف الكثيرة للحياة التي تتفتَّح لي كلَّما ربطتُ الاتصال بنفسي.

ما الذي يكفي؟

أحب الطعام الجيد، والأماكن الرائعة، والتكنولوجيات الرائدة كما هو الشأن بالنسبة للجميع.

إذا كنتَ محظوظًا لتنعم ببعض رغد العيش، تقدِّم لك الحياة أشياء لا تصدَّق، فالمشكِل يحدث حينما نستمرُّ في جمع وامتلاك أشياء دون أن نقدِّر قيمتها.

حللتُ مرَّة ضيفًا على إحدى المحطات التلفزيونية لمناقشة مشكلات عالمية، وبدأ أحدهم بالحديث عن الجشع وعن استشراء هذا السلوك في كل الأماكن.

لمَّا أقفلتُ راجعًا للبيت في سيارتي، أطرقتُ مليًّا، وفكَّرتُ في ترياق للجشع، بعدها لمَّا وقفتُ في إحدى إشارات الوقوف الضوئية، توقَّفَت سيارة بجانب سيارتنا، وكان السائق على متنها يسمع لموسيقى صاخبة مدوِّية، كانت فعلًا الموسيقى المنبعثة مدوِّية.. بوووم، بوووم، بوووم، بوووم، بوووم، فكان أول ما انصرف إليه ذهني هو أنَّ هذا السلوك ذميم، ولَم يكن عليه أن يتصرف هكذا، لكن بعد ذلك قلتُ لنفسي مرَّة أخرى: ربَّما في الواقع لأنَّهم يحبُّون هذه الأغنية بشكل كبير، ويريدون مشاركتها مع الناس ليسمعوا ويستمتعوا بدورهم.

ربَّما كان الشخص ينصت للأغنية بحسٍّ عالٍ وبتذوُّق، بعدها لاح لي أن الترياق ضد الجشع هو التذوُّق؛ لأنَّنا حينما نتذوَّق فعلًا أمرًا ما نريد تقاسمه مع الغير، والعكس تمامًا حين نطمع في شيءٍ ما فإنَّنا نحتفظ به لأنفسنا.

وعليه.. فالجشع إحساس يجعلنا غير قادرين على تحقيق السعادة ما لَم نصل إلى المزيد، وحين نبدأ في تقدير الشيء، نصبح أقرب إلى إحساس بالارتواء، وبمجرَّد تحقُّق الشعور بالامتنان نتخلَّص مِن الجشع.

يجب أن نكون صادقين مع أنفسنا، ونُقِرَّ بسلم أولويَّاتنا التي نرتِّبها يوميًّا، هل تقدير الحياة نفسها يتصدَّر الأولويَّات؟ أم هل يتمُّ دفعها لتتقهقر في الدرجة وتوالي مسار التراجع في الترتيب أمام باقي الأولويَّات حتَّى تصير غير مرئيَّة بالمرَّة؟

العلاقات، البيت الأسري، الوضع الوظيفي، العُطَل، المناسبات، الهوايات، التكنولوجيا، وكلُّ ما بقِي بعد ذلك، هل تستحقُّ فعلًا أن نرفعها في سلم الأولويَّات لنرتقي بها في مدارج لائحة أولويَّاتنا في مقابل التمتُّع بمباهج الحياة ذاتها؟

يساورني إحساس بحاجتنا إلى وضع أولويَّات الشعور بالنِّعم دون أن نتركها متوارية تحت باقي الأشياء. ما الذي كانت ستبدو عليه حياتنا لو عرفنا قيمة هذه النِّعَم ورفعناها إلى القمَّة كلَّ يوم؟ كيف يمكن لهذا أن يغيِّر طريقة تعاملنا مع الأشياء؟ ماذا تظنُّونها فاعلة في حياتنا؟

رأيتُ الناس الذين يقتربون مِن نهاية وقتهم هنا ويعرفون ذلك، ولكنهم لا زالوا يحتفظون في ذهنهم بترتيب أي شيء آخَر على رأس سلم الأولويَّات.

أين تكمن المتعة الحقيقية بهذه الأيام الثمينة التي تَنعم بها حياتنا؟ هل لدينا فعلًا أولويَّات أكبر مِن هذه؟

كلَّما طال بحث ذهننا عن الارتواء في هذه الحياة زدنا بُعدًا عن معنى الارتواء الحقيقي بالداخل.

يحضرني في هذا المقام قول حكيم للشاعر كبير:

"السمكة تكون عطشانة في الماء، وكلَّما نظرت للأمر كان ذلك يثير ضحكي".

عندما نكون شرهين نكون مثل السمكة التي تشعر بالعطش وهي داخل الماء، فالماء يملأ الأرجاء، ولا نجد بالرغم مِن ذلك حتَّى قطرة ماء للشرب.

نحن نملك كلَّ ما نحتاجه، ولكنَّنا لا نقدِّر قيمته، فالامتنان الذي نشعر به هو الذي يروي ظمأنا.

هل تشعر بأنك ناجح؟

في محصلة الأمر، كلُّ شيء في العالم الخارجي مؤقَّت، ويمكن أن يكون مصيره الأفول، فالمهمُّ هو ما تشعر، هذا هو المهمُّ.

هل تشعر بأنك ناجح؟ أنتَ فقط مَن يقرِّر.

هل تشعر فعلًا أنَّكَ شخص ناجح؟ أنت وحدك مَن يخلق الذي تصبو إليه.

بماذا يوحي جوابك بخصوص ارتباطك مع نفسك؟

هل تعلم عدد المليارات مِن الناس الذين يكدُّون ويكدحون خلال مسار حياتهم وينتظرون من شخص آخَر عبارة: "أنتَ شخص ناجح"؟

هل تعلم عدد المليارات مِن الناس الذين سيحلمون يومًا ببلوغ خط نهاية اعتباطي رسمه أحدٌ ما ليصرِّح لهم: "هذا خط النجاح"؟

هل هذه ماهيَّة الحياة؟ أم هل هناك أمر إضافي آخَر؟

حسنًا، هناك عالم داخلي، ولا تحتاج في هذا العالم إلى أن تكدَّ مِن أجل ما يقرِّره الآخَرون ويعتبرونه نجاحًا، يمكن أن تجد النجاح فقط بداخلك، أنت لا تحتاج للكدِّ والكدح مِن أجل الشهرة، يكفي بكلِّ بساطة أن تشعر بحبِّ الآخَرين مِن أجل ذاتك.

لا حاجة للكدِّ وبذل الجهد لتنال احترام الناس، يمكن فقط أن تحظى بالتقدير لشخصك، كما أنَّك لا تحتاج لقياس ووزن ما تملكه، بل يكفي أن تستمرَّ في فتح الهدية التي منحَتكَ إيَّاها الحياة.

الرغبات والحاجات

مِن ضمن الأسباب التي تخلق ارتباكًا بشأن الارتواء هو أنّنا لا نعرف دومًا الفرق بين حاجاتنا ورغباتنا.

فالهواء يمكن أن نختنق لو حُرِمنا منه لثلاث دقائق فقط، الدفء يمكن أن نختنق لو حُرِمنا مِنه لثلاث ساعات فقط.

نفس الشيء بالنسبة للماء والغذاء والنوم، نحتاجها كلّها أيضًا.

فالمقليّات الفرنسية تدخل ضمن الرغبات، الذهاب لمشاهدة فيلم جديد هو ضمن الرغبات، شراء السيارة الجديدة اللامعة يدخل ضمن الرغبات.

لا يوجد هناك شيء يضرُّ في الرغبات؛ لأنّها تشكّل إضافة تُسعِد حياتنا، وتحافظ على دورة المال وتداول الأشخاص في الشغل، فما يمكن أن يعجبك اليوم قد لا يروقك غدًا.

هذه هي طبيعة الرغبة، إذا لَم تتغيّر الرغبة تصبح عديمة الجدوى، إنّها دائمة التغيير.

إذا اشتريتَ جهاز تلفاز جديد، وفي الوقت الذي تحمله إلى بيتك، ووصَّلتَه بالكهرباء، وقمتَ بتشغيله، ستجد أنه يقدِّم وصلة إشهارية حول جهاز التليفزيون الجديد، وسترغب إذًا في الجهاز.

إذا ذهبتَ إلى مطعم بصحبة صديق، تقوم بإلقاء نظرة على لائحة الوجبات، وبعد التداول بشأن الاختيارات تطلب طبقًا.

عند إعداد الوجبة وتقديمها تنظر إلى طبق صديقك، وتتمنَّاه بديلًا عن طبقك، هذه هي الرغبة.. لا يمكن إشباعها!

ننتهي بإيلاء عناية قصوى برغباتنا، وننسى في نفس الوقت حاجاتنا، هذا الأمر لا يبعث على الدهشة، هناك العديد مِن الهرج الذي تخلقه صناعة هائلة للرغبات، وهم مَن يقومون باستمرار بتقديم وصلات إشهارية لكلِّ ما يمكن أن ترغب به فيما بعد.

هل سبق أن سمعتَ الجملة التالية حول العلاقات: "من ملكَ الشيء أهانه"؟

هذه الجملة توحي أنَّنا قد نصبح متساهلين مع الناس إذا قضينا كثيرًا مِن الوقت معهم، نفس الأمر ينطبق غالبًا على الأمور الأساسية في حياتنا، فكم منَّا يقوم هذا الصباح ويقدِّم عبارات الشكر عن الهواء والماء والغذاء والدفء الذي ننعم به أو عن النوم الذي كنَّا نغطُّ فيه؟

في نظري، لا حرج إن رغبتَ في المزيد مِن أي شيء، لكن علينا التأكُّد أنَّ الأمر لن يكون على حساب التقليل مِن شيءٍ ما في حياتنا.

هل هناك ثَمن سنؤدِّيه نظير رغبتنا في ذلك الشيء؟ أم سيشكِّل إضافة فقط على سبيل المتعة؟ إذا كان الأمر يتعلَّق بإضافة شيء جيِّد دون استقطاعه مِن شيء جيِّد آخَر، فالأمر سيكون رائعًا وعظيمًا!

أنا دائمًا أقف مشدوهًا حينما أجد عند أناس عزمًا وتصميمًا على توجيه حاجاتهم نحو بناء حياة ماديَّة أفضل لهم ولأسرهم، خاصَّةً إذا كانوا يعيشون ظروفًا اقتصادية عسيرة.

ومهما يكن مِن أمر الظروف والسياقات التي تعيش فيها، يجب عليك أن تحافظ على التوازن، وأظنُّ أنَّ السبيل الذي سيجعلنا لا نرجِّح كفَّة على أخرى تقوم على الحفاظ على قدرنا دون أن نفقد الوصل مع ما نناجي به أنفسنا حول وجودنا، فثروات العالم يمكن أحيانًا أن تشبع رغباتنا، إلَّا إنَّ ثروة قلوبنا هي التي تشبع حاجاتنا.

ربَّما فهمتم ما أقصد، وعليه، فهل نضع السلم الداخلي في خانة الرغبة أم الحاجة؟

توجَّهتُ يومًا بنفس السؤال للحضور، فكان السؤال مثار تضارب شيئًا ما في الآراء، فكان عليهم أن يفكِّروا مليًّا في كون الإحساس بالارتباط بالسلم الداخلي مسألة تمليها الرغبة أم الحاجة، فهذا أمر يقرِّره كلُّ واحد منَّا، لكنِّي أعرف ما يعنيه السلم الداخلي بالنسبة لي، فهو حاجة عميقة وليس شيئًا أبحث عن إشعاله او إطفائِه متى شئتُ كما لو أنَّ الأمر يتعلَّق بالمكيِّف الهوائي، فهو بحقٍّ مثل الهواء نفسه، فلا أحد منَّا يفكِّر هكذا: "لا حاجة لي للتنفس بين الساعة التاسعة مساءً والسادسة صباحًا."

السلم يحتاج للرقص بداخلنا على مدار الساعة، وليس فقط حين نجلس ونركِّز عليه؛ فبدون السلم كلُّ ما نحاول فِعله بأيدينا لنكون راضين سيكون غير ذي جدوَى، لكن مع السلم سنحصل على ما هو حيوي بالنسبة لرغد عيشنا، فمدار الأمر على الازدهار وليس على البقاء على الحياة فقط.

يصعب على بعض الناس إدراك مفهوم السلم كحاجة، وفي اعتقادي أنَّ السلم الداخلي إذا كان مجرَّد فكرة ثقافية في حياتك – شيء ستكون سعيدًا بتشغيله وإطفائه بحسب الظروف – ربَّما تظلُّ عالقًا في الإيمان به دون أن تعرفه، لكن يكفي وقت قصير لمعرفة الكنز المكنون بداخلك، فالإحساس بالامتنان هو بمثابة نبض قلب في المتناول.

مَن هو راضٍ؟

عندما لا نكون في وضعية تماسّ مع السلام بداخلنا، يمكن لعقلنا أن يأخذنا في رحلات متعة وتسلية بعيدة، يمكن أن نصبح غير مستقرين إلى درجة لا نرى فيها الأمور تسير كما ينبغي في حياتنا، نقوم بإسقاط الأوهام على حياة أناس آخَرين، ونكفُّ عن رؤية النِّعَم في حياتنا.

عندما يحدث هذا، نشرع في الغرق في بحر من التوقُّعات، ويبدأ كلُّ توقُّع في حمل خيبات الأمل، لتحمل كلُّ خيبة أمل المزيد مِن التوقُّعات، ويستمر هذا التلازم على هذا المنوال.

بتعبير الشاعر كبير "البقرة لَم تعُد تعطي الحليب، فيما أنت لا تزال تنتظر الزبدة".

فلا جدوى مِن توقُّعات بخصوص أشياء لسنا قادرين على إشباعها.

بنيامين فرانكلين Benjamin Franklin العبقري، كتَب مرَّة ما يلي: "مَن الحكيم؟ هو ذاك الذي يتعلَّم مِن أي أحد، مَن القوي؟ ذاك الذي يحكم أهواءه ويتحكَّم فيها، ومَن الغني؟ الغني هو ذاك الشخص القانع، فمَن هو إذًا؟ هو لا أحد".

هذا "اللّا أحد" يجعلني أبتسم، إنَّه تعليق مستهزِئ بالوضع الإنساني، لكن هنا لا أتَّفِق مع فرانكلين Franklin: عندما نجعل أنفسنا مركز حياتنا يمكن أن نشعر بالنجاح الحقيقي، يمكن أن نشعر بالارتواء، يمكن أن نحسَّ بالرضا العميق، كلُّنا وكلُّ شيء يبتدِئ بالامتنان لِمَا لدَينا.

يذكِّرني هذا بقصة سمعتُها مِن ذي قبل، وسأنهي هذا الفصل بحكاية عن قاطع الأحجار وبحثه عن الارتواء.

كان هناك رجل يشغل مهمَّة قَطع الأحجار، كان كلُّ يوم يقصد جبلًا، ويقطع بعض الأحجار، ويحملها إلى منزله، كان يعكف في ورشته على نحت تماثيل صغيرة، آوانٍ وغيرها، وكان يكسب قوت يومه ممَّا صنعَت يداه.

لَم يكُن سعيدًا لأنَّ التنقُّل يوميًّا إلى الجبل كان مرهقًا، ويجعل مهمة قاطع الأحجار ونقلها إلى منزله عملًا يوميًّا مضنيًا.

عندما كان يشتغل كان محيط اشتغاله يعجُّ بالتراب، وكان يعوِّل على الناس الأثرياء ليقتنوا منه مصنوعاته، كان يشعر بأنَّه لا حول له ولا قوَّة، وكان يشعر بعدم الرضا.

في أحد الأيام حملَته رِجلاه بمحاذاة منزل شخص ثري يُحيي حفلًا ساهرًا شهد حضور أناس يأكلون ويشربون، فحدَّث نفسه قائلًا: "أريد حياة جيِّدة وسهلة بدلًا مِن حياة قطع الأحجار كلَّ يوم"!

نظر إلى السماء فقال: "إلهي، اجعلني مثل هؤلاء".

صادف دعاؤه لحظة استجابة إلهيَّة، فمِن الممكن أن يكون دعاؤك صيحة في وادٍ، لكنَّ الحظَّ ابتسَم في هذه اللحظة لقاطع الأحجار.

وفي رمشة عين تغيَّر حال قاطع الأحجار إلى شخص ثري يملك بيتًا كبيرًا والعديد مِن المظاهر التي توطِّنه ضمن الفئة التي تعيش في أرغد عيش، فقال في نفسه: "هذا

ما كنتُ أريد"، واسترسل وهو مفعَم بالسعادة: "الناس ينحنون إجلالًا لي، ينتظرون أوامري".

حدث في يومٍ ما أن لاحظ مرور الموكب الملكي بالقرب منه، كان الناس الأثرياء مصطفين على جنبات الطريق للتعبير عن ولائهم للملك، وترتعد فرائصهم بمجرَّد سماع اسمه، فقال الرجل بنبرة إعجاب: "هذه هي السُّلطة".

لَم يعد سعيدًا كما كان مِن ذي قبل، فتوجَّه مِن جديد للإله بالسؤال: "إلهي، أريد أن أصير ملِكًا".

في تلك اللحظة التي وافقَت ساعة استجابة، صار الرجل ملِكًا بعد أن كان مجرَّد قاطع أحجار وثريٍّ.

في صبيحة أحد أيام الصيف، كان الثري الذي صار ملِكًا يمشي في شرفته، كانت الشمس مشرقة، وكان كل واحد يحاول قدر المستطاع أن يحجب خيوط أشعَّتها الساطعة عن عينيه حتَّى يستطيع النظر، فقال في نفسه: "الشمس أقوى منِّي وأشدُّ سُلطة وسطوة"، فقام مرَّة أخرى في ذات اليوم واللحظة بالتضرُّع للإله قائلًا: "إلهي، أريد أن أصبح شمسًا".

بعد لحظات أصبح مشِعًّا في السماء، فقال: هذا أمر جلل ووضع أفضل، كل شيء دوني، ولا أحد فوقي، أراقب حياة كلِّ فرد، ولا يمكن لأحد أن يرى بدوني، الكلُّ يستيقظ بعد بزوغي، والكل يخلد للنوم بمجرَّد غروبي، ما أجمل الحياة!"

ظلَّ على هذه الحال يطلُّ بإشراقته كلَّ يوم حتَّى تبدَّد وهجه بعد أن رسَت غمامة عظيمة فوق مملكته القديمة.

حاول دون جدوى أن يرسل أشعَّة شمسه، فلَم يستطِع اختراق حاجز الغمامة، فقال: "هل يمكن أن تكون هذه الغمامة أكثر قوة منِّي؟ إلهي، أريد أن أصير غمامة".

وكان له ما أراد، ونال ما تمنَّى، فصار غمامة ضخمة في السماء، فقال في نفسه: "لقد حصلتُ الآن على القوة الفعليَّة، يمكنني أن أحجب الشمس".

في أحد الأيام أحسَّ بشيء يحرِّكه، فأصابه الذهول وتساءَل: "ما الذي يجعلني أتحرَّك؟" فاكتشَف أنَّ الريح كانت وراء تحرُّكه، حينها قال: "هل يُعقَل أن تكون الريح أقوى منِّي؟ لا يمكن لهذا الأمر أن يكون في هذا الكون! إلهي، أريد أن أصير ريحًا".

الآن وقد أصبح ريحًا، بدأ يهبُّ ويهبُّ، ويستمتع بقوَّته حتَّى صادف يومًا أن فشلَت ريحه، وظلَّ يهبُّ دون أن يدبَّ شيء مِن تحته، فخمَّن قائلًا: "ما الشيء الأكثر قوة مِن الريح؟" لقد كان جبلًا شامخًا لَم تلحظه عينه مِن قبل، ووقف سدًّا منيعًا، وصدَّ قوَّة الريح، وعطَّل قدرتها على تحريك أي شيء.

فسأل الإله قائلًا: "إلهي، اجعلني جبلًا"، فنال ما تمنَّى وقال: "الآن أنا فعلًا أقوى شيء على الإطلاق، فالريح يمكن أن تحرِّك الغمامة، والغمامة بوسعها حجْب الشمس، والشمس أكثر قوَّة مِن الملِك، والملِك أكثر نفوذًا وقوَّة مِن الرجل الثري الذي يُعتبَر بدوره أكثر قوَّة مِن قاطع الأحجار، لكنَّ الريح لا يمكن أن تحرِّك الجبال، وأنا الآن أضخم جبل".

لكنَّ فرحته لَم تعمِّر طويلًا؛ حيث وقر في أذنَيه في يوم مِن الأيام ضوضاء طرق ونقر، وأحسَّ بأنَّ شخصًا ما يبتر عضوًا مِن أعضائه، فتساءَل: "مَن هذا الذي بمقدوره أن يكون بهذه القوة التي تجعله يقطع جزءًا مِن الجبل؟ سيكون بالتأكيد أقوى شخص على وجه الأرض"، ونظر إلى الأسفل، فرأى قاطع أحجار.

الفصل 7
التخلُّص مِن عبء اللحظات العصيبة

ذهب شخص مريض عند الطبيب، فقال له: دكتور، تؤلمني كل منطقة مِن
جسدي.

فاستفهَم الطبيب قائلًا: ماذا تعني بقولك كل منطقة مِن جسدي؟

فردَّ المريض بالقول: عندما أمسُّ هذه المنطقة أشعر بالألم، عندما أضع
إصبعي فوق هذا العضو أتألَّم، حين ألمس هذا الجزء يعاودني الألم، فالألم ألمَّ
بكلِّ مفاصل جسدي.

شخَّص الطبيب موضع الداء وقال: لقد فهمتُ موضع الخلل، إنَّ لدَيكَ
إصبعًا مكسورًا.

عندما تعيش معاناة الحياة ستجد أنَّ كلَّ شيء يبدو كمصدر للمعاناة،
فالأوقات العصيبة تلقي بقتامة ظلالها على العالم الذي يحيط بك، فغروب
شمس جميل، أو حفل يجمعك بأصدقاء قدامى، أو عَشاء بمطعمك المفضَّل فما

كان مِن الممكن أن يكون عادةً مصدر فخرك وسعادتك، يمكن أن ينقلب ويذكِّرك بأحاسيس ولحظات سيِّئة عشتَها في حياتك. فكلُّ شيء يمكن أن يجرحك.

أعرف هذا الألم، وأعلم تمامًا أنَّه مِن الصعب تقديم إجابات سهلة حينما تصير الحياة صعبة.

قد يبدو في بعض الأحيان أنَّنا نمضي قُدُمًا، ونرى في أحايين أخرى أنَّنا نتراجع. بعض الأيام تكون سهلة، بعضها الآخَر يكون عصيبًا، بعضها تكون جدّ عصيبة. وكما يقول المثل: "الألم لا محيد عنه، أمَّا المعاناة فهي اختيارية".

بالنسبة لي، هناك تمييز مفيد بين الأوقات العصيبة والأوقات القاسية. يمكن للحياة أن تمطرنا بشتَّى ألوان الأوقات العصيبة. فالمشكلات هنا ليست دائمًا سهلة الحلِّ، لكن في أعماقنا نشعر بأنَّه يمكن لنا فِعل شيءٍ ما حيالها. يمكن حينها أن نغيِّر وضعنا. لكن في اللحظات القاسية يمكن أن نشعر بأنَّ الأمور ميؤوس منها، وأنَّها آلَت إلى نفق مسدود، ولا يمكننا تقريبًا عمل أي شيء.

هذه المناسبات تقوِّض مِن عزيمتنا وشجاعتنا، وتجعل حالات وجدانية عاطفية تغشى حياتنا مِن قَبيل الخوف والقلق والندم والأسى.

أحيانًا لا نجد أساسًا أي شيء لنغيِّر وضعيَّتنا، وبعض جوانب حياتنا تتجاوز نطاق سيطرتنا، ويتعيَّن علينا حينها أن نتحلَّى بالواقعية بهذا الشأن، لكنَّنا لدَينا دومًا اختيار بشأن كيفية الردِّ داخل أنفسنا.

يمكن للأوقات العصيبة أن تُبعِدنا عن وضوحنا وحِكمتنا، لكنَّ عنصر القوَّة تلك يظلُّ دومًا بداخلنا حتَّى حين ندرك امتلاكنا حقِّ اختيار ربط الاتصال بأعماقنا القويَّة، فإنَّها تشكِّل بداية نقطة تحوُّل حول ما نشعر به.

كلَّما مررنا بالصعوبات التي تضعها الحياة في طريقنا، فإنَّنا نوقن بوجود حقيقتَين اثنتَين تقفان وجهًا لوجه، فالشيء السيئ يَنفذ عبر عقولنا، أمَّا الشيء

الحسن فيمرُّ دومًا إلى قلبنا، فتبقى لدينا إمكانية الربط بالجانب الإيجابي الداخلي إذا اتَّجَه اختيارنا نحو ذلك حتَّى في أقسى الأوقات.

في هذا المقام، دعني أشاطرك أفكارًا بوُسعها أن تنير مساحات العتمة الوجدانية التي يمكن أن تصاحب اللحظات القاسية في حياتك، أريد أن أستهلَّها بسَوق حالة إيجابية فيها خير للبشرية؛ لأنَّه لا وجود لسَواد أكثر قتامة مِن الاعتقاد بأنَّك مكمن الخطأ في هذه الدنيا.

هل سمعتَ الأخبار؟

شيء لا يصدَّق.. هذا الكم الهائل مِن الأخبار التي يمكن أن ننفذ إليها عبر شاشات أجهزتنا التليفزيونية والأجهزة الأخرى!

لدَينا كلُّ الإمكانات لنكون أول مَن يستقي الخبر، إلَّا إنَّ الأخبار أيضًا تعرِّضنا لأكبر الأشياء إرباكًا يمكن أن نصادفها في المحيط بجوارنا والمحيط الذي يتعدَّاه، فمجرَّد قصة يمكن أن تصبح خبرًا لأنَّها غير اعتيادية، وإذا ما انخرطنا في مسار استهلاك أكبر للأخبار السلبية يمكن لحِسِّنا بالواقع أن يتعرَّض للتشوُّه، ومِن ثمَّ يصبح العالم شبيهًا بساحة محفوفة بالمخاطر، ويعمُرها أناس أشرار.

حاليًّا نعيش على إيقاع أشياء خرقاء تحدُث في العالم، ولكنَّ امتصاص جرعة كلِّ خبر سلبي وفرك أيدينا لا يساعدنا في شيء، ويجعلنا بؤساء.

بدلًا مِن ذلك، يمكن أن نضع طاقتنا في التعاطف مع أولئك الذين رُزِئُوا في حوادث مروِّعة لنقدِّم لهم يد العون المباشر والمساعدة إذا كان بمقدورنا ذلك.

يمكن أيضًا أن نسائِل نفسنا عن دورنا في هذا الوضع، هل نحن جزء مِن المشكل بشكل مِن الأشكال؟ ألا يحقُّ علينا أن نتذكَّر دومًا أنَّ هناك قدرًا كبيرًا مِن الحب

والتعاطف والكرم في هذا العالم يتجاوز جرعات الكراهية، وأنَّ هناك أخبارًا جميلة لا يتمُّ نقلها؟

إذا كنتَ لا تزال تشكُّ في انتسابك لفصيلة الناس الذين لهم قدرة على الخير، فأنتَ الآن فعلًا تعيش تجربة قضاء اللحظات القاسية، وإليك هذا المقترح، انظر بصرامة بداخلك، واعثر على الأمر الجيِّد فيك قبل أن تقلب ناظرَيك في صفوف الآخرين بحثًا عن الخير والشر، واعثر على الطاقة الداخلية في أروِقة نفسك، واعثر على الحبِّ بداخلك، فحتَّى إن كان شخص ما قد تاه عن نقطة انطلاق السكينة، تظلُّ دومًا إمكانية رجوعه، ونفس الشيء يَسري علينا بالتأكيد.

فمِن الممكن أن يصير الحقل المهجور حديقة غَنَّاء، السلام مُمكن.

عندما يموت مَن نحبُّ

نَجِد أنَّ مِن أكثر اللحظات الصعبة عمقًا التي نعيشها هي تلك التي نفقد فيها شخصًا نحبُّه.

يمكن لتلك اللحظة أن تترك فينا عددًا مِن الأسئلة العالقة، مع مساحات عميقة مِن الإحساس بالفراغ والشرود والغضب والارتباك.

لكلِّ شخص فرادته في الطريقة التي يحسُّ فيها بالألم، وكلُّنا نمرُّ مِن محطات مِن الأسى، ونرجع أحيانًا إلى أحاسيسنا بينما عقولنا وقلوبنا تعيد تشكيل نفسها.

رأيتُ أناسًا مرُّوا مِن فترة حداد وعزاء، ليعودوا بعد ذلك إلى سابق عهد علاقتهم بذواتهم، في الوقت الذي يطفو الآخَرون على وجه الحياة بنمط عيش مغاير.

لقد عرفتُ أيضًا أناسًا محطَّمين عاطفيًا لسنوات عديدة، ليس لديَّ علاج بسيط للحظات الفقد والحزن السيِّئة، لكن لديَّ بعض الملاحظات التي يمكن أن تكون عاملًا مساعدًا باستقراء بعض محطَّات تجربتي الخاصَّة.

لَمَّا حدثَ لي أوَّل اختبار فِعلي للإحساس بالألم، بحثتُ أولًا في مسارات فهم أسباب تغيُّرَ علاقتي بذاك الشخص، وليس كيف انتهَت.

يتطلَّب الأمر بعض الوقت لاستنتاج أنَّ الأشخاص الذين ماتوا غادروا ماديًّا أجسادهم، وأنَّهم بالطبع ما داموا قد خرجوا مِن أجسادهم، فمِن المؤكَّد أنَّهم في مكانٍ ما، وسيَبقي المكان الذي سيكونون فيه دومًا أبدًا هو معك وفي قلبك.

الذكريات لن تعوِّض الشخص كما كان قيد حياته بكل تجلِّياته وخصوصيَّاته وصفاته، عبق بشرتهم، نبرة أصواتهم، عيونهم حين يضحكون، الدفء الذي يشيعونه في ليلة باردة. إلا إنَّ أفضل ما يعيش من الشخص المحبوب هو ذكراه المستمرة. فأنت تحمل هذا الشكل الجديد منه حيثما حللتَ. بالنسبة لي، أريد أن أعيش بهجة ذكريات الشخص الذي فقدتُه وهي ترقص بداخلي.

كنتُ في سِنّ الثامنة والنصف لما تُوُفِّي والدي، كنتُ متعلِّقًا به بشكل كبير، كان ودودًا، ولكنَّه صارم بعض الشيء، وكان الناس يكِنُّون له كلَّ التوقير، لكن حين تكون طفلًا فأنتَ تكتفي فقط بتقبُّل الأشياء على حالها، فكان كل شيء عاديًّا بالنسبة لي؛ لأنَّه كان أبي بكلِّ بساطة.

كانت الألوف تحتشد لسماعه وهو يتحدَّث، وكانت تلك المناسبات رائعة، كلُّ واحد منهم كان يحضر ويرسم هدفًا واحدًا، وهو أن يعرف شيئًا إضافيًّا عن نفسه.

كان يجلس ويبدأ بالتحدُّث، ويخيِّم حينها صمت مطبق، كنتُ محظوظًا لأنَّني كنتُ جزءًا مِن الزخم، أن تعيش تلك التجربة ولو لمرة واحدة في حياتك أمر في غاية الروعة، وهذا ما عشتُه للعديد مِن السنوات.

خلال الأيام الأولى القليلة التي تلَت وفاة والدي، لَم أفهم بالضبط ما وقع. كنتُ أذكر فقط البكاء والنواح، وبعد مدة اكتشفتُ شيئًا، كنتُ أستطيع تحسُّسه ورؤيته في قلبي وسماعه والإحساس به.

مرَّت سنون، ولا زِلتُ أراه وأسمعه وأحسُّ به بداخلي، حين يموت شخص ما لا يمكنك فِعل أي شيء حيال ذلك، وكلُّ ما يمكن أن تقوم به هو البدء في القبول، بعدها تبدأ بشكل بطيء في فهم أنَّه بجوارك بشكل جديد، وأنَّ هذا الإحساس بالارتباط لا يمكن أبدًا أن يُنزَع منك.

إنَّ العديد والعديد مِن الناس شعروا بتعاسة كبيرة لما تُوُفِّي والدي، طوال أيام احتشدَت جموع غفيرة، وكنتُ أرى الناس قلقِين، لَم أكن أرغب في رؤيتهم في حالة إحساس بحزن شديد كهذا، ووجدتُني لا أطيق أمر إمعانهم في الإحساس بالفقد، فاعتلَيتُ المنصَّة، وأخذتُ الميكروفون، ونظرتُ لتلك الوجوه التي تعلوها تعبيرات الوجوم وقلتُ: "لا حاجة للبكاء، فالشخص الذي تبكونه لا زال حيًّا بيننا، ويعيش في قلوبنا، في وجداننا، وسيظلُّ كذلك".

حين سمع الحشد هذا الإحساس الذي عبَّرتُ عنه شعروا بنوع مِن جبر الخاطر، وبدؤوا في تحيَّتي، ربَّما رأوا في شخصي امتدادًا لجانب مِن جوانب والدي، لكنَّهم ظلُّوا يشعرون بطاقته بداخلهم.

فالطاقة لا يمكن هدمها أو هدرها بقدر ما يمكن فقط تحويلها، وعليه يصبح مَن نحبُّ شيئًا ما في مكانٍ ما.

هكذا تشتغل الطبيعة، ووفق هذا النسق تتحرَّك القُوَى الكونية، فالتطور مستمر، والبذرة تصبح شجرة، وتلك الشجرة تعطي ثمرة، وكل ثمرة من الثمرات تحتوي على بذور، وكل واحدة من تلك البذور تملك مؤهلات لتصبح شجرة أخرى.

عندما تقوم بحمل بذرة، فما الذي تحمله في يدك؟ شيء ضئيل يمكن أن يصير غابة، فلتنظر إلى الغابة مِن خلال البذرة.

فالشخص الذي تحبُّه سيظلُّ دائمًا بداخلك، وطاقته تمرُّ مِن خلالك، فهو يشكِّل دومًا جزءًا مِن هذه الطاقة الكونية اللامتناهية التي يمثِّلها الوعي.

افتح قلبك حتَّى يكون بوُسعك أن تشعر بوجوده.

تطلَّع إلى القمر

يؤمن العديد مِن العلماء بأنَّ القمر أتى مِن الأرض، هذا الطرح النظري (المسمَّى أحيانًا بفرضية التصادم العملاق) يقوم على افتراض اصطدام جسم فضائي عملاق بكوكبنا الشاب، فتشكَّل كوكب جديد ناشئ عن تلك الشظايا المتطايرة، في حين يعتقد بعضهم أنَّ هذا الجسم الفضائي ناتج عن اعتراض كوكب توءم اسمه "الثيا" Theia لكوكب الأرض، وسمُّوا هذه الكتلة أم سيلينSelene أو آلهة القمر وفق تسمية الميثولوجيا الإغريقية، وفقًا لهذا التصور، فالقمر يمكن أن يكون نتيجة لجزء مِن الأرض وآخَر مِن "الثيا".

عندما تركنا القمر فهو فقط ذهب إلى هذا الحدِّ، ويدور الآن في فلك بيته القديم، ومادام ينتقل فإنَّه يؤثِّر فينا، ربَّما يمكن أن نفكِّر في إنزال مَن نحبُّ منزلة القمر ونجعله قمرنا، فهو يوميًّا يشكِّل جزءًا منَّا، ويحيط بحياتنا، ويطوِّقنا بنوره، ويضيء ليالينا، ويجذب بجزره وجداننا وعواطفنا، ويحرِّكنا.

تطلَّع إلى الأعلى لتشاهد انعكاس ضوء مستمدٍّ مِن الشمس على مُحَيَّانا، بمقدورنا أن نحيي الشخص المتوفَّى ونقبله بالطريقة الجديدة التي نراه بها بين أظهرنا، ولا حاجة لنا للتمسُّك بالماضي.

يمكن أن نطفو فوق تيار الحياة، ونترك المياه لتحملنا فيما نحدق في ليل السماء، ونحس بالارتباط مع ذاك القمر.

يمكن أن نشعر بمعاناتنا في الوقت الذي نعرف فيه أنَّ هناك حياة أبدية تجمعنا بهم في قلوبنا. يمكن أن نقدِّر ثراء ما كان مِن خلال الاحتفاء بما هو كائن، حملنا لمن نحبُّ مِن خلال الحياة في حبنا.

هذا شطر مِن قصيدة شعرية نظمتُها حول الطريقة التي يمكن مِن خلالها أن نحتفظ معنا بمَن نحبُّ، والقوة التي تمنحها تلك الطريقة:

فيما الليل يبدو بطيئًا بحلكة سواده
يلوح القمر ويبدأ في الظهور والتوهُّج
سيخصُّك لا محالة بقبس مِن النور
ليس فقط لتنبهر لعظمته
ولكن لتنظر أيضًا مِن خلاله

لترتَح داخل نفسك

هل هناك أمر أشدُّ قسوة علينا مِن فقدان شخص نحبُّه؟

بالنسبة للبعض، فإنَّ مجرَّد التفكير في أنَّهم سيموتون يومًا يشكِّل لهم فكرة سوداء، فالناس يمكن أن يصادفوا الخوف بشأن موتهم المحتوم في مختلف محطات حياتهم، هذا الخوف يؤثِّر بشكل خاص عليهم إذا أصبحوا في حالة مرض شديد، أو كانوا في وضعيَّة خطيرة وحرجة، ويمكن أن يطاردنا هذا الهاجس حتَّى إن كنَّا في صحة وسلامة.

يُطلَب منِّي أحيانًا التحدُّث لشخص يواجه الموت، حتَّى وإن كان الأمر يبدو مخالفًا للفطرة، كنتُ أجد في الأمر مساعدة ودعمًا يحفز التوصُّل لحقيقة وفاتنا.

يتعيَّن علينا جميعًا أن نفهم أنَّنا في نهاية الأمر لا بدَّ لنا يومًا أن نقضي نَحبَنا، فضرب مِن الخيال أن تظنَّ أنَّكَ ستظلُّ خالدًا في الحياة التي تعيشها الآن، لكن السؤال هو: متى ستموت؟ لا أحد يمكنه أن يقول لك، ما الذي تعرفه حول حياتك ومماتك؟ كلُّ ما تعرفه حقَّ المعرفة هو أنَّكَ وُلِدتَ، وأنَّكَ حيٌّ، وتعيش اللحظة الآن.

عند المرض، مِن المفيد أن نتذكَّر أنَّنا نتمتَّع بقوة خارقة تكمن في داخلنا، حينها يتعيَّن علينا إيجاد زمرة الأصدقاء الذين بمقدورهم تحفيز وإعمال تلك الطاقة

الإيجابية التي تكمن بداخلنا، فالمرض الشديد، والحزن، والإحباط، والقلق، وكل تلك التجارب والأحاسيس السيِّئة الأخرى، يمكن أن تبعدنا عن شجاعتنا، وحتَّى عن صفائنا، والارتواء والسكينة، فشجاعتنا لا زالت هناك بداخلنا، والارتواء لا زال هناك بداخلنا، والبهجة لا زالت هناك بداخلنا. والسكينة لا زالت هناك بداخلنا.

مِن خلال الأوقات القاسية، لا يزال بمقدورنا النفاذ إلى الموارد التي تكمن بقلوبنا.

هناك خصلة تهمُّ السلم الذي أريد أن أعبر عنه، فالسلم يؤهِّلك لترتاح داخل نفسك، فحين يدفعك العالم الخارجي حتَّى تصل إلى أبعد حدودك، فاعلم أنَّه يمكنك دومًا أن تربط الاتصال بشيء بداخلك مستدام ولا يتغيَّر.

عندما تضنيك المعارك التي تخوضها مع الحياة فاعلم أنَّه يمكنك أن ترتاح بداخلك، كما كان يقول والدي عند وصفه للإحساس بأعماق الذات وعَيش التجربة مع نفسك: كما لو كنتَ تنام دون نوم.

عندما نكون في حاجة لذلك يمكن أن تبتعد عن مصادر الضجيج نحو مصادر تُغَذِّي إحساسك بسلمك الداخلي.

توقُّعات عظيمة

إنَّ طريقة مساعدة أنفسنا خلال اللحظات القاسية – بل حتَّى في كلِّ الأوقات حسنة كانت أم سيِّئة – هي فهم كيف تشكِّل توقُّعاتنا تجاربنا، ففي كلِّ يوم تحذوني توقُّعات بخصوص منبِّه ساعتي، توقُّعات بشأن وجود ملح أو عدمه حين آخذ علبة الملح.

جميل أن تضع توقُّعات ما دام بوُسعنا أن نعرف أنها لا تتطابق دائمًا مع الواقع، وقد أصاب الملاكم مايك تايسون Mike Tyson حين قال ولو ببعض الفظاظة: "كلُّ شخص له برنامج إلى أن يتلقَّى لكمة في فمه".

إنَّ قبول الحياة كما هي في الحقيقة يقتضي شجاعة أكثر ممَّا يقتضي الإلهاء بين الخوف والخيال، فالوضوح بخصوص ماهيَّتها الفعلية يمكن أن يجنِّبنا مغبَّة معاناة قلبية، كما عبَّر عن ذلك سينيكاSenaca "فإنَّنا نعاني في الخيال أكثر مِمَّا نعاني في الواقع".

ما الذي يحدث حين تترك التوقعات تقودك؟ حسنًا، يمكنك تخطِّي خيبة الأمل حين تخذلك علبة ملح فارغة، أعرف بعض الناس الذين يمكن أن يصابوا بانهيار فقط لأنَّ أجهزتهم الإلكترونية تعطَّلَت، ولكن مع ذلك يتخطَّون الأزمة.

فالمشكلات الحقيقية تبدأ مع الآخرين حين نُسقِط توقُّعاتنا على هذا وذاك، ويمكن أن تُلفي نفسك أمام كمٍّ هائل مِن الغضب والحزن الذي ينتج عن آمال خابت، فالعلاقات تنهار، ويمكن أن تكون الحالة فوضويَّة.

كان هناك فلاح شابٌّ كان عليه رفع ونقل أكياس محصوله بكلتا يديه باكرًا كلَّ أسبوع نحو السوق، كان عملًا مضنيًا، وكان يثبِّطه الحد الأقصى للأكياس التي يمكن أن يحملها وحده؛ لذلك كان يدَّخِر لشراء حمار، وهو الخيار الذي لَم يحُز موافقة زوجته التي ارتأَت أنَّهما يحتاجان إلى شراء بقرة؛ لأنَّ البقرة ستعطيهما الحليب والزبدة، وبالفعل اشتريَا بقرة صغيرة.

لَم تتوقف معاناته، ولَم تخف وطأة حمل الأكياس الثقيلة، لكنه ظلَّ مُصِرًّا على الكدِّ حتَّى يتمكَّن يومًا مِن جمع المال الكافي لشراء حمار.

غيَّر الحمار نمط حياته، إلا إنَّ مكمن المشكل في صِغر مساحة فناء البيت، خاصَّةً بعد أن اكتمل نموُّ البقرة، فكان الحمار هو الكائن التعيس الوحيد؛ لأنَّه يعيش متوجِّسًا مِن خطر سحقه.

تنامى إحباط الرجل أمام هذا الوضع، وتوجَّه بالدعاء للإله: "يا إلهي، لا يمكن للأمور أن تستمرَّ، هلَّا عجَّلتَ بأخذ روح البقرة؟ حينها سيكون بمقدور حماري الاستفادة مِن المجال الأرحب الذي يحتاجه".

استيقَظ في اليوم الموالي قائلًا: "تمنَّيتُ حمارًا، كسبتُ بقرة، تمنَّيتُ موت البقرة فمات حماري.. يا للأسف!".. هكذا تكون التوقُّعات.

فكِّر قليلًا في بعض حفلات الزفاف التي حضرتَها أو سمعتَ عنها، بمجرَّد ما يأمل الزوجان السعيدان أو العائلتان عقد قران مثاليٍّ، وقتئذٍ ستُدرك أنَّ المشكلات ستلوح في الأفق، فأول شيء يجب أن يقوله الصديق أو متعهِّد حفل الزواج لأصحاب الزفاف هو: "لا شيء يجري أبدًا كما خُطِّط له تمامًا".

عظيم أن تضع توقُّعات مثيرة بخصوص أهم مناحي حياتنا، العلاقات، البيت، العمل، العائلة، حفل الزواج، شريطة ألَّا نتشبَّث بها.

خيبة الأمل تسلب الروعة مِن تلك اللحظة، نهدر الكثير مِن حياتنا الثمينة في الحسرة على أنَّ الوضع الحالي لا يرقى إلى توقُّعاتنا، فأين يكمن العيب عندما يحدث ذلك في الواقع أو في خيالنا؟

إذا كنَّا متصلِّبين في مقاربتنا، نشعر بوقع أشدَّ للأحداث غير المتوقَّعة وخيبات الأمل، نصبح أقوى عندما نتعلَّم المرونة.

فكِّر في الطريقة التي تتمايل بها الشجرة مع الرياح، فكِّر في الطريقة التي يطير بها الطير في جو عاصف، فكِّر في الطريقة التي يتحرَّك بها السمك في مواجهة موجة المدِّ.

ما الذي يحدِّد توقُّعاتنا؟ نحن مَن يفعل ذلك، نعم، نحن مَن يخلق توقُّعاتنا الخاصة، نحن مَن يقبل توقُّعات أناسٍ آخَرين.

في بعض الأحيان نصادف ما توقَّعناه، أحيانًا لا.. فالأمر المحوري هو أنَّه يمكن لباقي الناس أن يعلِّقوا توقُّعاتهم بنا، ولكنَّنا لسنا بحاجة إلى أن نتبنَّاها.

حين نشعر بخيبة الأمل، فغالبًا ما نشعر بذلك حيال أنفسنا، وهذا يشكِّل في رأيي مضيعة لوقتنا الثمين.

لماذا لا تبدو كما أنت؟

يتطلَّب الأمر أخذ مسافة مِن أفكارك، والرجوع إلى الوراء ورؤية مدى ارتباطك بحصيلة معيَّنة، فالأمر أقرب ما يكون إلى حالة شخص عنيد في وضعيَّة تيه، فهو يفضِّل تأويله للخريطة على العالم الحقيقي الذي يحيط به، حتَّى يُضطرَّ للاعتراف بأنَّ شيئًا ما لَم يكن على ما يرام، ويصبَّ جام توبيخه على الخريطة.

نقع عمومًا في شرك التبعية لعقولنا حتَّى حين تخبرنا قلوبنا بأنَّنا لسنا على المسار الصحيح.

وصلتُ ذات مرة إلى حفل لإلقاء كلمة في محفل كبير، وكان بعض المنظِّمين ينتظرون على مقربة مِن الباب المؤدي للمنصَّة حتَّى يتمكَّنوا مِن خفري فور نزولي مِن السيارة، كانوا قد رأَوني مِن قبل في العديد مِن المرَّات التي ألقيتُ فيها خطاباتي، وكنتُ أقدِّر لهم طريقة ترحيبهم بي على ذلك النحو.

لَم أكن يومها أضع ربطة عنق أو ألبس بذلة رسمية، وهو الأمر الذي لَم يكن اعتياديًّا بالنسبة لي حين كنتُ أتوجَّه إلى أي محفل.

كنتُ حينها سأسلك طريقًا طويلًا، فكان ذلك سببًا وراء قراري ارتداء لباس مريح خلال رحلة سفري.

لمَّا توقَّفَتِ السيارة، كان القائمون على مهمَّة الاستقبال واقفين هناك دون أن يتحرَّكوا، بمجرد وصولي فتحتُ باب سيارتي، وهممتُ بالنزول منها، فصرخوا في وجهي: "لا، لا، لا، تحرَّك، تحرَّك بسيارتك؛ لأنَّنا ننتظر شخصية يمكن أن تصل في أي لحظة".

كانوا ينظرون إليَّ مباشرةً، واكتشفتُ أنَّ كلَّ واحد منهم يتوقَّع البذلة وربطة العنق.

هذا ما كان في دائرة توقُّعهم دون شخصي، بعدها أدرك أحدهم الواقع، فأُصيب بالحرج، فصرخ معتذِرًا: "آه، نحن آسفون جدًّا، لَم ندرك أنَّكَ أنتَ"! وبقيَ الآخَرون يحدِّقون في اتجاهي، ولسان حالهم يقول: "لماذا لا تبدو كما أنتَ؟!"

مشكل أزلي

"مَن كان طبعه يتَّسِم بالهدوء والسعادة لا يكاد يشعر بضغط التقدُّم في السنِّ، ولكن لمَن كان على غير هذا الطبع فالشباب والتقدُّم في السنِّ يشكِّل كلاهما عبئًا".

كان هذا الوصف للفيلسوف اليوناني أفلاطون الذي عاش بالمناسبة حتَّى بلغ الثمانين مِن عمره.

كلَّما تقدَّمتَ في السنِّ قدَّرتَ هذه الكلمات بشكل أكبر. فالتقدُّم في السنِّ أمر صعب، وقد يشكِّل اختبارًا قاسيًا لرباطة الجأش.

فغرورنا يتلقَّى صدمات على طول الخط، والكثير مِمَّا يملأ أذهاننا حول التقدُّم في السنِّ هو ضوضاء تنبعث جرَّاء الخوف.

"لا يمكنني فِعل ذلك لأنَّني في سنِّ الستين كما تعلم"، حسنًا، لَم تعد قادرًا على قطع مسافة الماراثون، أو ربَّما توقيتك في الماراثون سيتجاوز الآن خمس ساعات، في كلِّ الأحوال ليس الأمر بالمهمِّ".

مهما بلغتَ مِن العمر، هناك أشياء لا يمكنك الاستمرار في فعلها على الوجه المطلوب، ويمكنك بالمقابل فِعل عدد مِن الأشياء الجديدة. تقبَّل ما هو متاح، وانسَ ما لا يمكن أن يكون.

جزء كبير مِن الشيخوخة يكمن في أذهاننا، في عنفوان شبابنا، نُقبِل بحبٍّ على الحياة، ولا نلقي بالًا للموت، لكن حين يتملَّكنا الخوف مِن الحياة والموت معًا، حينها نَشيخ.

كن واقعيًّا

كنتَ بصدد إعداد وجبة عشائك، ذهبتُ لقضاء مأرب ما، فاحترق كل شيء، وكان ذلك هو الطعام الوحيد المتوفِر لديك في المنزل، والساعة كانت متأخِرة لتنزل للتسوُّق.

أنا متأكِّد أنَّكَ عشتَ هذه الوضعية أو كنتَ في وضعية مشابهة، فقط لأنَّك تفكر مِن خلال ما يحدث، ويفتح أحد ما فمه ليقول: "كن إيجابيًّا".

حسنًا، هذه هي الحقيقة، أنا لا أشعر بأنِّي إيجابي؛ لأنَّه لا يوجد طعام للأكل، أنا أحتاج أكثر لأن أكون واقعيًّا وليس إيجابيًّا، وهذا يحيلني إلى النقطة التالية، رسائلي بخصوص السلم الداخلي الذي نجد فيه السلوى، كما أنَّ الحاجة لقياس اليوم لا تتعلَّق فقط بدعوات بسيطة لنكون إيجابيِّين، أنا لا أقول بالتغاضي عن الوضعيَّات السيئة بابتسامة تفاؤل عريضة، عوضًا عن ذلك، يمكن أن نقدِّر ونستمتع بالحياة أكثر إذا كنَّا نرى العالم ونفهم أنفسنا بشكل أوضح، فاللحظات القاسية التي تعيشها هي حقيقية، لكن البهجة داخلك أيضًا حقيقية. والسلام داخلك أيضًا حقيقي.

أن تعيش بضمير يعني أن تكون واقعيًّا قدر المستطاع في كلِّ الحالات والوضعيات التي تعيشها في العالم الذي يحيط بك أو الذي بداخلك.

حين تشعر بخيبة الأمل، أو حين تشعر بالخوف أو القلق أو الوحدة، أو تنتابك مشاعر الانهيار العصبي، اعترِف بالألم، لكن اعرف أيضًا بأنَّه بإمكانك دومًا الاتصال بالسلم الداخلي.

لقد وجدتُ أنَّ الحياة تصبح أسهل إذا ركَّزنا على التعامل مع ما هو كائن، فالواقع هو أفضل مكان للعيش.

أن تكون واقعيًا يعين أنَّنا على الاستعداد لما هو آتٍ في حياتنا، إذا كنتُ تتمتَّع بوقت جيِّد فكُن فطِنًا للوقت العصيب الذي يتربَّص بك في القادم مِن الأيام.

لا حاجة للقلق، يكفي أن تعرف أنك إذا كنتَ تمرُّ بلحظات سيِّئة فيجب أن تكون متيقِّظًا في انتظار الأوقات الجيدة التي ستأتي لا محالة في وقتٍ ما.

لا حاجة لإسقاطات تُسقِط ذهنك في سيناريوهات مستقبلية محتملة، اعرف فقط أنَّ التغيير قادم، واشعر بقدرتك على الصمود.

كجزء مِن كوننا واقعيِّين يمكن أن نعرف أنَّه حتَّى في المحطات العاصفة والأكثر عنفًا في حياتنا، هناك مكان يخيِّم عليه الهدوء التام، وهذا المكان يوجد بداخلنا، هذا ما أعرفه، فأنا أستطيع أن أكون في سلام مع نفسي في الأوقات الرائعة تمامًا كما في اللحظات الحرجة، فلا يمكنني دائمًا أن أتملَّص مِن عواصف الحياة، لكن بمقدوري الذهاب إلى مكان هادئ في قرارة نفسي.

وعليه، فإنَّ لديَّ إطارًا ذهنيًّا إيجابيًّا، إلا إنَّني واقعي، عندما أقود طائرة آخذ معي وقودًا إضافيًّا، عندما تتعلَّم قيادة الطائرة تسمع هذه النصيحة: "ثلاثة أشياء تصير عديمة الجدوى في حالة الطوارئ: المدرج الذي تركتَه خلفك، السَّماء التي

فوقك، والوقود الذي بقي في الشحن، فإذا بالغتَ في استعمال مدرج الإقلاع دون أن تقلع، فكلُّ المسافة التي تركتَها وراءك في المدرج وقطعتَها لن تحقِّق لك أيَّ منفعة، إذا فقدَ المحرِّك القوَّة وتريد الهبوط بشكل اضطراري على المدرج، فكمٌّ مِن الريح تحتك يجعلك في وضعيَّة حرجة، وليست كل السماء تعلوك. أمَّا الوقود الذي يبقى في الشحن بالمطار فلا يصلح لك إذا كنتَ تحلِّق في الجو، هذا هو أن تكون واقعيًّا".

أن تصبح ربّان حياتك

لمَّا كنتُ بفلوريدا بصدد تعلُّم قيادة طائرة الهيلوكوبتر، سمعتُ حكاية كانت تجعلني دائمًا أضحك، إنَّها حكاية تذكِّرني بأنَّنا يمكن في بعض الأحيان أن نصير نحن مَن يخلق مشكلاتنا لنفسنا واللحظات القاسية التي نعيشها.

يمكن أن أصدر هذه القصة بالقول إنَّ ربابنة الطائرات ميَّالون لرواية حكايات طويلة، أو لتنميق القصة ومطِّ تفاصيلها.

هذا الأمر تأسَّس على وقائع حقيقية، إلَّا إنَّه ربَّما يوجد هناك بعض الإضافات والتوشيات للتنميق.

كان هناك شخص له طائرة صغيرة يتعيَّن إمساك مروحيَّتها لتدويرها باليد لتشغيلها، في يومٍ ما اعتمد نفس الطريقة دون أن يشتغل المحرِّك، لَم يكن هناك قوة دافعة في المحرِّك، ولَم تتحرَّك المروحة.

دخل إلى قمرة القيادة، وضغط على دوَّاسة الوقود التي ضخَّت قوَّة أكبر في المحرِّك تمامًا كما يحدث حين تريد تشغيل سيارة قديمة.

حاول المرة تِلو المرة، لكن دون أن يحرِّك المحرِّك ساكنًا، فحاول الضغط أكثر على دوَّاسة الوقود دون جدوى.

في النهاية أدار الربَّان المروحة بشدَّة، فزمجر المحرك إيذانًا بالاشتغال بعد تحفيز المروحية بشدَّة، حتَّى دار بالفعل محرِّك الطائرة.

بدأَتِ الطائرة تتحرَّك، وهذا أمر جيِّد، إلَّا إنَّ الربَّان كان خارج قمرة القيادة، وهذا أمر في غاية السوء، فقام الرجل بضرب إحدى جهات العجلة بقوَّة كي لا تغيِّر الطائرة اتِّجاهها، إلا إنَّ العجلة الأخرى لَم تقِف في وضعيَّة ثبات، وبدأت تتحرَّك.

وعليه، فقد بقيت عجلة ملتصقة وثابتة، في حين ظلَّتِ العجلة الأخرى حرة، ممَّا يعني أن الطائرة ستبدأ في الدوران حول نفسها في شكل دائري، واكتسبَت سرعة أكبر.

في تلك اللحظة، حاول الطيار تثبيت دعامة على أحد الأجنحة، إلا إنَّ هذا الأمر جعل العجلة الملتصقة تقفز فوق الحاجز الذي يعرقل حركتها.

بدأَتِ الطائرة تتحرَّك في جميع اتجاهات المدرج؛ لأنَّه لَم يعد حينها أي شيء يعرقل حركتها غير الربان الذي يتمسك ويلتصق بها، إلَّا إنَّه لَم يكن باستطاعته إيقافها، خاصَّةً أنَّه شعر بالدوار بفعل دوران الطائرة حول نفسها.

لمَّا تركها تتحرَّك ذهبَتِ الطائرة وحدها في خطٍّ مستقيم، واتَّجهَت نحو المدرج، ثم ارتفعَت، ثم انخفضَت كأنَّها تغطس، ثمَّ أقلعَت وحدها دون طيَّار بداخلها.

غير بعيد، كان هناك ربابنة آخَرون يتدرَّبون على قيادة المروحيات، ورأوا ما كان يحدث، فقرَّروا مطاردة الطائرة.

تصوَّر هذا المشهد يحدث فوق رأسك، مطاردة في الهواء!

كانت الطائرة الفارغة لحُسن الحظ تطير في مسار طولي، وبادية للعيان، وتقوم بالمهام التي صُمِّمَت مِن أجلها. فظلَّت تحلِّق لنحو الساعة وخمس وأربعين دقيقة حتَّى استنفدَت آخِر قطرة مِن وقودها، تعثَّرَت ثمَّ توقَّفَت، لتبدأ مسار سقوط بطيء قَبل أن تنزل اضطراريًّا فوق أرض خلاء.

كان ربابنة المروحيات مشدوهين مِن الطريقة السلسة التي حلَّقت بها الطائرة.

ما جعلني أتذكَّر هذه الواقعة هو أنَّ الربَّان أحيانًا هو الذي يحطِّم الطائرة، فعند دخوله قمرة القيادة يفكِّر كالآتي: "يجب فِعل هذا، ويجب فِعل هذا، ولا بدَّ مِن فِعل هذا"، وأفعاله تسبِّب المشكلات.

لمَّا تُرِكَتِ الطائرة لحالها قامت بأداء مَهامها بشكل رائع حين كانت في الهواء، ولَم يكن أحد بداخلها.

حين تكون في وضع التحليق يجب أن تكتفي بإعطاء الطائرة التوجيه الواقعي والبناء، وتتركها لأداء ما صُمِّمَت مِن أجله دون زيادة.

في الحياة الأمر كذلك أيضًا، إذا كنَّا نفكِّر باستمرار بأنَّه يجب عليَّ أن أجعل حياتي تفعل كذا وكذا، فسوف تهوي إلى الأرض، روعة الحياة هو ترْكها لفِعل ما صُمِّمَت مِن أجله.

حين لا تجري أمور حياتنا كما ينبغي، ننحو نحو توجيه اللائمة للغير، أو للحظ العاثر، أو الكارما.

في بعض الأحيان يتلخَّص الأمر في طريقة تسييرنا لأنفسنا، هل كان لدَينا وضوح؟ هل كانت لدَينا مخطَّطات واقعية؟ هل كنَّا مرِنين في تقديم إجابات عن السياقات غير المتوقَّعة؟ هل نحاول أن نجعل أداء حياتنا على نحو لا تطيقه بدلًا مِن أن ندعها تقوم بما يمكن أن تفعله بشكل أمثل؟

مِن خلال تجربتي، نسعى إلى ضمان التوازن بين كفَّتَي تسيير حياتنا، وترْكها تزدهر بين توجيه الطائرة وترْكها تطير لحالها.

اعثر على مصدر الجذوة بداخلك

هناك مَثل يقول: "أن تضيء شمعة خيرٌ مِن أن تلعن الظلام".

يمكن أن تبقى مستلقيًا طوال الليل على سريرك وتلعن تلك العتمة، لكن لعنك لها لن يجلب لك قبسًا مِن الضوء، يمكن أن نجلس في الغابة المظلمة لمشكلاتنا ونندب حظَّنا، وأنا أعلم أنَّ تلك المشكلات قد تقهرنا أحيانًا، لكن في لحظةٍ ما يجب القول: "طفح الكيل".

في هذه الحالة نحتاج إلى استجماع قوَّتنا، إشعال عود ثقاب لنوقد شمعة، يمكن بعدها أن نستعين بلهب تلك الشمعة لإيقاد شمعة أخرى.

إذًا لَم يذهب لهب الشمعة الأولى سدًى، لقد صار لدَينا ضوءان، ويمكن أن نسير على نفس المنوال حتى نضيء حياتنا مرة أخرى، إلَا إنَّ الشمعة المشتعلة فقط هي التي يكون بمقدورها إيقاد باقي الشمعات، وعليه.. نحتاج دائمًا إلى إيجاد جذوة النار بداخلنا.

فما هو النور؟ النور وعي، فهو النور الحقيقي الذي يمكن أن يقودنا عبر دروب الحياة حتَّى في اللحظات القاسية.

إنَّ منظوري حول اللحظات القاسية ليس جديدًا، لكن الرسالة اليوم هي ذات راهنية كما كان الشأن أيام أفلاطون، أو عندما كان الشاعر كبير يكتب في القرن الخامس عشر، أو لآلاف السنين التي سبقَت عصرَيهما.

وجهة نظري بسيطة، يمكن للعالم أن يكون مكانًا صعبًا، لكن الناس وُلِدوا في أحسن تقويم، ويمكن أن نلفي السلم في كل واحد فيهم.

الموت يأخذ مَن نحبُّ، ويحوّلِه إلى ذكرى خالدة نستمرُّ في الشعور به وتخليده.

إنَّ التحديق بعين الإمعان إلى ساحة الواقع يستوجب الشجاعة، ولكنَّه في ذات الآن يحرّرِنا لنعيش الحياة كما هي في الواقع.

يجب أن نحكم توقُّعاتنا وإلَّا آلَ الأمر لها لتحكمنا، وفي الأوقات العسيرة والأوقات اليسيرة على السواء، تكون لدَينا إمكانية ربط دواخلنا بنفسنا الحقيقية، والاختيار بين الإحساس بالبهجة والارتواء والسلم داخل قلوبنا.

تذكِّرني هذه الموضوعات بقصيدة للشاعر كبير هذا مطلعها:

بريق ضوء القمر ينفذ إلى الداخل
العيون العمياء لا يمكنها السباحة فيه
في الداخل هناك القمر والشمس
وفي الداخل الصوت الصامت
في الداخل تعزف على كلِّ الآلات في تناغم
الآذان الصمَّاء لا تسمع حتى ولو كلمة مِن الأغنية
إذا ظللت عندي ولي
لن تنجح في أي مهمَّة
عندما أتخلَّص مِن التعلُّق بمالي

يأتي حينها معشوقي لإنهاء مهمَّتي

مَن كان يرنو إلى التحرُّر يفوز بالمعرفة

فقط عند معرفة الذات تكون حرًّا

النباتات تتوق للفواكه للتفتُّح

حالما تكون الثمار جاهزة، لا تحتاج النبتة للزهور

ولا الورد أيضًا يحتاج ليزهر

أسوةً بالمسك الذي يحمله الغزال في سرته

فالغزال يترك البحث عن عبقه في ذاته ويتوجَّه للعشب

كلُّ الآلات في نفسك تعزف بشكل متناغم، فلتُنصِت للسلام الذي يعزف في أعماقك، فهذا صوت نغم صامت، أنصِت بعناية، ربَّما قد تُصغي إلى نفسك.

الفصل 8

حرِّر نفسك مِن خلال الصفح

تصوَّر عالمًا يعيش فيه كل شخص في سلام، تصوَّر ماذا يمكن أن يزهر مِن داخل هذا السلم العالمي، أزهار الطيبوبة الجميلة.

تصوَّر عالمًا يستعمل فيه المجتمع كلَّ مواهبه وموارده وطاقاته مِن أجل الخير للجميع، عالمًا لا تذهب فيه مليارات الدولارات لتُنفَق في صفقات الدفاع للصراع بين بني البشر، بل توجَّه للقضاء على الأمراض، عالمًا لا تتصدع فيه المجموعات البشرية والعائلات بفعل تنامي العنف والجريمة بقدر ما تتوحَّد وتصير قوية، متفاهمة ومهتمَّة، عالمًا يكون فيه بيت كل واحد آمنًا مريحًا، ويوحي بالترحاب، عالمًا تصمَّم فيه التكنولوجيا لخدمة البشرية، والمساهمة في ازدهارها، عالمًا فيه ما يكفي من الماء والغذاء، ونتقاسم فيه بكل سعادة ما نملك مع الأصدقاء والجيران والغرباء، عالمًا لا تبقى فيه الحدود سِوَى خطوط مرسومة على الخرائط، عالمًا يكفل سبل الازدهار لكل المخلوقات مهما كان حجمها وشكلها، عالمًا تحظى فيه الطبيعة بالحب والتقدير والتوقير، عالمًا تفيض فيه القرى والمدن بالعرفان والكرم.

تصوَّر هذا العالَم، بدلًا مِن البحث في فوَّهة المسدس عن الدمار، يمكن أن نعيش في سلام، كلٌّ منَّا كشخص واحد، نقول كلُّنا: نعم، هذا ما نريده.

إلَّا إنَّ هذا العالم المثالي لا يمكن بلوغه ما لَم نفهم أولًا ما معنى السلم، فالقليل فقط يفهم، وكلُّنا يعرف الشيء الكثير عن الحرب، وقليل أولئك الذين يعرفون شيئًا عن السلم.

يمكن أن تكون لدَينا أفكار عديدة حول السلم، إلا إنَّها في معظم الأحيان أقلُّ مِن أحلام طوباوية (utopia)، فما الذي يعنيه وصف "إيطوبيا utopia"؟ يعني "إي ou" باللغة اليونانية، "لا"، و"طوبوس (topos)" تعني "مكان" لينصرف معناها عند تجميعها إلى "لا مكان".

نحن نحلم بمكان لا يمكن أن يكون له وجود ما لَم نبد أ البحث عنه بطرق مختلفة، فالسلم يفترض أن يكون بداخلنا، وهذه هي الرسالة التي تردَّدت لقرون، ويبدأ مِن داخلك ومِن داخلي.

يمكن فقط أن نبدأ بمعرفة ماهيَّة السلم عندما نحسُّ بالسلم الداخلي مِن أجل أنفسنا، ومِن هنا تتَّضِح أهميَّة معرفة الذات.

عندما نبدأ في فهم السلم بداخل ذواتنا ونلامس السلم، يمكن حينها أن نفهم ما معنى السلم بين الناس، كما يتاح لنا أن نختار سلوك المسالم في الأفعال التي نفعلها.

إذًا يصير للسلام الشامل الذي ننشده فرصة ليصبح حقيقة بدلًا مِن أن يوجد فقط "كإيطوبيا" مجرَّدة.

بذرة واحدة

أجد أنَّ المحادثات حول السلم تؤدِّي إلى العديد مِن أشكال الشروط والتحفظات والاحتمالات المرتبطة بالناس الآخرين.

نحن نسأل: إذا كان الناس الآخَرون لا يريدون العيش بسلام، كيف يمكن أن نصنع السلام الشامل؟

السلم الشخصي يبدو أمرًا جيّدًا، لكن كيف السبيل لضمان انخراط باقي المجتمع واقتدائهم بنموذجنا؟ ربَّما كان الآخَرون سبب المشكل بدل أن يكونوا حلًّا للمشكل!

إنَّ التركيز على بقية الناس يلهينا عن تركيزنا على الداخل، أن تلهم مليارات الأفراد القبول التام للسلم فهي مهمَّة صعبة، إلا إنَّ هناك طريقة جيِّدة للبدء، شخص بشخص، لكن مَن الشخص الذي يجب أن نبدأ به؟ أنفسنا!

تصوَّر أنا وأنت في حقل شاسع تحيط به حقول على مدار الأفق، أنا أقول: أريد منك أن تخلق غابة في هذا الحقل وفي الحقول المحيطة أيضًا، وأنتَ تقول: حسنًا، تبدو فكرة رائعة، لكن كيف ستتمكَّن مِن الانطلاق؟

يبدو الأمر بمثابة تحدٍّ كبير ومعقَّد، وتقريبًا مستحيل، إلا إنَّه في الحقيقة جدّ سهل ومتاح إذا فهمتَ طبيعة الشجرة، فكل شجرة لديها مقدرة على مضاعفة نفسها، كل ما تحتاجه بدورك لتبدأ هو تلك الأرضية الخصبة والبذرة المنتقاة؛ لأنَّ شجرة واحدة يمكن أن تخلق غابة ولا حاجة لغرس 10000 بذرة شجرة باليد.

لا حاجة أيضًا لحمل الماء وسقيها، ولا لمعدَّات ثقيلة، ولا لخبراء وغير ذلك، لا شيء مِن كلِّ هذا ضروري إذا كان لدَيك حقل خصب وبذرة واحدة، فقط بذرة واحدة.

تعلَّم أن تختار

هل هناك لحظات يصير فيها الصراع مشروعًا أو حتَّى ذهابنا للحرب؟ ربما آن الأوان لكلٍّ منَّا لاختيار الحرب أو السلم مِن أجل أنفسنا.

بالنظر إلى ما نشعر به في قلوبنا، فنحن نحمل السلم والحرب معًا بداخلنا، ونحمل أيضًا الوضوح والارتباك سويًّا بداخلنا، يمكننا فقط أن نقوم بالاختيار الصائب حينما نفهم أنفسنا.

في مقطع مهمٍّ مِن ماهابهارات Mahabharat الملحمة السنسكريتية، كان كريشنا Krichna يصحب المحارب أرجون إلى ساحة الوغى، ما وقع بعد ذلك وتطوُّر الأحداث يعلِّمنا أمرًا مُعبِّرًا بخصوص السلم والحرب، وبشكل خاص بطلنا أرجون Arjun الذي اتَّخذ قرارًا مفاجِئًا.

بالفعل كانت هناك معركة كبيرة ستشتعل، وصرح أرجون Arjun أنه لا يريد خوض المعركة.

نظر مِن حوله إلى صفوف الجنود، ولمح وجود خط مِن عائلاته وأصدقائه وأساتذته ورفاقه مُصطفين، لَم تكن لديه أي رغبة في حمل قوسه وتصويب سهامه

248

ضد الناس الذين يحبهم ويعرفهم، كانت أسبابه وجيهة ونبيلة وتنأى بكل تجرُّد عن الذاتية.

الآن قد تظنُّون أنَّ كريشنا Krishna سيكون سعيدًا بمعانقة أرجون Arjun للسلم، ليس الأمر كذلك، لماذا؟ لأنَّ أرجون Arjun تعوزه معرفة الذات.

لَم يفهم المحارب عددًا مِن العوامل التي يتأسَّس عليها قراره، فأحاسيسه طوباوية، ولَم يشهد الصورة برمَّتها، فأحاسيسه لا ترتبط بحقيقة الوضع الذي كان فيه، وبصيغة أخرى فإنَّه لا يعرف حقًّا نفسه.

تكلَّم كريشنا Krishna مع أرجون، وشرح له خلفية المعركة، وساعده على فهم موقعه في العالم، حتَّى ما يتعلَّق بواجبه كمحارب يتَّخذ مكانه في حرب مقدَّسة.

عرف المحارب قدره شيئًا فشيئًا، وخلص إلى أنَّه الآن حرٌّ تمامًا في الاختيار لنفسه.

إنَّ القيام بالاختيار الصائب أمر مهمٌّ، ويبدأ الأمر حين تعرف أنَّ لدَيك الاختيار.

لنهب جدلًا أنَّك كنتَ في سجن، وأنَّكَ كنت لسنين عديدة تنظر للخارج من خلال نافذة زنزانتك، أنت تخطط للفرار، وهناك سور عالٍ قريب منك، وهو كل ما ترى، وهو يسيطر على مجالك البصري، ويقف حاجزًا أمام مرور أي نور نحو زنزانتك، وتظنُّ أنَّ هذا هو السور الوحيد الذي يفصلك عن الحرية، لكن بشكلٍ ما يوجد وراء السور سور آخَر، والسور الثاني أعلى مِن السور الأول، إلا إنَّ السور القريب مِن زنزانتك يحجب عنك رؤية السور الثاني، وراء هذا السور الثاني يوجد سور آخَر أكثر علوًّا، لكنَّك لا تستطيع رؤية السور الثالث بسبب السور الأول.

لأسابيع كنتَ تعدُّ العدَّة التي تحتاجها لتسلُّق السور الأول، مرة أخرى تقوم بحذر بقياس طول الحبال التي ستستعين بها، وتقرِّر بأنَّ لدَيك منها ما يكفي لتسلُّق السور.

تخرجِ مِن زنزانتك للفسحة، وتتسلَّق بسرعة أعلى السور، وفوق السور الأول يواجهك السور الثاني، وحبالك لا تسعفك لبلوغ قمة السور الثاني، إنَّك لَم تفهم وضعيَّتك.

ما لَم نرَ الصورة كاملة لا يمكننا اتِّخاذ القرار الصائب، ما لَم تتحقَّق لدينا معرفة الذات لا يمكننا ربط الاتصال بالسلم الداخلي في قلوبنا، ما لَم نكن مرتبطين بالسلم القابع في قلوبنا يمكن أن نختار خوض معركة مِن أجل قضية غير عادلة، وما لَم نكن مرتبطين بالسلم الداخلي في قلوبنا يمكن ألا نختار خوض معركة لاعتبارات واهية.

يأتي السلم الداخلي انطلاقًا مِن وضوح الاختيار، وبدلًا مِن الحلم الطوباوي يمكن أن نرى الحقيقة بوضوح، ونقوم بالاختيار.

قفزة عملاقة أخرى

إذًا هل صحيح أنَّ السلم العالمي أمر ممكن؟ هل نحن – بني البشر – قادرون حقًّا على العيش المشترك في انسجام؟ لا يظنُّ الكثير مِن النَّاس ذلك.

إنَّ منسوب السلبية في الإجابات التي يمكن أن تصادفها بخصوص هذا الموضوع جدّ مؤلمة في الوقت الحالي.

يقول سينيكا Senaca: "لا ينبغي أن تثنينا صعوبة الأمر عن خوض مغامرة؛ لأنَّنا لا نجرؤ على خوض غمار التجربة، فتظلُّ الأمور صعبة"، فهل نجرؤ على خوض مغامرة إعطاء الفرصة للسلام؟

أريد أن أصطحبكم في رحلة تقودنا إلى واقعة تعود إلى هنيهة مضت، بدأت منذ 12 ثانية، وغطَّت فقط مساحة 120 قدمًا، لكنَّها غيَّرَتِ العالم.

أنا أتحدَّث عن أول رحلة جوية، لا شكَّ أنَّ عددًا مِن الناس سينظرون إلى طائرة الأخوين رايتسWright، ويقولون: "هذا لن ينجح" أو يهمس لهم الآخَرون: "أنتما ساذجان"، في حين يعلِّق البعض "لو أراد الإله لنا أن نحلِّق لخلقَنا بجناحين"، وغيرها مِن التعليقات.

لكنَّ الأخوَين اللَّذَين ابتدأ كلٌّ منهما بإصلاح الدرَّاجات مِن قبل كانت لهما تصوُّرات وتطلُّعات كبيرة، ولَم تكن كلمة "لا" ضمن قاموسهما، وهذا يسمَّى "الإصرار"، ونحن في حاجة إلى الإصرار، خاصَّةً إذا تعلَّق الأمر بالسلم.

يحضرني أيضًا مثال آخَر حول الطيران، أستشهد به أمام الناس الذين يقولون باستحالة السلم.

لقد ذهبنا إلى القمر، هل هذه المهمة التي شكَّلَت قفزة عملاقة مِن الخيال إلى الحقيقة نجحَت لأن الناس كانوا يصرحون: "لا يمكن لهذا الأمر أن يكون" أو لأن الناس كانوا يقولون: "دعونا نحاول"؟ دعونا ننصت لصوت الطموح الذي صدعَت بها كلمات جون فيجرالد كينيدي (John F. Kennedy) عام 1962 حين قال:

"اخترنا الصعود للقمر، اخترنا الذهاب إلى القمر خلال هذا العقد، وسنفعل أشياء أخرى، ليس لأن المهمة سهلة، بل لأنَّها صعبة، لأنَّ هذا الهدف يروم اختبار وقياس أفضل طاقاتنا ومهاراتنا، لأن هذا التحدِّي ضمن التحدِّيات التي سنقبلها، ولأنَّنا لا نرغب في تأجيل هذا الأمر، وماضون بعزم لكسب رهانه".

ربَّما كان يجب علينا أن نتخلَّص مِن بعض السلبية التي تبنَّيناها منذ تلك المغامرات الأولى المرتبطة بالقمر.

إنَّ جعْل السلام هنا على سطح الأرض واقعًا سيكون بالتأكيد أكبر إنجازاتنا الجماعية المشتركة، لكن كيف نقوِّي عزيمتنا؟ ماذا لو اتبَّعنا توجهات كينيدي Kennedy وقلنا:

"اخترنا تحقيق السلم بين الشعوب، اخترنا فعل ذلك خلال هذا العقد ليس لأن الأمر سهل، بل لأنَّ الأمر صعب، لأن هذا الهدف يروم اختبار وقياس أفضل

طاقاتنا ومهاراتنا، لأن هذا التحدي ضمن التحديات التي سنقبلها، ولأنَّنا لا نرغب في تأجيل هذا الأمر وماضون بعزم لكسب رهانه، لأنَّ السلم ممكن حين نبدأ بأنفسنا".

لعنة الانتقام

تنشب النزاعات عندما نفقد احترام بضعنا البعض، ففي غياب الاحترام، تصير مبادِئنا وقواعدنا أهمَّ مِن الناس، فالرأس يحلُّ محلَّ القلب، لنبدأ حينها في إسقاط المفاهيم على الذين نُنزِلهم منزلة الغريم.

إنَّ مروِّجي الدعاية للحرب عرفوا خلال قرون خلَت أنَّه مِن المفيد نزع الإنسانية عن الطرف الآخَر إذا صوّرت المعارضة في صورة وحوش، فإنَّه سيسهّل عليك حمْل الناس البسطاء على مناصبتهم العداء وكرههم، فالمجتمع يخطو خطوة على طريق الرحلة نحو ديار السلم عندما يعترف بإنسانيَّة عدوِّه، والتغيير يحدث تدريجيًّا.

هذا الأمر يقودني للحديث عن موضوع الانتقام، وعن "لقد تمَّ التغرير بي، يجب أن أثأر".

هذا الإحساس يمكن أن يبدو عادلًا وأكثر تجذُّرًا مِن كونه صحيحًا، فوق كل هذا يمكن أن تشعر كما لو أنَّه عليك أن تنتزع الثأر لحماية نفسك، ولكن لن يؤدِّي ذلك إلَّا إلى تنامي الخوف والكراهية والرغبة في الثأر مِن الآخرين.

لقد وردَت سرديات "ماهابهاراتMahabharat "حول حرب كوروكو – شيترا Kuruk Shettra، وهو نزاع تحوَّل إلى حرب ضروس بين بني العمومة، بين الكورافس

والباندافس Kauravs and the Pandavs، اللَذَين كان كلٌّ منهما يَعتبر أنه الوارث الأحقُّ بمملكة كورو الهندية القديمة.

كان البعض يعتقد أنَّ هذه الحرب ستقود إلى بداية كالي يوج (Kali Yug)، أحد العصور "اليوجات" الأربع التي توافق في الميثولوجيا الهندية الزمن الذي سيترسَخ فيه الخلاف والجدل والقلاقل.

هناك قصة حول الانتقام في "ماهابهارات Mahabharat" كانت دومًا في بالي، هذه القصة تلتقط الصورة التي نفقد فيها الوضوح حول مَن نحن، وخاصَّةً لمَّا نفقد الاتصال بالسلم الداخلي بقلوبنا، ويبقى مناط الأهمية في القدرة على حسن الاختيار، تمامًا كما في قصة كريشنا Krishna وأرجون Arjun حول ساحة الوغى.

كانت الصيغة الأصلية حكاية طويلة ومعقَّدة، وتتيح في الكثير من فقراتها إمكانية التأويل وتبايُن القراءات؛ لذلك سأحاول قدر المستطاع أن أسوقها بشكل مقتضب ومبسَّط.

في الفترة التي تلت الحرب، كان هناك شخص مِن النبلاء اسمه باريكشيت Parikshit، فصار ملكًا، كان يُعتبَر حاكمًا رائعا، وكان الناس يعيشون في عهده نعمة السلام والازدهار.

في يوم مِن الأيام، كان على فرسه والتقى بكالي يوج Kali Yug، الذي تلبس في صورة آدمي، وهذا أمر وارد في ماهابهارا ت Mahabharat، التي تعتمد سرديَّاتها على الشخصنة والصِّيَغ المجازية.

جلس كالي يوج أمام باريكشيت Parikshit وقال له: "أنا كالي يوج، وأريد أن أنتشر في جميع أنحاء مملكتك، فهذا زمني وعصري".

فردَّ عليه باريكشيت Parikshit: "لن أسمح لك بفعل ذلك؛ لأنَّني أعرف مَن أنت وما تعتزم فِعله. أنتَ الشخص الذي يريد أن يخلط بين الناس حتَّى يجعلهم في صراع مع أنفسهم، وينسَوا مسؤوليَّاتهم".

اكتشف كالي يوج أنَّه أمام تحدٍّ حقيقي، فناجى نفسه قائلًا: "كيف يمكن أن أكون منتشرًا ومتواجدًا في كل الأمكنة وتفلت منِّي مملكته؟!". وكان يقول في نفسه إنَّ تحدِّي باريكشيت Parikshit بشكل مباشر أمر لن يجرؤ عليه؛ لأنَّه شخص نافذ وحاكم قوي.

فكَّر مليًّا لتدبر سياق الموقف، ثم قال: "أنا أستجدي منك مأوى".

بالفعل كان مِن ضمن واجبات الملك توفير الإيواء لمن طلبه. فكان على باريكشيت Parikshit أن يفكِّر بدوره في الجواب بسرعة، فقال في نفسه: "هل هناك مكان يمكن أن أضعه فيه دون أن يؤذي مملكتي؟ وكيف يمكن أن أجعله قريبًا منِّي حتَّى أضعه دومًا نصب عيني وتحت مراقبتي؟"

حينها نطق باريكشيت Parikshit بالكلمات المشؤومة هاته: "حسنًا. يمكن أن تأتي وآويك في عقلي".

أصبح كالي يوج مبتهجًا لأنَّه علمَ منذ تلك اللحظة أنَّه لا محالة ماضٍ في مخطط احتلال المملكة.

أيام قليلة مضَت، فقرَّر باريكشيت Parikshit الخروج في رحلة قنص، عندما بلغ نقطة ما أحسَّ بالعطش، فلمح معبدًا وولجه بحثًا عن الماء. التقَى هناك بريشي (رجل حكيم) يسمَّى شاميكا الذي كان في لحظة تأمل عميق. فقال له باريكشيت Parikshit: "اسقني بعض الماء يا ريشي"، لكنَّ شاميكا Shamika لَم يسمعه؛ لذا أعاد الملك توجيه الكلام، فقال ملتمسًا: "مِن فضلك ريشي، أطلب منك بكل تواضع بعض الماء".

لَم يجب شاميكا Shamika مرَّة أخرى، في هذه اللحظة شعر باريكشيت Parikshit بالغضب، وذلك أمر غير مألوف منه.

في الواقع شعر بغضب زائد؛ لأنَّه أحسَّ بالتقليل مِن شأنه، فرأى ثعبانًا ميِّتًا بالقرب منه، وأخذ الحيوان النجس ووضعَه حول عنق ريشي، وهذه كانت تمثل إهانة شنيعة.

رأى أحد مريدي الريشي ما حدث، فلعن الملك وشتمه، وتوعَّده بموت وشيك بلدغة مِن الثعبان تاكشاك خلال الأيام السبعة المقبلة.

تفطَّن باريكشيت Parikshit إلى خطئه، واعتذر لشاميكا Shamika، لكن لَم يكن هناك أي شيء يمكن أن يُبعِد اللعنة.

تمَّ بسرعة تشييد قلعة حصينة ليتحصَّن بها الملك، وتجنَّد جنوده بقربه في وضعية تأهُّب لقتل كلِّ ثعبان همَّ بالاقتراب.

في اليوم السابع ظنَّ باريكشيت Parikshit أنَّ اللعنة لن تحيق به، فما إن غربَت شمس ذاك اليوم حتَّى شعر بالجوع، فنزل للبحث عن بعض الفواكه، حينها ظهرَت له دودة، فقال مداعبًا: لو كانت ثعبانًا لتركتُها تلدغني.

في تلك اللحظة، حوَّل تاكشاك نفسه مِن دودة إلى جسد ثعبان، وحقَّق اللعنة التي حاقت بالملك.

أحسَّ جانميجاي Janmijay، ابن باريكشيت Parikshit بالسخط، وبلغ منه الاستياء مبلغه، فأطلق حملة لتدمير كلِّ الثعابين في مملكته، فنظَّم حملة كبيرة للتضحية بالأفاعي "سابط ساطرا Sapt Satra، وقام رجاله بحرق كل ثعبان يصادفونه في طريقهم، واستمرَّ مسلسل التصفية والانتقام.

في هذه القصة شعرَ كلٌّ مِن باريكشيت Parikshit ومريد شاميكا Shamika وجانميجاي Janmijay كلهم بأنهم ضحايا الظلم، ومِن خلال هذا الإحساس تستعر نار ثأر تحرق كلَّ ما تجده في طريقها، بما فيها إحساسهم بما هم عليه.

تولَّدَت في النهاية لدى جانميجاي Janmijay قناعة حول ضرورة التوقف عن إبادة الثعابين مِن خلال ريشي آخَر،

آستيك الذي قال: "إنَّ الثعابين التي لا تزال على قيد الحياة فاضلة باستثناء تاكشاك Takshak بالطبع، ولا تستحقُّ التدمير. إنَّ مجدك سيزداد إذا تركتَها على قيد الحياة"، وهكذا أوقف جانميجاي Janmijay حملة الإحراق.

إن كنتم مهتمِّين، أترككم لتقفِّي باقي المعاني والمغزى مِن قصة كالي يوج، وإلا سأنهي تلخيص كلِّ ماهابهارات Mahabharat، فالمغزى أن كالي يوج حضر فانصرف الوضوح.

ما الذي ترسَّخ بعدها، الغضب، الألم، الخوف، الثأر التي ما فتئَت تتكرَّر؟ هذه المنحة مِن الرعب لا ينتج عنها إلا الحسرة، يمكن أن تطلب تطبيق القصاص العين بالعين، لكن لن تجني – حسب القولة المشهورة والمأثورة عن غاندي – سِوَى عالم كله أعمى.

منظور مختلف للصفح

إنَّ الطريق مِن الغضب نحو الصفح يمكن أن يكون وعرًا وصعبًا، خاصَّةً إذا كان الجرح الذي لحقك أو لحق أشخاصًا تحبُّهم غائرًا، فلحظة الانفراج تأتي إذا استطعنا ألَّا نرى في الصفح تودُّدًا، بل طريقة شجاعة لتخليص أنفسنا مِن الألم.

بعض الأفعال تكون مروِّعة وشنيعة، فيها ضرر، فيها وحشية وفيها كراهية تجعلها أفعالًا مرفوضة، ويجب أن تواجه وتَقابَل بالعدل، فالصفح يقوم بقطع العلاقة مع تاريخ الحدث حتَّى لا يحملنا على التذكُّر، فالصفح لا يطلق حركة الجاني ولا يعفيه من المسؤولية، لكنَّه يحرِّرنا مِن الجاني.

لقد التقيتُ العديد من الناجين من النزاعات، وجعلَتني قصصهم أتنهَّد، أعرف أنَّ أبناء وبنات أولئك الذين قُتِلوا في الحروب، يمكن أن تكبر في قلبهم الرغبة في الانتقام والثأر.

مِن الصعب أن نترك وراءنا الأحاسيس التي نحملها بعد أحداث صادمة، لكنَّنا نخطو بعيدًا عن الظهور بمظهر الضحية حين نختار بشكل واعٍ التصرف من أجل أنفسنا.

إنَّه لشيء مثير أن تجد طالب الثأر يجد القوة الداخلية للتسامي فوق الخوف والغضب، أنا جدّ مشدوه أمام إصرار أولئك الناس على عيش حياة أفضل في الحاضر على الرغم ممَّا حدثَ لهم في الماضي، هذا الأمر مِن الأهمية بمكان، لقد عانوا، ولكنَّهم لا يريدون العيش بقية حياتهم كضحايا.

في جنوب إفريقيا

تعود أول زيارة قادَتني إلى جنوب إفريقيا إلى سنة 1972، حين كان عمري آنذاك 14 ربيعًا، ذهبتُ للحديث هناك في ملتقى، وهالني ما رأيتُ وعشتُ في تلك التجربة، لقد ذكَّرَتني بالمنظومة التي أمقت، منظومة الميز الطبقي بالهند، في تلك الفترة كان نيلسون مانديلاNelson Mandela وراء القضبان بعد محاولته قلب النظام.

كان نظام الميز العنصري همجيًّا تمامًا، في إحدى المناسبات قالت لي حكومة جنوب إفريقيا:

"لا يمكنك أن تعقد حدثًا مختلطًا، فالناس مِن عرقيات مختلفة، ويجب أن يظلُّوا معزولين ومتفرِّقين".

قلتُ: "آسف، لن أقوم بفعل ذلك، كل شخص بإمكانه حضور مهرجاني الخطابي، أنا أخاطب بشرًا ولا أخاطب انتماءهم العرقي، ولا أخاطب أيضًا انتماءهم الديني".

تمَّ وضعي في اللائحة السوداء، ولَم تشأ حينها الحكومة الرسمية اعتقال هذا المحاضِر الصغير حتى لا يشعل شرارة تناول إعلامي دولي، ولكن اجتهدَت في تتبُّعي وحراستي حراسة لصيقة على مدار اليوم وأيام الأسبوع.

أظنُّ أنَّني كنتُ أكسر كلَّ القواعد حيثما ذهبتُ، وفي طريقة سفري، وفي الناس الذين أختلط بهم، وفيما يصدر عنِّي مِن أقوال. وقد كان توجُّسهم وخوفهم مِن هذا جليًّا.

لقد كان هناك تنوُّع كبير في الحشد البشري الذي حجَّ لمهرجاني الخطابي، كل الأشكال، ناس مِن كلِّ المقاييس والأحجام والألوان التي يمكن أن تخطر لك ببال، وكان يوحِّدهم نفس المسعى، الإحساس بالسلم الداخلي، وعيش حياة مُرضية.

كانت هذه الإمكانية الرائعة تعرض الوقوف في وجه الميز والتفرقة والعنف، كانت ضدَّ كلِّ قواعد تلك الفترة، فعلمتُ أنَّ السلم الذي يعيش بداخلنا أقوى من تلاعب العقل الخطير أحيانًا بمصير الناس، وهو تلاعب له تداعيات مدمِّرة.

في السنوات الأخيرة نظّمت فيها مناسبات بسويطو Soweto، مكان تأذَّى فيه الناس بشكل لا يمكن أن تصدِّقه، تحدَّثَ العديد من الخطباء هناك عن الصفح، لكني كنت الوحيد الذي تكلم عن الصفح لاعتباره أولًا وقبل كل شيء صفحًا مِن أجلك بدلًا مِن أن يكون مِن أجلهم، أي مِن أجل مرتكبي تلك الأفعال.

كنتُ أقول هذا: "يمكن للناس أن يرتكبوا أفعالًا شنيعة التي يحتمل ألَّا تغفرها، إلا إنَّ هناك أمرًا يمكن أن تقوم به مِن أجل نفسك، قصّ ضمادة الألم، عندما ستفعل ذلك ستكون لديك كل الضمانات حتَّى لا تحكم حياتك اليوم ذكريات الأمس.

ذات مرة بجنوب إفريقيا، كنتُ أخطب في محفل، فسألَتني سيدة تقبع بأحد السجون سؤالًا هذا نصُّه: "لقد أقدَمتُ في حياتي على فِعل لن أغفره لنفسي مهما

حيِيتُ، لقد قتلتُ اثنين مِن أبنائي، وكنت على وشك وضع حدٍّ لحياتي بسبب التعسُّف الذي كنتُ أعاني منه، أريد أن أحسَّ بالسلام الذي تتحدث عنه، لكن تعطَّلَت لديَّ القدرة على الإحساس به، فهل بَقِيَت لي أي فرصة؟"

نظرتُ إلى الحضور، واكتشفتُ أنَّهم كانوا أقرب منِّي لهذه الواقعة الغريبة، فقلتُ لهم: "حسنًا، هل ترون أيَّ فرصة لهذه السيِّدة؟"

لقد كان السؤال مفاجِئًا حقًّا، لكن الكلّ أجاب بصوت واحد: "نعم".

كان هذا تعقيبهم العفوي الفوري حول وجود بارقة أمل، ستظل تلك اللحظة بداخلي إلى الأبد، لتهمس في أذني بصوت خافت وواضح أنَّ هناك أملًا للإنسانية.

الواجب والمسؤولية

في قصة ماهابهارات Mahabharat التي حدَّثتُكم عنها في وقت سابق، تحدَّى أستيك جانميجاي Janmijay، فردَّ عليه أستيك بأنه يؤدي مهمَّته.

بعض الناس يشعرون بعبء مسؤولية معنوية ثقيلة للصراع مِن أجل وطنهم، دينهم، جماعتهم، عائلاتهم.

أنا لن أحاول هنا تحديد الواجبات التي تلُزمك تجاه الآخرين، بل أريد فقط أن أذكِّرك بأنَّكَ أيضًا ملزم بواجبات تجاه نفسك، والواجب الذي يلزمك حيال نفسك هو فهم نفسك قبل أن تُقدِم على أي تصرُّف، أن تشعر بالسلم بداخلك قبل أن تختار القتال أو عدمه، يمكن أن يحدِّثك عقلك ليوعز إليك بقبول مبرِّرات الحرب، لكن ماذا عن قلبك؟

قبل سنوات خلَت، حملَت مؤسسة بريم روات Prem Rawat Foundation برنامج التربية على السلام «PEP» Peace Education Program إلى سريلانكا، وهو بلد عانَى مِن ويلات حرب أهلية شعواء.

264

سُطر هذا البرنامج في البداية لفائدة نزلاء السجون، وتمَّ توسيع قاعدة المستفيدين لتشمل فئة من الناس الذين يريدون إعادة إدماجهم في المجتمع ومساعدتهم للنفاذ لفهمهم للسلم، وإعادة ربطهم به.

اشتغلنا في سريلانكا لمساعدة المحاربين القدامى للتواصل مع أنفسهم من جديد، وكان لذلك وقعٌ كبير.

قال لي أحد نمور التأميل السابقين: لو أتيح لي معرفة هذه الرسالة مِن ذي قبل، لمَا ذهبتُ للحرب".

لا زال برنامج التربية على السلام نشطًا في أكثر مِن 100 دولة، ويعرض بشكل منتظم لفائدة الناس داخل المجموعات التي كانت متورِّطة في نزاعات.

في كولومبيا، اشتغلَت فِرَقنا مع محاربين قدامى مِن القوات المسلحة الثورية لكولومبيا (FARC)، عدد منهم كان يقاتل منذ أن كان طفلًا ولا يعرف أي شيء آخَر غير ذلك.

لعقود كانت هناك جماعات من المقاتلين المرتزقة في مختلف أرجاء البلد، وكانوا ضالعين في أعمال عنف وجرائم، لتساهم مع تنامي المخدرات في حالة الفوضى.

بعد إتمام البرنامج PEP، قال لي أحد قدماء المحاربين ضمن فصيل القوات المسلحة الثورية لكولومبيا: "لو أنَّ هذه الرسالة نفذَت إلى قلب مقاتلي حرب العصابات، تصوَّر ما كان يمكنك فِعله لباقي العالم".

الصراع اليومي

يمكن أن يبدو الحديث حول الحرب ضربًا مِن ضروب التنظير بالنسبة لأولئك الذين لَم يعيشوها، لكن نفس الديناميه تنطبق على كلِّ مجريات الحياة اليومية.

لنأخذ النموذج الشائع للمستويات الصغيرة للنزاع في نسختها المصغَّرة، سوف نسوق مثلًا عن صراع متدنِّي المستوى.

عندما تكون على متن سيارتك، فيقوم أحدهم بعبور الطريق دون أن يكلِّف نفسه عناء الاعتذار، فتشعر بالامتعاض، ويتفجَّر الغضب، ويفور مِن عروقك، فتضغط بوق سيارتك، وتسابقه إلى أضواء المرور التالية. ما الذي حدث؟ أنت مَن يتركهم يتحكَّمون بما تشعر به. أين ستقودك الثواني العشر الإضافية؟ إلى الجنة؟ أم إلى ربحك أمتارًا في الطريق السيَّار؟ إذا كنت ستنافس مِن أجل شيء غير مهمٍّ فمَن سيخسر الرهان؟ أنت أم هُم؟ أنتما معًا.

يمكن أن نجرِّب مقاربة أخرى. إذا رأينا شخصًا يحاول المرور من أمامنا، يمكن أن نخفِّف السرعة ونتركه يمرُّ، وبالتالي فنحن من يسيطر عليهم في هذه الحالة.

إذا حاول أحدهم أخذ المكان المخصص لركن سيارتنا، اتركه يأخذه، نحن مَن يسيطر على الوضع، مِن المحتمل أن يكون لديهم أمر طارئ لا يَحتمل الانتظار، حتَّى إذا لَم تكن حاجاتهم أكبر من حاجاتنا، يمكن أن يزرع تصرُّفنا بِذرة اللطف في أذهانهم.

هذا أمر مهمٌّ؛ لأنَّنا نرى أنَّ هذه النزاعات التافهة تنزلق بسرعة نحو وضعيَّات تراجيديَّة، حيثما قلبنا ناظرنا نجد أنَّ الناس يحنِّطون أنفسهم في الصراع، ويكون الشباب اليافع في الأحياء الفقيرة في صفوف المواجهة الأمامية.

كم مِن مرَّة شاهدنا تقارير إخبارية عن شابٍّ أو شابَّة أخرى قُتِلا في مناطق خطيرة مِن المدينة، ويمرُّ الخبر كأنَّه عادي؟

حين يحدث هذا، يجب أن نقف قليلًا لنقرَّ بأنَّهم تجرَّدوا مِن إنسانيَّتهم في أعيُننا، إنَّهم ليسوا بشرًا بالنسبة لنا، بل مجرَّد إحصائيَّات إجرامية.

إذا عزلنا عن رؤية ضحايا العنف كآدميِّين، ستحتدم الصراعات والحروب داخل المدن.

الأمل في مقابل السأم

شاركتُ في العديد مِن المبادرات التي تتعلق بعنف الشباب، وكانوا يواجهون تحدِّيًا واحدًا، وهو الإحساس باليأس وفقدان الأمل، فمَن يقدر على وقف العنف؟ فقط لا أحد، بل سَوِيًّا بفضل المجهود الذي سيبدأ ببذله كلُّ واحدٍ منَّا.

فالشرطة، والسياسيون، ولفيف المنظمات، والسكَّان المحلِّيُّون، والأطفال أنفسهم، كلُّنا مطالَبون بالانخراط، كلُّنا بشر، وكلُّنا نحتاج لإيجاد الأمل في داخلنا، أنت وأنا أيضًا نحتاج لإيجاد الأمل في داخلنا.

إذا لَم ترَ فئات الشباب بارقة أمل، أمل في ربطها بمجموعات انتمائها، في الحصول على منصب عمل، في الحصول على سكن لائق، في الحصول على فرص، في الحصول على المحبة والتقدير، ما لَم ترَ ذلك، فإنَّ الشباب يديرون ظَهرهم للمجتمع، والأنكى من ذلك هو أنَّهم يديرون ظَهرهم لأنفسهم، إذا لَم تشعر بأي حب لنفسك فكيف ستشعر بالحب تجاه الآخَرين خاصَّةً إذا كنتَ تخشى احتمال إلحاق الأذى بك؟ وينتهي بهم المطاف بالصراع مع الآخَرين لأنَّهم في صراع مع أنفسهم.

بداخل هؤلاء الأطفال ينطلق صخب صوت السأم، رهاننا في مساعدتهم لِيَروا أنَّه يوجد شيء يمكنهم السيطرة عليه والإحساس والتمتُّع به وتثمينه، هذا يكمن

بداخلهم، وحينما يرتبطون بهذا الإحساس بالحب في قلوبهم، يكونون قادرين على تعزيز ما يشعرون به تجاه الناس المحيطين بهم.. هكذا يصير للسلم الداخلي شيء قويٌّ يقدِّمه لكلِّ واحد.

العائلة مهمَّة

علينا أن نسأل عن الاختيارات التي يقوم بها اليافعون، لماذا يسبغون معنى أكبر على الصداقة مع الغرباء مِن الصداقة مع الأسرة؟

يبدو في بعض الأحيان أنه لا وقت للأسرة لتخصِّصه للأبناء، يبدو أنَّ لكلِّ شخص مشاغل أخرى كثيرة تسترعي انتباهه.

أحيانًا تقتضي الصيغة الأبويَّة لتمكين الأبناء مِن تحمل المسؤولية تركهم يعيشون حياتهم ويدبِّرونها بطريقتهم، لكنَّ الأبناء يشعرون بأنَّهم وحيدون، ويلوذون بالعصابات بحثًا عن الصداقة.

يمكن للشباب أن يصبحوا توَّاقين إلى قبولهم داخل هذه العائلات الجديدة إلى حدٍّ يجعلهم يُقدِمون على القتل كاختبار للولاء للعصابة.

على الحكومات أن تدعم الأسرة، وعلى الشركات أن تدعم الأسرة، إلا إنَّ السَّوَاد الأعظم منَّا يحتاج إلى دعم الأسرة، ما الذي بوُسعنا فِعله لضمان التمكين للأسرة؟ أن نبدأ بأُسَرنا.

ابتسامة صادمة

يُعتبَر السِّجن الوجهة الطبيعية لعدد مِن الشباب الذين تاهوا عن أنفسهم وعن مجتمعاتهم، كما هو الحال فيما يخصُّ مَن هو أكبر منهم سنًّا ممَّن لَم يستطيعوا الهروب من قوة جذب عالم الجريمة.

في الأصل تمَّ اعتماد برنامج التربية على السلام PEP لفائدة أولئك الذين يقبعون داخل السجون لمصالحتهم مع أنفسهم، وحملهم على إعادة اكتشاف مقدراتهم المكنونة، واسترجاع الإحساس بالسلم الداخلي.

يمكن أن تغيّر كلِّيًّا طريقة فهم النُّزلاء لكيانهم، وتغيّر تجاربهم سواء داخل أسوار السجن وخارجها، وقد أثبت البرنامج نجوعه في مساعدة الطاقم العامل في المؤسسات التي استفادت مِن دعمنا.

لم أكن أتوقع يومًا أن تقودني الأقدار إلى العديد من المؤسسات السجنية بتدابير حراسة أمنية مشددة، يمكن لها أن تكون أمكنة واقعية للزيارة وتترك دومًا انطباعًا بأنَّكَ خضتَ تجربة مميَّزة.

لا يمكنني تقديم المساعدة، ولكن شعرتُ بأنَّ السجن يُعتبَر فعلًا نسخة أو صورة مصغَّرة مِن الحياة، داخل السجن تصادف كلَّ أنواع الناس.

خلال فترة طفولتي، سمعتُ والدي يتحدَّث عن محادثة بين كريشنا Krishna وأرجون Arjun حول ساحة الوغى، لَم يسبق لي مِن ذي قَبل أن زرتُ مؤسسة سجنية حتَّى يتسنَّى لي فَهم ما تبدو عليه المحادثة، وكان للصوت الناشز وتشتُّت المعنى بداخلي أثر في تعميق عدم الفهم.

لَم تلح لي بشائر مناخ السلم داخل أي مِن المؤسسات السجنية التي دخلتُها، لكني حينما كنت أذهب إلى هذه الأماكن كنتُ أصادف ما يمكن لي وصفه بشكل الابتسامة الصادمة، صادمة لأنَّ النزلاء يستطيعون التعبير عن طاقة إيجابية كهذه رغم أنَّهم يعيشون – وربَّما لسنوات عديدة – في محيط تلفُّه الكآبة.

خلال زيارة اكتشفتُ مقدار الخسران الذي يحيق بالناس على مستوى فقدان السيطرة عندما ينتهي بهم المطاف بالداخل، يمكن أن يكونوا قد واجهوا شتَّى أصناف الضغوط في رحابة العالم الخارجي، لكنَّهم كانوا على الأقلِّ لديهم مسكن خاصٌّ بهم، حتى لو كان متهدِّمًا أو مبعثَرًا وبه فوضى، فإنَّهم كانوا يشعرون بأنَّ هذا المسكن فضاء يملكونه، ويعتبرونه فضاءهم الخاصَّ.

أمَّا وراء القضبان، فقد فقدوا حتَّى هذا الشعور، فهم سادة اللاشيء، فالسجن يراقب محيطهم وبرنامجهم الزمني اليومي، وحراس السجن يملكون القوة، وزملاؤهم النزلاء يمكن أن يكونوا مصدرًا للتنافس والفوضى في ذات الآن، فلا أحد يطيق الحياة داخل الأسوار والجدران والسِّياج.

وأمَّا أن تكون مسجونًا مع أشخاص يعيشون حياة غير واعية، فالأمر قاسٍ بشكل لا يصدَّق، فإن كان السجن في الحقيقة يشكِّل بيئة لا تطاق، فإنَّ النزلاء يجعلون السجن أكثر بؤسًا بالنسبة لبعضهم البعض.

ما الذي يمكنني قوله لشخص في هذه الوضعية؟ فقط ما يلي: لا يمكنني أن أُخرِجك مِن هنا وأحرِّرك مِن الأَسر، لكن بمقدوري مساعدتك على التحرُّر بداخلك.

أقولها للنزلاء بشكل مباشر وصريح: "يمكن أن تجرِّب السلم هنا؛ لأنَّ السلم الداخلي لا علاقة له بما يتوفَّر لديك أو ما لا يتوفَّر بين يديك، بالتأكيد كلُّ شخص يؤثِر الحرية والمنزل المريح على العيش في زنزانة، لكن السلم لا يكمن هناك، بل يكمن بداخلك".

حين يفهم النزلاء ذلك يكتشفون أنَّ لدَيهم خيارًا، يمكنهم أن يختاروا في قرارة نفسهم ربط الاتصال بالسلم، بالحب، واحترام النفس، أو أن يختاروا خلاف ذلك.

أن يكون لك الخيار في السجن، فذاك أمرٌ له وقْع مخلص ومُحرِّر بشكل لا يُصَدَّق، فالخيار نوع مِن القوَّة.

يمكن أن يشعر النزلاء بالعزلة والتهديد، لكن أن تحوز القدرة على ولوج مكان يتيح لك البهجة والسكينة والوضوح فذاك حبل نجاة.

فيا له مِن تغيير حين تدرك أنَّ هناك مكانًا يمكن أن تذهب إليه تكون فيه دومًا في الصدارة، مكان تنتمي إليه، مكان يمكن أن تحسَّ فيه بالراحة، وأن تحسَّ فيه بما أنتَ عليه حقًّا.

يتحدَّث النزلاء أحيانًا عن الطريقة التي أسهم بها برنامج التربية على السلام PEP في مصالحتهم مع أنفسهم مِن خلال ربطهم بأجمل ما في ذواتهم، فقد قال لي مرَّة أحدهم: "رسالتك يتردَّد صداها في قلبي، لقد اكتشفتُ قوَّتي، حبي، طبيعتي، سلميَّتي، بهجتي، وميولي الفنيَّة".

هذه الابتسامة التي يتقاسمها معي نزلاء المؤسسة العقابية توحي بأنهم فهموا الآن شيئًا عمَّا تتيحه معرفة الذات على نحو حذا بهم لاختيار السلم.

ما الذي يمكنك تغييره؟

حين يتمُّ وصد الباب الثقيل وراءهم، يلوم بعض السجناء البعض الآخَر على مِحنتهم.

إنَّ إلصاق المسؤولية بالجميع هو شكل مِن أشكال الانتقام، لتستمرَّ بذلك حلقة اليأس والقنوط.

هذا الأمر ليس حكرًا على السجناء بالطبع؛ لأنَّ الناس في كلِّ مكان يعمدون إلى فِعل ذلك.

في اليوم الذي يبدأ فيه السجين فعلًا في النظر إلى نفسه، يقع شيء عميق، يكتشِف ربَّما لأوَّل مرَّة أنَّ لدَيه قوة أكبر ممَّا كان يظنُّ، ويفهم في النهاية أنه لا يستطيع تغيير منظومة العدالة، ولا يستطيع تغيير التاريخ ومجريات الأحداث، لكنَّه قادر على تغيير نفسه، ما هذا التجلِّي؟!

إنَّ هذا الأمر مِن التحوُّل مِن اليأس إلى التمكين جدّ مهم؛ لأنَّ الأفراد هم الذين يصنعون المجتمع، وليس المجتمع هو الذي يصنع الفرد، يمكن أن نصنع معًا التطوُّر كشخص واحد، حتَّى أولئك الذين يقبعون في سجوننا.

إذا لَم يكن الأفراد داخل المجموعة أقوياء، فإنَّ المجموعة ستكون واهنة، إذا كان مِن المستحيل على الأفراد أن يتغيَّروا، سيكون المجتمع في مأزق وفوضى، المرَّة تِلوَ الأخرى، في السجون عبر العالم، ومع قدماء المحاربين أيضًا، أرى أنَّ السلم ممكن.

هل يتعيَّن على الشخص أن يكون متفتِّحًا للتفاعل مع رسالتي؟ لا أدري، ربَّما يكفي أن يكون مستعِدًّا للإنصات.

أعرف أنَّ عددًا مِن السجناء قدموا لأول حصص برنامج التربية على السلام PEP لأنَّه قيل لهم سيكون بإمكانهم الحصول على قلم وقطعة ورق، لكنَّهم حين كانوا هناك بدؤوا بالاستماع – بالإنصات الفعلي – وكان هذا كفيلًا بتغيير حياتهم.

داخل السجون، رأيتُ مقاتلين بدؤوا في الفوز في حربهم الداخلية، أن نكون بصحبتهم أمرٌ هائل، لقد مكَّنهم برنامج التربية على السلام PEP مِن إستراتيجيَّة جدّ بسيطة للنصر في حربهم الداخلية، وأهَّلَتهم قوَّة مسلَّحة مستمَدَّة مِن قوَّتهم الداخلية مِن المحاربة في صفوف السلم.

بعض السجناء لا زالوا وراء القضبان محكومين بالمؤبَّد، ويعرفون أنَّني قد لا أعود يومًا إلى سجنهم، لكنَّهم يشكرونني لأنَّهم في النهاية أحسُّوا بتجربة العيش في سلام.

حرِّر نفسك

كنتُ أحيانًا أترك السجن وأعود للعالم الخارجي وأنا أحمل معي ذكريات ابتسامات النزلاء غضَّة طريَّة في ذهني، لأجد الناس العاديِّين بؤساء.

أن تكون منفصلًا عن سلمك الداخلي فهذا يندرج ضمن الحكم بالمؤبَّد، إنْ داخل السجن أو خارجه، فالخوف والترقُّب والضَّرر تصبح شبيهة بأسوار السجن وأبوابه وقضبانه، فأنت نفسك الشخص الذي يجعل حياتك بئيسة داخل هذا السجن، فلا توجد هنا أي إمكانية للإفراج المشروط ما لَم تختَر ترك التغيير يحدث مِن أجل نفسك، إنَّ أعتَى السجون هو السجن بداخلك، كما أنَّ أشرس الحروب هي الحرب بداخلك.

بالمقابل، فإنَّ أكبر صفح هو الصفح بداخلك، وأكبر قوَّة سلم هي السلم بداخلك.

مهما كانت الظروف داخل السجن أو خارجه، فقد حان الوقت لتعرف أنك أنت مَن يخلق معناك الخاص للحرية، يمكن لحياتنا أن تكون بعيدة عن الكمال، لكن بإمكاننا جميعًا أن نشعر بالسلم الكامل الكامن بداخلنا إذا اخترنا ذلك، لا تقلِّل مِن

نطاق التحوُّل الذي يحدث حين تربط الاتصال بحقيقته أنت، حين تخلص نفسك لتجربة السلم الداخلي.

عند بلوغ هذه النقطة التي تجرِّب فيها حقيقة نفسك، دعني أحكي لك قصة أتقاسمها كلَّما تحدَّثتُ مع النزلاء بسجن ولاية دومينيغيز Domingez بسان أنطونيو San Antonio بتكساس Texas قبل سنوات خلت، وهي قصة لا زال صداها يتردد في أوساطهم، وأظنُّ أنَّها تستحقُّ أن نستحضرها كلَّما تربَّص بنا خطر نسيان القوة التي تكمن بداخلنا.

وعليه، فقد نُظِّمَت مسابقة بين الريح والشمس لمعرفة مَن الأفضل، قالت الشمس: "أنا مَن أنا، وهذا لا يخفى عنكم".

بِدَورها قالت الريح: "نعم، وأظن أنِّي أفضل منكِ، سترين كيف سأحلُّ هذا الإشكال وأحسم أمر الأفضلية، انظري إلى هذا الرجل الذي يمشي هناك، لقد وضع معطفه، وأراهن أنَّه بفضل قوَّتي سأجعله ينزعه".

حينها ردَّتِ الشمس: "بالتأكيد، فلتفعلِيها".

وبالفعل بدأَتِ الريح تهُبُّ، وكلَّما زاد هبوبها وضع معطفه وثبَّته، وكلَّما زادتِ الريح في قوة هبوبها، زاد الرجل تعلُّقًا بملابسه.

حاولَتِ الريح مرَّة أخرى إلَّا إنَّ الرجل تمسَّكَ بمعطفه بشكل محكَم حتَّى تعبَتِ الريح واستسلمَت.

جاء عقب ذلك دور الشمس، فما كان عليها إلا أن سطعَت ولمعَت، فخلع الرجل معطفه لشعوره بالارتياح.

أيًّا كنَّا وحيثما تواجدنا في الكون، فإنَّ بداخل كلِّ واحدٍ ما شمسًا تنتظر أن تشرق وتلمع، فلندعها تلمع.

الفصل 9

الحب في إبانه

حينما أبصرَت عيناي النور لُقِّبْتُ (بريم)، ويعني لقبي بالهندي (الحب)، أي ذلك الشكل مِن الحبِّ النقي وغير المشروط الذي يُمنَح دون مقابل، وبذلك يكون موضوع هذا الفصل جدّ قريب مِن قلبي.

إنَّ الحب يتَّخذ أشكالًا مختلفة ومتعددة على امتداد حياتنا، فقد يأخذ البعض منَّا إلى أعلى أو أدنى مناصب التجربة بما يطال كلّ مشاعرنا، على أنَّ هناك سبلًا للتفكير في الحب والشعور به بحيث يصبح متوهِّجا وقارًا في حياتنا، عوضًا أن يكون زوبعة من اللذة أو الألم تلمُّ بنا بين الفينة والأخرى.

على مدى الصفحات القادمة سأعرض بعض الملاحظات الشخصية عن الحب وبعض الأبيات الشعرية الرائعة، وكما ستلمسون.. لستُ مهتمًّا بالحب كشعور نُضفِيه على الآخرين أو على العالم الخارجي، بل بالنحو الذي نعيش به تجربة الحب داخليًّا، فكلُّ جزء يشكِّل مقطعًا مستقلًّا لتتلاءم المقاطع كلُّها وتشكِّل لحظات في محادثة مسترسلة، إنَّها نقاط انطلاقة وليست نقاط ختام.

الحب في غِنًى عن الأسباب

ليس للحب في كينونته حاجة إلى أسباب خارجية، إنَّ التوقُّعات تتبدَّل، والرغبات تتغيَّر، ومِن ثمَّ تتغيَّر العلاقات، ولكن الحب الحقيقي هو دائمًا قابع بداخلنا، لا يسعنا أن نمنحه لأحد، كما لا يسعنا أن نطالِب به لأنفسنا. إنَّ الحبَّ قوة داخلية، ونعمة كامنة، وجمال داخلي.

الحبُّ مكتمل بذاته

كيف تعطي الشجرة الظلال؟ إنَّها لا تفعل شيئًا، إنَّها فقط ما هي عليه، ومِن خلال كينونتها تمنح الظلَّ.

هل يدَّعي النهر أنَّه سيروي ظمأكَ ويأتيك بالأسماك؟ كلَّا، إنَّ النهر يتدفَّق، ومِن خلال ذلك يجد مَن هم في حاجة إليه.

هل تطلب الرياح أيَّ احترام نظير دفْعها أشرعة السفن التي تشقُّ عباب البحر؟ كلَّا، إنَّها فقط تهبُّ وتنساب، كيف عساك تساعد مَن تحب؟ فقط مِن خلال أن تكون كما أنت.

الحبُّ بسيط

هذه بعض الأبيات للشاعر الهندي(كبير)

في السوق:

أتمنّى التوفيق للجميع، ما مِن أحدٍ صديقي..

وما مِن أحدٍ عدوي..

إنَّ الحبَّ يمكن أن يكون بهذه البساطة.

الحبُّ نار

إذا سبقَ لك أن شاهدتَ درسًا في اليوغا، فسوف تدرك أن الناس يصارعون للحفاظ على توازنهم، ثمَّ يوجِّههم المعلم بالقول: "عليك أن تجد مركز ارتكازك"، فيقف الناس في طوابير، ويتأرجحون على ساق واحدة.

إنَّ توازننا الوجداني يصعب إدراكه أيضًا، ومع ذلك يمكنني أن أؤكِّد أين يتواجد مركز ارتكازك، قلبك، قلبك هو بيتك الحقيقي.

عندما نشعر بالضياع، فذلك لأنَّنا نسِينا الطريق إلى قلوبنا، ونصبح مرتبكين. وكلمة "تركيز" مشتقَّة مِن المصطلح اللاتيني "الموقد"، الموقد الذي يمثِّل قلب المنزل.

عندما نشعر أنَّ النار مشتعلة بداخلنا نعلم أنَّنا في المنزل، نحن نعلم أنَّنا في حالة حب.

الحبُّ يتوهَّج

عندما تكون الشمس والقمر في المكان المناسب، يَحدث الانبهار، ويضيء القمر. عندما نُعرِب عن الامتنان لِمَا لدينا، نتألَّق بحبِّ الحياة نفسها، نزخر جميعًا بهذه الإمكانية في الداخل.

الحبُّ في داخلنا

فيما يلي قصيدتان للشاعرة الهندوسية الاستثنائيَّة القديسة للا ديد Saint Lalla Ded، التي عاشت في القرن الرابع عشر في كشمير.

تحدَّتِ الأعراف الاجتماعية في بحثها عن الإله، وتركَت زواجها ومنزلها لتصبح شاعرة ومطربة متجوّلِة.

كنتُ شغوفة مليئة بالشوق.. لقد بحثتُ طولًا وعرضًا
لكن يوم وجدني الصادق
ألفيتَني في البيت.

أنت الأرض، السماء
الهواء، النهار، الليل، أنت البذرة
عجينة خشب الصندل، والماء والزهور وكل شيء آخَر.
ما الذي عساي أقدِّم كقُربان؟

الحب في اللحظة

منذ وقت ليس ببعيد أثناء العمل، كنتُ أستمع إلى أغنية مستوحاة مِن إحدى قصائد (كبير).

كانت الكلمات والموسيقى رائعة، كان عليَّ فقط أن أتوقَّف عمَّا كنتُ بصَدده على الكمبيوتر، وأمنح نفسي لهذه اللحظة.

يقول كبير في القصيدة: لا تؤجِّل الوفاء إلى الغد، اشعر به الآن.

إذا كنتَ عطشانَ، ارتوِ الآن، إذا كنتَ جائعًا، فتناولِ الطعام الآن.

نحن نعيش فقط في هذه اللحظة المسمَّاة "الآن"؛ لذلك يمكننا فقط أن نحبَّ في نفس اللحظة.

إذا فكَّرنا في الحب على أنَّه شيء مِن الماضي أو المستقبل فقط، فإنَّنا نخسره في الوقت الحاضر، الحب ليس له مستقبل، هو يكون الآن أو لا يكون قط، بدلًا مِن ذلك يمكننا أن نفتح قلوبنا لِلَحظة، ونواجه شيئًا إلهيًّا، ليس تخيُّل الشعور بالحب غدًا، ولكن التجربة الحقيقية للشعور بالحب في قلبنا اليوم.

الحبُّ ينساب

تمامًا كما لا يمكننا التحكُّم في المدِّ والجزر، لا يمكننا أيضًا التحكُّم في تدفُّق الحب، إنَّه يمضي إلى حيث يشعر بالرضا، وهو يشعر بالرضا عند قبوله.

الحبُّ يشدو بمنتهى اللُّطف

هذه رواية مختلفة مِن قصَّة خرافيَّة كتبَها هانز كريستيان أندرسون Hans Christian Andersen، الأصل مستوحًى مِن حبِّه غير المتبادل لمطربة الأوبرا جيني ليند Jenny Lind، التي عُرِفَت بِاسْم "العندليب السويدي".

كان هناك ملك يحب أغنية العندليب، عند الغسق يفتح نافذته، ويطير العندليب إلى الحافَّة، ويجلس ويغنِّي له، فألهَمَت هذه اللحظات.

ذات يوم، أرسل له ملك آخَر عندليبًا ميكانيكيًّا، فرِح الملك: "رائع، يا لها مِن هديَّة عظيمة، الآن لستُ مضطرًّا إلى انتظار العندليب كلَّ مساء، كلُّ ما عليَّ فِعله هو مجرَّد تشغيل العندليب لينطلق"؛ لذلك توقَّف عن فتح نافذته، وتوقَّف العندليب عن القدوم.

كان الملك شغوفًا بهذا الطائر الميكانيكي، تحت إمرته كان يغنِّي في أي وقت مِن اليوم، وكم كان جميلًا بزخارفه مِن الذهب والألماس.

كان الملك يأمر الطائر بالغناء متَى رغبَ بذلك، وكان الطائر دائمًا يستجيب، فزادت طلبات المِلك على الغناء، ومع ذلك كلَّما زاد الغناء له وجد الموسيقَى أقلَّ

إرضاءً، وعلى الرغم مِن ذلك ظلّ يدعو الطائر الميكانيكي إلى الغناء في الصباح والظهيرة والليل.

ثمَّ ذات يوم، انهار العندليب الميكانيكي، فتمَّ إرساله إلى أمهر الحرفِيِّين في المملكة، لكن لَم يستطِع أحد إصلاح الآلة.

وسرعان ما مرضَ الملك، كان يرغب بشدَّة أن يغنِّي له العندليب الميكانيكي؛ ففي غيابه كان كلُّ شيء ساكنًا بشكل رهيب.

كان يرقد على سريره ولا يواسيه أي شيء تقوله حاشيته، كان قلب الجميع مثقلًا، وكان الجميع يتوجَّس خِيفةً مِن موت الملك.

ذات مرة، أمر الملك جنوده بالخروج بحثًا عن العندليب الذي يعيش في الغابة، الطائر الذي كان يغنِّي له، لكنَّهم لَم يتمكَّنوا مِن العثور عليه.

ذات ليلة، ساد الصمت في القلعة، فذهب الملك إلى نافذته وفتحها، ونظر إلى الغابة، لقد تمنَّى أن يعود العندليب الحقيقي.

نادى بلُطف قائلًا: "أيها العندليب، أرجوك تعالَ، أعلم أنَّني كنتُ مخطئًا، أنت حرٌّ في المجيء والذهاب كما يحلو لك، وهذا يجعل أغنيَّتك أكثر جمالًا، أنت لستَ تحت إمرتي، بل أنا تحت إمرتك، لكن مِن فضلك ارحمني".

في ذلك المساء بعد غروب الشمس مباشرةً، سمع خفقانًا في الخارج، طار العندليب على حافَّة النافذة، وبدأ في الغناء.

كان الملك سعيدًا جدًّا، فقال للعندليب: "شكرًا لقدومك".

قال العندليب: "شكرا لك على فتح النافذة".

الحبُّ لما هو متاح

قال الفيلسوف الرواقي إبيكتيتوسEpictetus: "إذا كنتَ تشتاق لابنك أو صديقك أو شريكك عندما لا يكون في متناولك، فاعلَم أنَّك تشتاق إلى التين في فصل الشتاء".

قد يبدو هذا عديم الشعور مِن إبيكتيتوس Epictetus، ولكنَّ هناك لطفًا مع فلسفته.

في بعض الأحيان، يكون الغياب والخسارة والرفض مؤلمًا للغاية لدرجة أنَّنا نتراجع إلى تخيُّل الأشياء بالطريقة التي نريدها أن تكون عليها، هذا شكل مِن أشكال الحماية الذاتية، لكنَّ الألم لا يزال يأتي عندما يتلاشى الوهم.

إذا تمكَّنَّا مِن رؤية الواقع بوضوح، فإنَّنا نبدأ في تقدير ما هو متاح، وليس إلهاء أنفسنا بما ليس متاحًا.

نحرِّر أنفسنا مِن الشوق إلى هذا التين في الشتاء، وبدلًا مِن ذلك نحبُّ ما لدَينا بالفعل.

الحبُّ غير قابل للكسر

وُلِدَت ميراباي Mirabai، التي يعرفها البعض بِاسْم ميراMeera في القرن السادس عشر في الهند، وكانت تحبُّ كريشنا Krishna، ويعتبرها الكثيرون قدِّيسة عظيمة.

قامت بتأليف الشعر المؤثر، وغالبًا ما كان يعبِّر عن مشاعرها بالاتحاد الروحي والوجداني العميق مع ملهمها كريشنا Krishna وألم الانفصال عنه.

أغانيها المسمَّاة بهاجان Bahjan – وهي الأغاني التعبُّديَّة – تتجاوز نطاق التعبُّد البسيط، فهي أغانٍ مكتوبة في مقاطع، ويمكن أن تستفيد منها البشرية جمعاء.

بالنسبة لميراباي، الحبُّ عطاء وليس أخذًا، وعندما يعُطَى الحبُّ الحقيقي، يصبح القلبان قلبا واحدًا.

عاشت حياة رائعة – فقد طلبَت أسرة زوجها منها على سبيل المثال عدَّة مرَّات أن تضع حدًّا لحياتها – لكنَّ هذا قد يستغرق جميع الصفحات المتبقِّية مِن هذا الكتاب.

سوف أتقاسم معكم واحدة مِن تعبيرات الحبِّ هنا.

غير قابل للكسر يا ربّ هو الحبُّ يربطني بك..

مثل الماس، يكسر المطرقة التي تضربه.

قلبي يتوجَّه إليك

كما يذهب اللمعان إلى الذهب.

كما تعيش اللوتس في مياهها، أنا اعيش فيك.

مثل الطائر

الذي يحدِّق طوال الليل في القمر العابر،

لقد فقدتُ نفسي بينما أسكن فيك.

يا حبيبي عُد.

الحبُّ ليس دائمًا سهلًا

منذ عدَّة سنوات، ذهبتُ إلى سردينيا مع عائلتي، عندما كنتُ أهمُّ بالخروج مِن سيارتنا المستأجَرة، أغلَق ابني الصغير الباب على إصبعي، لا أعرف ما إذا كنتم قد اختبرتُم شيئًا مِن هذا القبيل، لكنَّه مؤلم حقًّا.

عندما نظرتُ إلى ابني رأيتُ أنَّه يتألَّم أيضًا، ولكن على نحو مختلِف، كان وجهه يعبِّر عن فكرة واحدة واضحة: "يا لَلهول، ماذا فعلتُ؟!"

أدركتُ أنَّه على الرغم مِن أنَّ إصبعي تؤلمني، إلَّا إنَّ مشاعري لا يجب أن تتأذَّى أيضًا.

كيف سيكون مِن المفيد الصراخ بشأن الألم والغضب مِن هذا الطفل الصغير؟

نظرتُ إلى وجهه وقلتُ لنفسي: "يمكنني أن أزيل المعاناة عنه في طريقة استجابتي" فقلتُ: "حسنًا، أنا بحاجة إلى المشي؛ لماذا لا تأتي معي؟"

ذهبنا في نزهة معًا، وظلَّ يسأل: "أبي، هل إصبعك بخير؟"

"نعم.. لا بأس، لا بأس".

قلتُ كذبة بيضاء، كانت يدي ترتجف، كان مؤلمًا للغاية، لكنَّه لَم يكُن بحاجة إلى معرفة ذلك.

عليَّ أن أكون صادقًا، لقد تطلَّب الأمر جهدًا لا يُصَدَّق مِن الجهد الواعي للقيام بذلك، ولا زلتُ أشعر بأنَّ جزءًا منِّي كان يرغب في الصراخ: "لماذا فعلتَ ذلك؟"

هل تألَّمتُ أكثر أو أقلَّ كَوني لَم أخلق مشهدًا كبيرًا؟ لا، كان الألم الجسدي هو نفسه، لكن الألم العاطفي سرعان ما تبدَّد.

ليس الأمر سهلاً دائمًا، ولكن الاختيار الواعي للخيار اللطيف هو الانعطاف إلى الداخل نحو الحبِّ.

أَحِبّ نفسك أوَّلًا

أحيانًا نلجأ للآخرين لملء ما يبدو أنَّه فراغ بداخلنا، أرى أصدقاء يهتمُّون بكلِّ شخص في حياتهم ما عدا أنفسهم.

يخشى البعض أن يكونوا وحدهم إلى درجة أنَّهم أحيانًا يتخلَّون عن رفاههم لجعل الآخرين سُعداء.

لكن إذا لَم نكن نحبُّ أنفسنا، فلماذا سيكترث أي شخص آخَر بنا؟ يجب أن نحبَّ أنفسنا أولًا.

الحبُّ في قلبك

هذه بعض الأبيات للشاعر جلال الدين الرومي:

عندما سمعتُ عن قصة العشق لأوَّل مرة

بدأتُ أبحث عنك دون علمي أنِّي أعمى..

لَم أكن أعرف أنَّ العاشِقَين لا يلتقيان

لأنَّهما في بعضهما البعض طوال الوقت.

حبٌّ تعجز عن وصفه الكلمات

هذه بعض الأبيات للقدِّيسة الصوفية رابعة البصري (رابعة العدوية) في القرن الثامن، والتي يعتبرها البعض أوَّل قدِّيسة حقيقية في التقليد الصوفي:

في العشق، لا يوجد شيء بين القلب والقلب.

الكلام يُولَد مِن الشوق

والوصف الصحيح مِن الذَّوق الحقيقي.

مَن يتذوَّق يعرف..

مَن يشرح يكذب

كيف يمكنك وصف الشكل الحقيقي لشيءٍ ما

والذي أنت في حضوره تطمس؟

والذي في كينونته ما زلتَ موجودًا؟

والذي يحيا كعلامة لرحلتك؟

الحب حقيقة

يمكن أن نتأثَّر بما يقوله الناس ويكتبون عن تجاربهم ذات الصلة بالقلب، ويمكن تأطير حضور العشق بشكل جميل في ذاكرتنا مِن خلال اللغة التي نستخدمها.

فكِّر في الكلمات اللطيفة والكاشفة التي تأتي إلى العشَّاق خلال تلك الأيام الأولى الهشَّة أحيانًا مِن العلاقة، فكِّر في الوعود التي اتّخذت في الأعراس، فكِّر في النصائح الحكيمة التي ننقلها للأطفال، فكِّر في الكلمات اللطيفة التي نستخدمها للاحتفال بالعائلة والصداقة، فكِّر في خطابات القادة العظماء عندما يتواصلون بشكل كامل مع شعوبهم، فكِّر في عبارات التأبين القلبية في الجنازات، ومع ذلك، فإنَّ الحبَّ في أنقى صوره يتجاوز اللغة.

عندما نغوص في أعماق أنفسنا، تتعذَّر الكلمات، عندما نتعمَّق في الداخل ننتقل إلى حالة نتجاوز فيها الزمن، والأرقام، والصور، والأفكار، والتعريفات، والتسميات، واللغة.

في هذا الكون الداخلي مِن السلام، يمكننا أن نلتقي بأفضل شعور بالحب أخذًا وعطاءً.

أَحِبَّ حياتك

في كلِّ لحظة نمنح فرصة عظيمة للإحساس بهبة الوجود وتقديرها، الآن يمكننا الابتعاد عن العتمة إلى نور الامتنان، والشعور بالحياة تتدفق مِن خلالنا.

عندما نفعل ذلك نحبُّ ما هو موجود لنا، كل يوم يمكننا أن نختار أن نحبَّ أنفاسنا، أن نحبَّ بهجتنا، أن نحبَّ وضوحنا، يمكننا أن نقع في حبِّ الحياة.

مع كل زفير وشهيق يمكننا قبول نعمة الحياة، متى ما يحدث ذلك يمتلئ قلبنا بالامتنان، وهذا يجلب المزيد مِن الحب، وهكذا تبقى دورة لا نهاية لها في التدفُّق.

نحن لا نختار التنفُّس، ولكن يمكننا أن نحبَّ كلَّ نفس، فما تأثير هذا الاختيار على أجسامنا؟ نبدأ بالابتسام.. اخترِ الحبَّ.

الفصل 10

الاعتناء بالصِّلة مع الخالق

كان رجل يسير على طول حافَّة جبل مرتفع عندما تعثَّر وسقط، استمرَّ في السقوط حتَّى تمسَّك بغصن شجرة صغيرة تنمو على حافَّة المنحدر.

نظر إلى الأسفل، ورأى أنَّ الأرض بعيدة جدًّا، عندما نظر إلى الأعلى رأى أنَّه مِن المستحيل العودة إلى برِّ الأمان؛ لأنَّ المنحدر كان عموديًّا، ولَم يكن هناك موطئ قَدَم، ثمَّ بدأ يشعر بتعب عضلات ذراعيه.

دبَّ اليأس في قلب الرجل، بدأ يشعر بثقل وضعف ذراعيه، وأخيرًا لمَّا كان على وشك الانهيار، صرخ: "ساعِدوني، لا أريد الموت، ساعِدوني!"

وفجأة جاء صوت مدوٍّ: "حسنًا، كدليل على ثقتك، فكَّ قبضتك عن الغصن، ثمَّ سأخلِّصك".

نظر الرجل إلى أعلى المنحدر، ونظر إلى أسفل المنحدر تحته، ثمَّ صرخ: "هل مِن أحد آخَر هناك؟"

إلقاء القِطَع النقدية نحو الإله

هناك مغزًى مِن تلك النكتة التي سأتحدَّث عنها لاحقًا، أوَّلًا أريد أن أحدِّثك قليلًا عن خلفيَّتي الدينية.

لمَّا كنتُ أترعرع تعرَّفتُ على بعض الأشياء بشأن مجتمعات وأديان الهيمالايا المختلفة، وكيف أدَّت مياه الثقافة الذائبة إلى نزول مجموعة مِن المعتقدات مِن الجبال، بما في ذلك الصوفية والبوذية والسيخية.

في مدرستي كانت هناك أيضًا الكاثوليكية الرومانية، لكن في الغالب كنتُ أعيش وسط تديُّن وتفانٍ هندوسي استثنائي.

وفي واقع الأمر، كانت والدتي هندوسية راسخة، لكنَّ والدي كان منعتقًا مِن المعتقدات القويَّة المماثلة؛ لأنَّه كان يريد أن يعرف بدلًا مِن مجرَّد أن يؤمن، لقد أمضى حياته طالبًا للحكمة ثمَّ متحدِّثًا عنها، بالنسبة له، لَم تكن الحكمة لتوجد في الكتب أو لتكرّس في البناء.

كلَّما كانت العائلة تغادر المدينة في رحلةٍ ما، كنَّا نمُرُّ على معابد على جانب الطريق، كان من الشائع أن يقوم الناس بفتح نوافذ سيَّاراتهم ورمي نقدٍ معدني تجاه

الإله، وكان هناك أشخاص حولهم يتوَلَّون جمع النقود وأخْذها إلى المعبد، وإن كنتُ أشكُّ أحيانًا أنَّ بعضها ينتهي بها المآل في جيوبهم.

كلَّما عبرنا بجوار معبد معيَّن، كانت والدتي ترمي دائمًا بعملة معدنية، وفي كلِّ مرة يقول والدي: "لماذا تفعلين هذا؟" كانت تجيب: "حتَّى أذهب إلى الجنة"، فيَردُّ والدي: "أعطِيني المال، وسأحرص على ذهابك إلى الجنة". لكنها كانت تدير عينيها، وتفتح النافذ ة مجدَّدًا، وتلقِي عملة نقدية لتفريغ تفانيها.

كنتُ أجلس في مؤخِّرة السيارة، وعندما كبرتُ قليلًا كانت مثل هذه الحوارات تجعلني أفكِّر.

مِن ناحية، تمكَّنتُ مِن فَهم تطلُّعات والدتي، لكن شعرتُ بشكل متزايد أنَّها كانت تقلِّد ما يفعله الآخَرون، وهذا يشبه التعلُّم عن ظهر قلب الذي أكتب عنه في مكان آخَر في هذا الكتاب.

على أي حال، ألا يوجد شيء غريب في إلقاء عملة معدنية للإله؟ على الأقل أوقف السيارة!

وكما قد تتصوَّر، شكوك والدي جعلَته في صراع مع العديد مِن المتديّنين التقليديِّين، فذات مرة ذهب لزيارة مكان مقدَّس، وكان هناك الكثير مِن الرجال المتديِّنين، وكان أحد الرجال يقف على ساق واحدة يصلِّي إلى الإله، كانت هناك لافتة تقول إنَّه كان يقف على هذه الساق لعدَّة أسابيع، ولَم ينطق بكلمة واحدة.

توجَّه إليه والدي وقال: "يا إلهي، لماذا أعطيتَ هذا الرجل رِجلًا ثانية؟ إنَّه لا يستخدمها، ولماذا أعطيتَ هذا الرجل فمًا؟ هو لا يستخدمه أيضًا".

انزعج الرجل كثيرًا وصاح: "كيف تجرؤ أن تقول مثل هذا الكلام؟! ثم نزلت الرجل الثانية.

على أي دين أنتَ؟

كثيرًا ما يسألني الناس عن معتقداتي الدينية، على أي دين أنتَ؟ يسألونني عادة وأجيب: "أولًا وقبل كلِّ شيء أنا إنسان".

في الحقيقة، لا أميل إلى الطريقة التي يتمُّ بها جعل الناس يحدِّدون أي نوعٍ مِن المتديِّنين هم، فبمجرَّد أن يجيب شخص ما عن سؤال "على أي دين أنتَ؟" تحت عنوان كبير (هندوسي، مسيحي، مسلم، يهودي، سيخي، بوذي، ملحد، ياني، طاوي، شنتو، بهائي، وما إلى ذلك) فإنَّ قفصًا مِن التوقُّعات الجامدة تحيط بهم، وبالتالي فما ينبغي أن يكون نقطة انطلاق يمكن أن تصبح المحادثة بين عقلَين مناجاة من الشخص الذي سأل: "على أي دين أنت؟"

على أي حال، أليس حريًّا أن نسأل: "لماذا أنتَ هنا؟"، لعلَّ ذلك يكون سؤالًا أكثر إثارة للاهتمام لطرحه على شخصٍ ما!

قد لا يكون مِن المفاجئ سماع أنَّ شعوري الديني أقرب إلى شعور والدي منه إلى شعور أمي.

إنَّ الصلة مع الخالق مهمَّة للغاية بالنسبة لي؛ فقد شكَّلَت كلَّ شيء في حياتي، على مرِّ السنين، صادفتُ العديد مِن الأشخاص مِن مختلف العقائد الروحية، وقد أثارني البعض منهم كأشخاص عميقي التفكير.

ذات مرَّة عندما كنتُ في آسيا، لاحظتُ أنَّ العديد مِن المعابد كانت على قمَّة الجبل، ولطالما تساءلتُ عن السبب، وسألتُ الناس هنا في الأسفل: "ألا يجدر أن تكون المعابد هنا في الأسفل أيضًا حتَّى نتمكَّن مِن الذهاب إليها بسهولة؟!

عظمة الخالق

هناك الكثير مِن القصص الرائعة مِن الهند حول الأمور الروحية، إليكم واحدة أحبُّها بشكل خاصّ، مِن زمن (أكبر) وبيربال.

ذات يوم، جاء شاعر إلى بلاط الإمبراطور (أكبر)، غنَّى الشاعر، ونظم شِعرًا جميلًا له، وأصبح الإمبراطور سعيدًا جدًّا لأسباب ليس أقلّها أنَّ الكلمات كانت تدور حول مدى عظمته.

أعطى أكبر للشاعر جوهرة؛ لذلك قام بعد بتأليف المزيد مِن السطور، وكانت هذه أفضل وأكثر مدحًا مِن الأبيات السابقة.

أغدق أكبر المزيد مِن الجواهر على الشاعر، وكانت كلُّ قصيدة جديدة تتحدَّث عن المزيد مِن الأشياء الرائعة عن الإمبراطور.

وجد الشاعر نفسه يقول لأكبر: "أنتَ الأعظم، أنتَ رائع، أنتَ لطيف جدًّا" وهكذا بدأ يقلق مِن أنَّه سيَنفد من المديح، ثمَّ في وقت متأخِّر مِن بعد ظُهر ذلك اليوم، صرخ قائلًا: "وأنتَ أعظم مِن الإله!"

ذهل الجميع في البلاط حتَّى هذه اللحظة، كان بلاط الإمبراطور يقول: "نعم، نعم، نعم" لكلِّ قصيدة جديدة؛ لأنَّهم لَم يرغبوا في مواجهة أكبر بأي شكل مِن

الأشكال، ولكن عندما قال الشاعر "أنتَ أعظم مِن الإله"، توقَّف الجميع في فزع، لَم يسعفهم الاتِّفاق مع ما قِيل.

نظر أكبر حول البلاط وقال: "هل أنا حقًّا أعظم مِن الإله؟"

لَم يجرؤ أحد على الحديث؛ لأنَّ "نعم" تعني قطع رأسك، و"لا" تعني قطع رأسك أيضًا.

ساد الصمت في البلاط، ثمَّ بدأ الناس في النظر إلى رجل البلاط الأكثر ذكاءً ودهاءً (بيربال)، لطالما كان هناك توتُّر بينه وبين المستشارين الآخَرين؛ لأنَّه كان ذكيًّا جدًّا، وكانوا يغبطونه على علاقته بالإمبراطور.

وأخيرًا تحدَّث أحد رجال البلاط قائلًا: "صاحب الجلالة، ربما يستطيع بيربال الإجابة عن هذا السؤال".

ردَّ الإمبراطور: "فكرة جيِّدة، بيربال، قل لي، هل أنا حقًّا أعظم مِن الإله؟"

فكَّر بيربال للحظة، ثم قال: "هل تأذن لي أن أردَّ غدًا؟"

بدا الإمبراطور نافد الصبر، لكنَّه قال: "نعم، لك ذلك".

في اليوم التالي، اجتمع البلاط، وتقدَّم بيربال، كان كلُّ رجال البلاط يشعرون بالعجرفة، وكانوا يقولون خِلسةً: "لقد انتهى أمره، إن هو قال نعم، فهو هالك، وإن قال لا فهو هالك".

قال الإمبراطور: "إذًا بيربال، هل تبيَّنتَ الأمر؟ هل أنا أعظم مِن الإله؟"

قال بيربال: "جلالتك، لا أعرف ما إذا كنتَ أعظم مِن الإله، لكنَّ هناك شيئًا واحدًا يمكِنك فِعله، ولكن لا يمكن أن يفعله الإله".

فذهل الإمبراطور: "ماذا؟! هناك شيء يمكنني فِعله والإله لا يستطيع فعله؟!

قال بيربال: "إذَا أردتَ طرد شخص ما مِن مملكتك يمكنك ذلك، ولكن إذا أراد الإله طرد شخصٍ ما فأين سيَذهب؟"

وهذا هو الحال بالنسبة لنا جميعًا، حتَّى في أنفسنا، الجميع – بغضِّ النظر عن معتقداتنا وأفعالنا وتربيتنا – مرحَّب به في ملكوت الإله، لا يطرد أحد مِن هناك.

السلام

هذا عالَم كبير يعجُّ بالبشر، كلٌّ لدَيه أفكاره الخاصَّة حول ماهيَّة هذه الحياة، وماذا تعني، وكيف نشأَت.

الآلاف مِن الحضارات سادت وبادت، ونأمل أن يكون هناك المزيد مِن الحضارات القادمة.

كلُّ ثقافة لها نهجها الخاص فيما يتَّصِل بالإيمان، ولكن هناك دائمًا فرصة للسلام الداخلي للوجود في وئام مع المعتقَد الديني، وغالبًا ما تتحدَّث الأديان عن الجنة هناك في الأعلى، وأنا أتحدَّث عن الجنة هنا في الأسفل، بالنسبة لي، هذا هو المكان الذي نجد فيه السلام أولًا.

بالنسبة لي، إنَّ الشعور بالسلام يشكِّل تجربة رائعة حقًّا أسبغَتِ النعمة والبركة على حياتي، أعرف كثيرين آخَرين يشعرون هكذا حيال تجربتهم الخاصة في السلام الداخلي، لكنَّ الاتصال الداخلي يمكن أن يتملَّص منَّا في بعض الأحيان.

وقد يتبدَّدِ السلام ويتلاشى عن الأنظار حالما يحرّف انتباهنا الضجيج خارج وداخل أذهاننا.

عقلنا يصرفنا عن صفاء قلوبنا، لكن كلُّ واحدٍ منَّا يستطيع أن يرى ويحسَّ بالسلام عندما ننكفئ على الداخل، وهذا يذكِّرني بقصة، وهي أيضًا تذكرة لنا بأنَّه حريٌّ بنا أن نعرف أنفسنا حقًا وألَّا نقتاد لتوقُّعات أذهاننا.

في أعالي التلال انتصبَت هناك قرية، وكانت مكانًا عتيقًا حقًّا، لَم تكن هناك كهرباء ولا تكنولوجيا، ولَم يزرها سوى عدد قليل جدًّا مِن الناس، وفي الوسط كان هناك منزل جميل تعيش فيه امرأة ورجل.

كان منزلًا سعيدًا وبسيطًا، كان للرجل غرفة كرَّسها لنفسه، وكان يذهب إليها كلَّ يوم، وكان يقيم الصلاة لمدة ساعة أو نحو ذلك.

ذات يوم مرَّ عابر سبيل بالجوار – وهذا أمر نادر الحدوث – كان في حاجة إلى قسط مِن الراحة لالتقاط الأنفاس بعد الصعود الشاقِّ للتلِّ؛ لذلك ترك حقيبته خارج باب المنزل، وذهب إلى النهر المجاور.

خرج ربُّ البيت ورأى هذه الحقيبة الغريبة ففتَحها، وجد فيها ملابس وبعض الأحذية، ثمَّ وجد مِرآة، وهي أوَّل مرة يراها على الإطلاق.

أخذ المرآة مِن الحقيبة، ونظر إليها، وقفز إلى الوراء مِن شدَّة الصدمة، ثمَّ دخل في حالة عميقة مِن النعيم؛ لأنَّه في المرآة رأى ذلك الوجه الذي كان يدعو له على مرِّ هذه السنين، لطالما تخيَّل أنَّ صورة مرشده تشبه والده، والآن تيقَّنَ أنَّ هذا صحيح.

أخذ الرجل المرآة، ووضعها على المنضدة في غرفته، والآن بعد أن تمكَّن مِن رؤية شكل الإله الذي كان يصلِّي مِن أجله، بدأ بالصلاة والدعاء لساعات متتالية، ليلة بعد ليلة.

سرعان ما لاحظَتِ الزوجة أنَّ زوجها يقضي المزيد مِن الوقت في غرفته، فشعرَت بالريبة، وأخيرًا خطرَ لها أنَّ زوجها عثر على امرأة أخرى فأخفاها؛ لذلك في

أحد الأيام وبينما هو خارج البيت، دخلَت غرفته خلسةً، وبالطبع رأتِ المِرآة لأوَّل مرَّة على الإطلاق، فكاد يغمى عليها مِن هول الموقف، وقالت في نفسها: "لا عجب أنَّه يبقى معتكفًا بالغرفة، إنَّه يحبُّ هذه المرأة الجميلة الموجودة في المِرآة!"

انتابَتها نوبة مِن الغضب، فالتقطَتِ المرآة، وأخذَتها إلى الكاهن، كان الكاهن في المعبد، وكان ذا شعر طويل يتخلَّله كثير مِن الشيب، وذا لحية طويلة، وعينين مشعَّتَين، وابتسامة مشرقة.

روَتِ الأمر كلَّه إلى الكاهن الذي كان يُصغي إليها باهتمام، لَم يسبق للكاهن أن رأى مرآة قط، أخذها منها، ونظر إليها عن كثب، وقفز فرحًا وصرخ: "هذا هو الإله الذي كنتُ أصلِّي له كلَّ يوم"، ودخل معبده، ووضع المرآة في وسط المحراب.

عندما ينظر الرجل والمرأة والكاهن إلى المرآة، فإنهم لا يتعرَّفون على أنفسهم، بل يرون معتقداتهم، لماذا؟ حسنًا، إذا كنتَ لا تعرف نفسك، لا يمكنك أن ترى مَن أنتَ حقًّا!

الراهبان

إليكم قصة أخرى تنطوي على الفَرق بين شخص يعيش حياة مؤمنة بطريقة منفتحة عقليًّا ووجدانيًّا، وبين شخص يحمل العقيدة حيثما ذهب، فكما هو الشأن مع العديد مِن القصص، هناك الكثير مِن الروايات والتلوينات لهذه القصة، وهذه هي النُّسخة المفضَّلة لدَيَّ.

كان راهبان يمشيان إلى ديرهما، فاعترض طريقهما نهر، وكان ذاك هو طريقهما الوحيد للعودة إلى المنزل، وبالتالي عليهما عبوره.

لَم يكن هناك أي جسر، فأدركا أنَّهما سيُضطرَّان إلى الخوض في الماء، لكن النهر عميق والتيار قوي.

ثمَّ رأى الراهبان امرأة جميلة تقف على ضفة النَّهر وتذرف الدموع، اقترب منها أحد الراهبَين وسألها: ما خطبُكِ؟

أجابت: "أنا بحاجة للوصول إلى قريتي، لكنَّ النهر مضطرب، أخشى أن يجرفني التيار بعيدًا، لكن عليَّ أن أعبر".

فردَّ الراهب: "لا مشكلة، سأصطحبكِ".

ثمَّ رفعها ووضعها على كتفَيه، ومشى بها عبر النهر، وعلى الجانب الآخَر وضعها على الأرض.

شكرَته وباركها، وتابعَ الراهب الآخَر النهر، واتَّجه كلاهما نحو ديرهما.

بقي الراهب الذي لَم يساعد صامتًا طوال الطريق تقريبًا، حتَّى وصلَا إلى جدران الدير، وفجأةً قال: "ما فعلتَه كان غير لائق! كيف يمكن لراهب أن يضع شابَّة على كتفَيه هكذا؟! كيف تجرؤ على فِعل ذلك؟! ظننتُ أنَّكَ تخلّيتَ عن الدنيا!"

نظر الراهب الذي ساعد المرأة إلى الراهب الآخَر وقال: "أتعلم، لقد حملتُها على كتفي فقط مِن جانب واحد مِن النهر إلى الجانب الآخَر، أمَّا أنت فقد حملتَها طوال الطريق إلى غاية الدير".

دعوات الامتنان

إنَّ الطرفة التي أتيتُ على ذِكرها في مستهلِّ هذا الفصل تسلِّط الضوء على التوتُّرات التي يمكن أن تحدث عندما تصطدم التوقعات بالحياة اليومية.

أعرف مِن خلال التحدُّث إلى العديد مِن الأصدقاء أنَّ الإيمان يمكن أن يتحمَّل الاختبارات الصعبة، أولئك الذين يشعرون أنَّهم يعرفون إلههم بدلًا مِن مجرَّد الإيمان به غالبًا ما يبدُون مرنين بشكل خاص في مواجهة مثل هذه المساءلات.

يمكن للقلب أن يكون أقوى مِن العقل في مواقف معيَّنة، كما أنَّني أفهم تمامًا لماذا يلجأ الناس إلى الصلاة عندما يواجهون ظروفًا صعبة – في حالة الطرفة عندما أحسَّ ذلك الرجل اليائس بالرغبة البديهية في البقاء على قيد الحياة – أشعر أنَّه يجب أن نستحضر حتى عندما تسير الأمور على ما يرام.

بالنسبة لي، الدعاء الحقيقي هو عندما نتقدَّم بالشكر، وليس فقط بطلبات شخصيَّة، عندما تنظر في حالة حرب سترى جنودًا على الجانبَين يصلُّون مِن أجل النصر، وفيما يلي قصة قصيرة عن الصلاة.

ذات يوم كان شابٌّ يقود دراجة هوائية لحضور مقابلة عمل مهمَّة، عندما مرَّت دراجته فوق صخرة حادَّة وتعرَّضَت لثقب "هذا فظيع"، قال الرجل: "ما لَم أتمكَّن مِن إصلاح هذا الإطار فلن أحصل على الوظيفة"، وبدأ بالدعاء مِن أجل حلٍّ لمشكلته.

وفي الجانب الآخَر، كان هناك شابٌّ آخَر جالسٌ خارج ورشة تصليح دراجته، "هذا فظيع، ما لَم نحصل على زبون اليوم سأفقد عملي"، وبدأ بالدعاء.

كما ترى، فإنَّ مصيبة شخصٍ ما يمكن أن تستجيب لدعاء شخص آخَر، لكنَّ الشكل الأعمق والأقوى للدعاء هو عندما نشكر ببساطة على ما هو موجود وليس على ما قد يكون.

في تجربتي الشخصية، يتمُّ دائمًا الاستجابة لدعوات الامتنان، فعندما نتقدَّم بالشكر الجزيل على نعمة الحياة التي منحنا إيَّاها، فهذا تعبير رائع عن السلام بداخلنا، صوت قلبنا جاهز للغناء بكلِّ امتنان وتقدير لكلِّ ما هو جيد وصحيح في حياتنا.

إليك مفارقة سارة، الامتنان يجعلنا نشعر بالكمال، لكن لَدينا دائمًا القدرة على المزيد، لدينا جميعًا قدرة غير محدودة على السلام والبهجة والحب، أليس هذا رائعًا؟

هناك أغنية جميلة للقديس الهندي سوامي براهماناند Swami Brahmanand مِن القرن الثامن عشر تعبِّر عن روح الامتنان، ينشد قائلًا:

إنَّه إبداع رائع قمت بإنشائه مِن مجرَّد فكرة أنشأت هذه المسرحية،

لقد خلقت روعة بدون قلم أو ورق أو لون في كلِّ ما أرى وجهًا،
مِن وجه واحد صنعت الكثير،
مِن قطرة ماء خلقت كلَّ الكائنات داخل كلِّ معابد القلب،
جعلتَ بيتك بدون أعمدة وعوارض،
فأنت تدعم هذا الخلق
بدون أرض قمتَ ببناء قصر ساحر
بدون بذرة أنبتَّ غابة كاملة
أنت تقيم مع كلِّ شخص وإن كنتَ مخفيًّا
قلب براهماناند مليء بفرح هائل
عندما يدلُّني أستاذي عليك أنت الخفي.

يا له مِن تقدير بليغ لما في داخلنا!

نخلق الجنة هنا

مهما كانت معتقداتك، هناك جنَّة على الأرض الآن، جنة لتعتزَّ بها وتستمتع بها بكلِّ طرقها التي لا تعدُّ ولا تَحصى.

ما هي الجنة؟ الجنة هي المكان الذي تشعر فيه بالرضا، كيف تشعر بالجنة؟ إنه شعور سماوي.

نحن نحسُّ بهذه الجنة عندما نفتح أعيننا وقلوبنا نحوها، عندما نشعر بها هنا والآن، عندما نقرُّ بجمال الوجود على هذا الكوكب هنا واليوم، عندما يُولَد طفل ويزِن سبعة أرطال، هل يزيد وزن الأرض بسبعة أرطال؟ لا، وعندما يموت نفس الشخص كشخص بالغ يزن مائتَي رطل، هل تصبح الأرض أخفَّ بمائتَي رطل؟ لا، هذا هو المكان الذي نحن فيه، هذه الأرض.

إليكم قصة تشرح ما أقوله عن الجنَّة والجحيم:

كان على الملك خوض حرب، وكان يعلم أنَّه سيكون في طليعة المعركة وفي الجبهة الأمامية، على عكس بعض قادَتنا السياسيِّين الذين يُسرِعون في بدء شرارة الحرب، ويتفادَون الصفوف الأمامية في القتال.

يعرف هذا الملك أنَّه يخوض حربًا دمويَّة، ظلَّ يفكِّر طوال الليل: "قد أموت، وإذا متُّ فهل سأذهب إلى الجنة أم سأذهب إلى النار؟ ولكن ما هي الجنة؟ وما هو الجحيم؟

استمرَّ هذا طوال الليل.. في الصباح تمنطق الملك بدرعه، وامتطى صهوة حصانه، واصطفَّ وجيشه خلفه، وسار باتِّجاه ساحة الوغى.

طوال ذلك الوقت كان جزء مِن عقله يدور حول تلك الأسئلة: ما هي الجنة؟ ما هو الجحيم؟

وبينما كان يمتطي جواده، رأى رجلًا حكيمًا ومبجَّلًا يسير في الاتجاه الآخَر، ركض نحو الحكيم، وقال له: توقَّف، أريد أن أسألك سؤالين، ما هي الجنة؟ وما هي النار؟

ردَّ الحكيم قائلًا: "أنا في عجلة، ليس لديَّ وقت لأجيبك".

قال الملك غاضبًا: "هل تعرف مَن أنا؟ أنا الملك! ليس لدَيك وقت لحاكمك؟ كيف يكون هذا؟" فازداد غضبًا.

نظر الرجل الحكيم إلى الملك ثم قال: أيها الملك، أنت الآن في جهنم.

أخذ الملك لحظة للتفكير في هذا: "حسنًا، إنَّه على حق، إنَّه حكيم حقًّا".

نزل مِن على حصانه، وجثا على ركبتيه وقال: "شكرًا لك. فتحتَ عيني، شكرًا جزيلًا لك".

نظر إليه الحكيم وقال: "أيها الملك، أنت الآن في الجنة"!

كما ترى، كلُّ ما قاله كان ثلاثة أشياء، لكنه أجاب على أكبر سؤال للملك،

أين كان فضول الجنة والنار؟ في داخله، أين كان هذا الجحيم؟ في داخله، أين كانت هذه الجنة؟ في داخله.

عندما يكون هناك ارتباك وغضب وخوف، فأنت في الجحيم. عندما يكون هناك وضوح وامتنان، فأنت في الجنة، هذا هو الحال.

العيش في الجنَّة

عندما نقدِّر أهميَّة كلِّ لحظة وروعتها، نقترب مِن فَهم ماهيَّة الخلود، اللحظة الحالية خالدة لأنَّنا دائمًا فيها.

نحسُّ بالجنَّة على الأرض عندما نعيش بوَعي في كلِّ لحظة، ونحقِّق ذلك مِن خلال إدراكنا أنَّنا نَنعم بالوجود.

ذروة الوجود هي حقًّا الاستمتاع بالسلام الداخلي، هذه هي التجربة الأكثر سماويَّة بالنسبة لي.

إنَّ جنَّة السلام الداخلي هي غاية في حدِّ ذاتها، ولكن هذا الشعور بالإنجاز يمكن أيضًا أن يصنع جنَّة للعالم مِن حولنا.

عندما تعيش في سلام، فإنَّ رؤية أولى التحرُّكات اللطيفة لشروق الشمس هو أمر سماوي منبعِث مِن الجنَّة.

أن تشعر بدفء الشمس وهي تشرق، وتجلب النهار وكلَّ المقدَّرات، هو أمر سماوي منبعِث مِن الجنة.

سماع جوقة الفجر مِن الطيور، وهي تغني لفرحة قلوبها، هو أمر سماوي منبعِث مِن الجنة.

رؤية أشعَّة الشمس ترقص على المحيط هو أمر سماوي منبعِث مِن الجنة.

رؤية حوت يتحدَّى الجاذبية لبضع ثوانٍ بهيجة هو أمر سماوي منبعِث مِن الجنة.

شمُّ رائحة سحابة مِن الروائح تتصاعد مِن حديقة غير دافئة هو أمر سماو ي منبعِث مِن الجنة.

أن تشعر بنسمة عليلة تلامس وجهك هو أمر سماوي منبعِث مِن الجنة.

أن تشرب ملء حاجتك مِن الماء المثلَّج في يوم حارٍّ هو أمر سماوي منبعِث مِن الجنة.

أن تأكل أحلى فاكهة مباشِرة مِن الشجرة المثمرة هو أمر سماوي منبعِث مِن الجنة.

أن ترى غروب الشمس تنسحب بلطف في الأفق، وتودِّع اليوم لتوجّهنا نحو الراحة، هو أمر سماوي منبعِث مِن الجنة.

أن تعرف أنَّ هناك دائمًا شروقًا وغروبًا للشمس يحدثان في مكانٍ ما على هذه الأرض الجميلة، هو أمر سماوي منبعِث مِن الجنة.

أن ترى أشكال الأرض التي رسمها ضوء القمر الناعم، هو أمر سماوي منبعِث من الجنة.

أن تسمع نداء البومة في الغابة المظلمة، هو أمر سماوي منبعِث مِن الجنة.

أن ترى النجوم وهي تنطلق في السماء بشكل مفاجئ، هو أمر سماوي منبعِث مِن الجنة.

أن ترى شخصًا تحبُّه وهو يبتسم، هو أمر سماوي منبعِث مِن الجنة.

أن تشعر بأنَّك مغمور هو أمر سماوي منبعِث مِن الجنة.

هذه المشاعر هي بهجة الحياة نفسها، ليست خطوات على طريق شيء آخَر، بل نعيم الوجود الخالص.

إنَّها موجودة لنتذوَّقها جميعًا أينما نعيش، ومهما كان عصرنا، ومهما كان معتقدنا، وأيًّا كنَّا.

هذا ما تشعر به عندما تكون في الجنة، إذًا ما هو الجحيم؟ إنَّه عندما لا نكون في الجنة.

الفصل 11

كُنِ الذَّات الكونية مِن خلال اللطف

ذات يوم في دهرا دون، عندما كنتُ في الثانية عشرة مِن عمري، وصلتُ إلى المنزل مِن المدرسة، ولاحظتُ عربة نقل غريبة متوقِّفة خارج منزلنا، تمَّ تصنيعها مِن قِبَل كومر Commer، وهي شركة تصنيع بريطانية؛ لذلك تميَّزَت عن جميع السيارات الهندية الصُّنع التي اعتدنا على رؤيتها في حينها.

لَم يسبق لأحد مِن عائلتي أن غادر الهند؛ لذا كان وصول هذه السيارة الأجنبية إلى شارعنا أمرًا مثيرًا للاهتمام.

كنتُ يومذاك من أشدِّ المعجبين بالبرنامج التليفزيوني The Twilight Zone، الذي كان يدور حول ألغاز الخيال العلمي، ومخلوقات الكواكب الخارجية والتشويق وما شاكل؛ لذلك ذهبَت مخيِّلتي إلى التضخيم والمبالغة. فمَن قد يكون داخل السيارة؟ ولماذا هم هنا؟

كان يراودني الكثير مِن الفضول عندما كنتُ طفلًا، وكنتُ واثقًا جدًّا مِن نفسي أيضًا؛ لذلك مشيتُ مباشرةً إلى السيارة، وفتحتُ أبوابها، ثمَّ ذهلتُ لما رأيتُ، كان

الجزء الخلفي مِن السيارة مليئًا بأشخاص شاحبي الوجه، يجلسون بهدوء، ويرتدون ملابس غير عادية.

قد يقول قائل اليوم بكلِّ بساطة: "هناك بعض الهيبيز Hippiesفي السيارة!" ولكن في ذلك الحين كان كلُّ شيء تقريبًا عن هؤلاء الزوَّار جديدًا بالنسبة لي.

كانوا يرتدون مزيجًا غريبًا مِن الملابس الغربية والهندية، وكان لدَيهم جميعًا شعر طويل، بما في ذلك الرجال.

بالنسبة لي كان هذا مشهدًا رائعًا، لكن هذا لَم يكن شيئًا مقارنةً بالرائحة، فقد خرجت مِن السيارة برائحة كثيفة مِن أجسام متعرِّقة وبخور ومكوِّنات أخرى مِن الواضح أنَّها اختلطَت معًا في رحلة طويلة وساخنة.

رجعتُ خطوة إلى الوراء، وحاولتُ أن أفهم ما أبلغَتني به عيني وأنفي.

نظر إليَّ أحد الرجال عن كثب، ثمَّ هزَّ أصابعه بعلامة التحية، ردَدتُ بنصف تحيَّة، لكنَّ عقلي كان لا يزال يعالِج المشهد.

ببطءٍ أفسحت غرابة اللقاء المجال لإحساس جميل إلى حدٍّ ما: "حسنًا، هناك بعض الغرباء هنا مِن الواضح أنَّهم مختلفون تمامًا عنَّا، لكنَّهم يبدون كبشر ودودين".

بعد لحظات قليلة تحدَّثتُ إلى هؤلاء الرجال والنساء، واتَّضَح أنَّهم جاؤوا لرؤيتي، لقد أرادوا مقابلة هذا الطفل الذي يتحدَّث مِن القلب عن السلام الداخلي.

خلال الأيام القليلة التالية، سألوني العديد مِن الأسئلة، وأجبتُ بأفضل ما أستطيع، ومع تطوُّر الحوار، نمَا فيما بيننا الاحترام المتبادَل، تمَّ طرح أسئلتهم باللغة الإنجليزية، لكنَّها لَم تكن مختلفة حقًّا عن تلك الأسئلة التي يطرحها الهنود طوال الوقت.

عبور الحاجز

بقي الزوّار الغربيُّون لفترة مِن الوقت، وانضمَّ إليهم المزيد مِن الغربيّين، وبدأنا في التعرُّف على بعضنا البعض بشكل أفضل قليلًا كلَّ يوم.

كان بعض الراشدين في عائلتي وحولها أقَلَّ انفتاحًا على عبور الحاجز الثقافي ممَّا كنتُ عليه، لقد نظروا إلى الغرباء على أنَّهم مصدر للقذارة، وأنا لا أعني بقذارتهم أنَّهم بحاجة إلى استحمام جيِّد بعد قضاء وقت في الجزء الخلفي مِن تلك السيارة، بل أعني أنَّهم كانوا يُنظَر إليهم على أنهم نجِسون روحيًّا.

وفي ذلك الوقت - في الستينيَّات - كان الكثير مِن الهنود فخورين بأنَّ الناس مِن الغرب بدؤوا في زيارة بلادهم، لكنَّهم كانوا متوجِّسين إلى حدٍّ ما منهم أيضًا، فأن تسمع عن قصص الأجانب أمرٌ مختلف تمامًا عن مخالطتهم.

وذات يوم، دخلَتِ امرأة أمريكية مِن مجموعة الزوار الأجانب إلى مطبخ عائلتنا لتطلب الطعام، فطُلِب منها بحزم وأدب مغادرة المكان، بعدها كان يجب تنظيف المطبخ برمَّته لاسترجاع طهارته.

وكان الأمر كما لو أنَّ شخصًا مِن طبقة دنيا - شخصًا يُعتبَر نجِسًا لأنَّه ينتمي إلى مجموعة مِن الطبقات الدنيا، أو مِن خارج نظام الطبقات تمامًا - قد دخل علينا.

لقد صُدِمتُ حقًّا بالطريقة التي عومِلَت بها تلك المرأة، قلت: "لكنَّها مجرَّد إنسان، وقد دخلَت فقط لطلب الطعام، فلنقدِّم لها بعض الطعام!"

لكن الردَّ كان واضحًا: "لا، هذا لا يمكن أن يحدث".

وقد كان هناك شيء فهمتُه بوضوح بعد بضع سنوات عندما ذهبتُ إلى جنوب إفريقيا، وهو أنَّ الأشخاص الذين يشعرون بالنقص غالبًا ما يبحثون عن طرق لإثبات وفرض شخصيَّتهم على الآخَرين، يشعر البعض أنَّه مِن خلال التحكُّم في الآخَرين فإنَّهم يرفعون مِن شأنهم، لكنَّ هذا ليس أكثر مِن حالة سخيفة مِن تضخُّم الأنا، وهو دائمًا مآله إلى الفشل في آخِر المطا ف.

إنَّ أفضل طريقة للتعاطي مع الشعور بالدونية هو الرفع مِن مستوى الاحترام والحبِّ الذاتي، وليس إسقاط الصفات السلبية على الآخَرين، فعندما نضع أنفسنا في الصدارة، فإنَّ الرغبة في الإضرار تتبدَّد.

لقد عبَر الزوَّار الغرباء في سيارة كومر – وبعضهم أصبحوا أصدقائي مدَى الحياة – الكثير مِن الحواجز المادية في رحلتهم للوصول إلى الهند، لقد مرُّوا ببعض التجارب المثيرة للاهتمام في أفغانستان وباكستان كما يمكنك أن تتخيَّل، وتبدو هذه الرحلة غير واردة تقريبًا في الوقت الحالي، أو على الأقَلِّ غير حكيمة إلى حدٍّ ما.

وقد بدأ الغربيُّون يُقبِلون على ارتداء (الدوتي)، وهي قطعة قماش ملفوفة حول الساقين ومربوطة عند الخصر بدلًا مِن السَّراويل، و(الكورتا) قميص فضفاض بدون ياقة يمتدُّ حتَّى الركبتَين بدلًا مِن القمصان على النمط الغربي.

وحتَّى أكون صادقًا، كنتُ أشعر أنَّهم يبدون مضحكين إلى حدٍّ ما في تلك الملابس المحلية، لكنَّهم أحبُّوها.

في ذلك الوقت عندما كنتُ أسافر للتحدث في بعض الأنشطة، كنتُ أرتدي (الدوتي والكورتا) أيضًا، لكن في المدرسة كنتُ أرتدي كلَّ يوم زيًّا رسميًّا مِن السراويل والسترة والقميص الغربي وربطة العنق؛ لذلك في معظم الأوقات كان الغربيُّون يرتدون الزيَّ الهندي، وكان أطفال المدارس الهندية يرتدون الزيَّ الغربي!

عندما سافرتُ إلى إنجلترا مع بعض أصدقائي الجدد، أدركتُ يومئذٍ كيف يمكن أن تكون ثقافتان مختلفتان.

كانت هذه هي المرة الأولى التي أذهب فيها إلى الخارج؛ لذلك كان مِن المحتّم أن أشعر بالغرابة، كان كل شيء غريبًا عنّي، كل شيء.

أتذكَّر أنَّه بعد وصولي بفترة وجيزة، خطرَت ببالي فكرة واضحة، وهي أنَّني لَم أعُد في الهند، في الواقع لَم يكن الأمر مجرَّد شيء، لقد كان شعورًا عميقًا بمدى بُعدِي عن المنزل، كان ذلك في يونيو 1971، وما لَم أكن أعرفه حينها هو أنَّني لن أعود إلى الهند حتى نوفمبر.

في اليوم الذي وصلتُ فيه إلى لندن، ذهبتُ إلى منزل تمَّ تأجيره لي، واستحمَمتُ، ثمَّ نزلتُ إلى الطابق السُّفلي، جلستُ على الأريكة في محاولة للتخلُّص مِن إرهاق السفر، كنتُ محاطًا بمجموعة مِن الأشخاص الجالسين على السجادة، معظمهم لَم أقابلهم مِن قَبل، كانوا ينظرون إليَّ وكنتُ أنظر إليهم، لَم يتمَّ تبادُل كلمة واحدة في البداية، وبعد ذلك بدأنا نتحدَّث بلُطف إلى حدٍّ ما، وكان الترحيب بهم دافئًا حقًّا.

منذ تلك الأيام الأولى في إنجلترا، آلَيتُ على نفسي احترام الناس في البلد الذي أعيش فيه.

كان هذا شيئًا مهمًّا في حياتي، كما كنتُ في العديد مِن الأماكن لمشاركة رسالة السلام أحمل ثقافتي الخاصة، لكنَّني أريد دائمًا احترام ثقافة البلد الذي أتواجد فيه.

أسافر حول العالم، لكن الوطن الآن هو الولايات المتحدة كمهاجر هنا، أردتُ أن أصبح جزءًا مِن الثقافة المحلية، وأن أضيف إليها أيضًا، أشعر أنَّه مِن المهمّ حقًّا أن يحاول المهاجرون تحقيق هذا التوازن بشكل صحيح.

إنَّ قضية المهاجرين الذين يحقِّقون التوازن الصحيح مستمرَّة منذ قرون، عندما جاء الفرس إلى الهند بحثًا عن مأوى، واجَهوا مقاومة، شعرَ بعض السكان المحليّين أنَّ البلاد كانت ممتلئة بالفعل، وأنَّ هناك بالفعل طلبات كثيرة للغاية على مصادر الغذاء والمياه.

دعا الملك الذي استقبَل مجموعة مِن كبار الفرس إلى إحضار كوب مِن الحليب إليه مع إبريق صغير.

عرض كأس الحليب على الفرس وقال: "نحن ممتلِئون مثل هذا الكوب، إضافة المزيد سيؤدِّي إلى الانسكاب".

ثمَّ سكبَ بعض الحليب الإضافي مِن الإبريق في الكوب، مِمَّا تسبَّب في فائض الحليب وانسكابه على الأرض.

حينئذٍ تقدَّم رجل فارسي حكيم، وأخذ الزجاج مِن الملك بأدب، وأخرج مِن جيبه بعض السكر، وخلَطه في الحليب، وقال: "الآن أصبح الحليب أكثر حلاوة، ولَم يضِع شيء مِن الكوب، سنضيف إلى مجتمعك، ولن نسلبه".

البحث عن الاختلافات

عندما أقود طائرة، أقوم أحيانًا بإصدار إعلان من قبيل: "إذا نظرتم إلى النوافذ الآن، فسترَون الحدود بين بلد كذا وبلد كذا أسفلنا مباشرةً".

بالطبع أختار دائمًا حدًّا لا يمكنك رؤيته. يبدأ الناس في النظر بجدية إلى الأرض، ثم يدركون أنه لا يوجد حاجز مرئي على الإطلاق، مجرد امتداد لسلسلة جبال أو صحراء أو حقول أو محيط. إذًا نحن نبحث دائمًا عن الاختلافات والانقسام.

حاول التحدُّث عن الحدود لنملة، يقوم بعض أصحاب المنازل بنصب سياج خارج منزلهم، ومع ذلك سوف تستمرُّ النملة في الانتقال مِن جانب إلى آخَر طوال اليوم ذهابًا وإيابًا.

جرِّب التحدُّث عن الحدود لطائر، "أهلًا يا صاحب الأجنحة، أين جواز سفرك؟"

إنَّ ا لغربان والنحل والفراشات لا تعرف ولا تعترف بحدود، كما لا تعترف بها الأسماك والدلافين والحبَّار، وكذا السحب والريح والماء.

منذ نعومة أظفارنا نتعلَّم الاختلافات بين الناس، وننمو لنؤمن بها، "نحن مِن هنا، وهذا يعني أنَّنا مثل هذا وهذا، إنَّهم مِن هناك، وهذا يعني أنَّنا مثل هذا وهذا"، ومع ذلك فإنَّ الاختلافات بين الناس غالبًا ما تكون ظاهريَّة فقط.

قد يقول رجل هندي: "طعامنا فريد مِن نوعه، انظر إلى الشباتي الرائعة لدَينا".

فيما يقول إيطالي: "طعامنا فريد مِن نوعه، انظر إلى المكرونة الرائعة لدَينا".

لكن مِمَّ صُنِعَت هذه المكرونة؟ ومِمَّ صُنِعَت شباتي؟ إنَّهم يأكلون نفس الشيء معدًّا بطرق مختلفة قليلًا، ما مِن فرق كبير!

إذا خضع شخص ما لعملية جراحية في قلبه، فهل سيقوم الأطباء بإجراء عملية مختلفة وفقًا لعرق الشخص؟ لا يذهب الأطباء إلى كلية الطب لتعلُّم كيفية علاج الناس وفق لونهم.

لدينا الكثير مِن القواسم المشتركة، يمكن قول "أنا عطشان" بعدَّة لغات، لكنَّها تعني دائمًا شيئًا واحدًا.

كثيرًا ما يسألني: "مِن أين أنتَ؟" ويجب أن أبتسم، ماذا أقول؟ "أنا مِن نفس المكان الذي أنتَ فيه (الأرض)!"

أحيانًا ينظر إليَّ السائل كما لو أنَّني معتوه، لكنَّني أقول الحقيقة فقط، عندما أذهب إلى المكسيك يعتقد النَّاس أنَّني مكسيكي، عندما أذهب إلى ماليزيا يعتقدون أنَّني ماليزي، وهذا يحدث لي في العديد مِن الأماكن الأخرى أيضًا، المكان الوحيد الذي تمَّ فيه توقيفي والتعامل معي فيه كأجنبي مشتبَه به هو الهند!

كنتُ ذاهبًا لرؤية أختي عندما كانت تعيش في منطقة في الشمال، لَم يرغب الجيش في دخول الأجانب؛ لذلك عند المعبر نظر إليَّ جندي وطلب رؤية جواز سفري.

قلتُ: "لكنَّني هندي!"

خرج الضابط ليرى سبب الجلبة، وتعرَّف عليَّ على الفور، ضحك والتفت إلى الجندي: "نعم، إنَّه هندي".

قد تكون الأحكام الصعبة التي عادةً ما يتَّخِذها الأشخاص المنفتِحون تجاه الآخرين كونهم مختلفين مثيرة للدهشة، فذات مرَّة في الأرجنتين كنت أعرف مجموعة مِن الناس

على تقنيات معرفة الذات (المزيد عن ذلك في الفصل 12)، وجاء أحد الميسّرين الذين يعملون معي وقال: "هناك شخص هنا لا ينبغي أن يتلقّى المعرفة".

سألتُه: "لِمَ لا؟"

قال: "لأنّها أخبرتني للتوّ أنّها عاهرة.

أجبتُه: "إذا كانت عاهرة وأنتَ مستاء، فلا تضاجعها، فما علاقة ذلك بإعطائها المعرفة؟"

الاتصالات الحقيقية

عندما نتراجع عن الأفكار والمفاهيم في أذهاننا، ماذا يخبرنا قلبنا عن إخواننا مِن البشر؟ صحيح أنَّه يمكنك مواجهة الكراهية في العالم، وكذلك الأنانية والحسد والتحيُّز وما إلى ذلك.

فبعض الناس يعيشون حياتهم خالية مِن الوعي، وعواقب ذلك يمكن أن تضرَّ بهم وبالآخَرين، ولكنَّ هناك أيضًا مليار عمل طيِّب كل يوم لا يتمُّ الإبلاغ عنه، الكرم والإبداع والوداعة والتفاهم، تحدث أشياء رائعة كثيرة فينا ومِن حولنا.

بدلًا مِن أن نكون مثاليِّين أو متشائمين بشأن الطبيعة البشرية، نحتاج إلى أن نكون واقعيِّين.

الحقيقة هي أنَّنا جميعًا لدَينا الخير والشر، لقد رأيتُ ظلامًا لا يُصدَّق في عيون الناس، ظلامًا لا نهاية له على ما يبدو مع عدم وجود وميض مِن الضوء في أي مكان، وقد رأيتُ ضوءًا لا يُصدَّق في عيون الناس - بريق أمل وفرح وحب - حتَّى في الأشخاص الذين يمرُّون بأوقات عصيبة.

لدَينا جميعًا إمكانيَّة كلٍّ مِن الظلام والنور، ويعيشان جنبًا إلى جنب في داخلنا.

كل ما أعتبره جيِّدًا في داخلي ليس بعيدًا عن كلِّ ما أكرهه، الحب ليس أبدًا بعيدًا عن الكراهية، الوضوح ليس أبدًا بعيدًا عن الارتباك، النور ليس بعيدًا عن الظلام أبدًا، كلُّ ما يتطلَّبه الأمر هو نقرة واحدة فقط على مفتاح لتحويل النور إلى ظلام والظلام إلى نور.

لا داعي للقلق بشأن إزالة الظلام مِن حياتنا، ركِّز فقط على جلب النور، لا داعي للقلق بشأن إزالة الارتباك مِن حياتنا، فقط ركِّز على جلب الوضوح، لا داعي للقلق بشأن إزالة الكراهية مِن حياتنا، فقط ركِّز على جلب الحب.

هناك العديد مِن الصفات بداخلنا، إنَّها الصفات التي نختار التصرُّف بناءً عليها أو التعبير عنها التي تحدِّد الكثير عن حياتنا، هذه القدرة على الاختيار هي جزء أساسي مِن التجربة الإنسانية.

ترتكز إنسانيَّتنا على قدرتنا على الاختيار؛ لذلك ذات مرة كان هناك رجل، وكان طبيعيًّا في كل جانب باستثناء جانب واحد، كان يعتقد أنَّه كان حبَّة قمح، لَم يشكِّل هذا مشكلة كبيرة حتَّى رأى الدجاج، كلَّما رأى دجاجة كان يفزع معتقِدًا أنَّه سيُؤكَل.

استمرَّت هذه المشكلة في التفاقم، حتَّى لَم تعُد عائلته قادرة على تحمُّلها، كلَّما ذهبوا إلى مكان ما معًا كان يرى حتمًا الدجاج، ثمَّ يصرخ ويهرب، لَم يكن يقضي أي يوم ممتع بالخارج، فأخذوه إلى طبيبة أوصَته بالالتحاق بمؤسسة مختصَّة.

ذهب الرجل إلى المؤسسة، حيث بدأ يتلقَّى علاج الطبيبة، عملَت معه الطبيبة تدريجيًّا، وحاولَت إقناعه بأنَّه إنسان وليس حبَّة قمح.

استغرق الأمر وقتًا طويلًا حقًّا، ولكن ذات يوم سألَته الطبيبة:

"ما أنتَ؟"

فأجاب: "أنا إنسان"!

"هل أنت متأكِّد أنَّكَ إنسان ولستَ حبَّة قمح؟"

"بالتأكيد، أنا إنسان"!

قالت الطبيبة: "إذًا لقد شُفِيتَ، يمكنك الآن مغادرة هذه المؤسسة".

كان الرجل سعيدًا جدًّا لأنَّه كان سيخرج، وقَّعَتِ الطبيبة على شهادته، وأخذها وانصرف.

كانت الطبيبة مرتاحة جدًّا، وبعد نحو خمس عشرة دقيقة عاد الرجل، تفاجأَتِ الطبيبة: "ماذا تفعل هنا؟ قلتُ لك إنَّه بإمكانك الذهاب! لقد شُفِيتَ"!

نظر إليها وقال: "دكتورة، أعرف أنَّني شُفِيتُ، لكن هل أخبر أحد الدجاج أنَّني لستُ حبَّة قمح؟"

هذه مشكلتنا! حسنًا، ربَّما لا نعتقد أنَّنا حبَّة قمح، لكن يمكننا فقط أن نشعر بالارتباك بشأن ما نحن عليه بالضبط، ماذا نحن؟ إنسان! والإنسان مخلوق يحمل في قلبه محيطًا مِن الحب والطِّيبة والنور، لدينا جميعًا هذه الصفات في مكانٍ ما بداخلنا بدلًا مِن البحث عمَّا يفرِّقنا، يمكننا دائمًا اختيار الاحتفال بالعجائب التي تعيش بداخلنا جميعًا، بما في ذلك داخلك أنت وأنا.

الاحتياجات توحِّدنا

على المستوى الثقافي، كثيرًا ما يبحث الناس عن أشياء مختلفة، انظر إلى كيفية تعامل المجتمعات المختلفة مع الموت، يحتفظ شعب توراجا في جزيرة سولاويزي الإندونيسية بالجثث المحنَّطة لأقاربهم الموتى في منزل العائلة، بينما يقومون بادخار المال لدفع تكاليف الجنازات المعقَّدة، ويتمُّ الاحتفاظ بالجثث لأشهر وأحيانًا لسنوات على هذا النحو، حيث تعُامَل على أنَّها مريضة وليسَت ميِّتة، وتحضر الطعام والشراب، وتجلس معها وتتحدَّث إليها حتَّى بعد دفنهم في مقبرة عائلية، لا يزال الموتى يُخرَجون مِن توابيتهم في كثير مِن الأحيان لتجديد شعرهم وملابسهم، ويتحدث الأقارب معهم ويلتقطون الصور.

بالنسبة لبعضنا، قد يبدو هذا مروِّعًا، بالنسبة للآخرين هذه الطقوس هي طريقة صادقة لتكريم وتذكُّر الأحبَّاء الذين ماتوا.

في منغوليا والتبت، يعتقد العديد من السكان المحليين أن الروح البشرية ستعيش بعد الموت، للمساعدة في عملية التناسخ يتمُّ تقطيع الجثث إلى قطع ووضعها على قمَّة جبل غالبًا بالقرب من مكان تزوره النسور، ينُظَر إلى الطيور على

أنها ملائكة تساعد الروح في الصعود إلى السماء وهي تنتظر ولادة جديدة، ومِن هنا جاء اسم هذا التقليد: "الدفن في السماء".

في معظم الثقافات الهندوسية، يتمُّ حرق جثة المتوفَّى، ولا يتبقَّى أي أثر، مجرَّد صورة لذلك الشخص مع إكليل حول الإطار.

عندما تدخل إلى منزل شخص ما وترى إحدى تلك الصور المزخرفة، فأنت تعلم أنَّ هذا الشخص قد ذهب لكنَّه باقٍ في قلب العائلة.

قم بجولة حول العالم، وستجد العديد مِن الطُّرق الأخرى التي يتذكَّر بها الناس موتاهم، حتَّى إنَّني سمعتُ أنَّه يمكنك الآن أخذ رفات جثث محترقة، وبدلًا مِن وضعها في جرَّة، يمكن تحويلها إلى ماس باستخدام الحرارة والضغط الشديدَين، ثمَّ يتمُّ استخدامها في صنع المجوهرات!

أجل، هناك اختلافات ثقافية بين الناس، وهذا شيء يمكننا في كثير مِن الأحيان أن نلاحظه ونستمتع به، بل ونحتفل به، لكن هذه الاختلافات هي مجرَّد جزء من الطريقة التي نعيش بها على وجه هذا الكوكب، إنَّها لا تحدِّد جوهر ما نحن عليه.

الأهواء والرغبات والقواعد والطقوس هذه في الحقيقة تتعلَّق بنمط الحياة، وليس بالحياة نفسها، هناك أشياء أخرى توحِّدنا بغضِّ النظر عن مكاننا وما نؤمن به، وليس أقلّها احتياجاتنا الأساسية.

الاحتياجات هي ما لا يمكننا الاستغناء عنه، كلُّنا نشعر بالجوع والعطش، كلُّنا بحاجة إلى مأوى، نتشارك جميعًا في نفس الهواء الذي يلتفُّ حول هذا الكوكب المذهل، نحن نتنفَّس شهيقًا وزفيرًا.

إنَّ الطريقة التي نعمل بها معًا لتلبية احتياجاتنا هي دائمًا مزيج رائع مِن الفردية والكونية.

اليوم عندما ننظر حول العالم الذي بنَيناه – نحن البشر – ماذا نرى؟ كيف استجبنا للتحدِّي المتمثِّل في تلبية احتياجاتنا المشتركة؟ أحيانًا نرى هذا التقدم البشري الرائع، وهذا الخير والجمال، وهذا الكرم والمنافع المادية.

في أوقات أخرى نرى آثار الخوف والجشع، التلوُّث ونقص الغذاء والقضايا الصحيَّة، هنا مجدَّدًا يكون الاختيار هو المفتاح، وكما يمكننا فعل أشياء سيِّئة يمكننا فِعل الخير، غالبًا ما يكون البشر هم مَن يخلقون ظروفًا مروِّعة للبشر الآخَرين، ولكن هناك دائمًا احتمال أن نتمكَّن مِن التخفيف مِن هذه الظروف أيضًا، وغالبًا ما يبدأ بخطوات صغيرة.

لنأخذ الجوع مثلًا، الجوع أمر طبيعي، لكن ندرة الغذاء مشكلة مِن صُنع الإنسان.

يمكن أن توفِّر الطبيعة كلَّ الطعام الذي نحتاجه وأكثر إذا عمِلنا معها بالطريقة الصحيحة، ومع ذلك فإنَّ توزيع الغذاء سيِّئ للغاية، والهدر كبير للغاية.

يزعجني في كل مرة عندما أرى أنَّه لا يزال هناك أشخاص في الهند يموتون مِن سوء التغذية، ومع ذلك تُصدِّر الهند الكثير مِن المواد الغذائية التي تنتجها.

قبل بضع سنوات، ذهبتُ مع فريق مِن مؤسسة بريم روات Prem Rawat Foundation لنرى كيف يمكننا المساعدة في معالجة بعض المشكلات التي تحدث حول رانشي عاصمة ولاية جارخاند الهندية، وقد عانت المنطقة مِن توتُّرات سياسية خطيرة وعنف طائفي، إلى جانب مستويات عالية جدًّا مِن الفقر، وعلى الرغم مِن أنَّ الأراضي هناك تزخر بنحو 40 في المائة مِن الموارد المعدنية في الهند، فإنَّ نسبة مماثلة مِن الناس يعيشون تحت خط الفقر، ويعانون مِن سوء التغذية.

وجدنا بعض الأراضي، وفكَّرنا في شرائها حتَّى نتمكَّن مِن بناء منشأة لمساعدة السكان المحليِّين.

قال مستشارونا: "لا تفعلوا ذلك، فهذه المنطقة بها مشكلة فظيعة مع الإرهاب والجريمة، ولا يمكننا ضمان سلامة أي شخص يعمل هنا". لكن إذا استسلمنا، فستستمرُّ تلك المشكلات نفسها؛ لذلك واصلنا التقدُّم.

كان السؤال كالتالي: كيف يمكننا تحقيق أقصى تأثير إيجابي على المجتمعات المحلية؟

قال أحدهم إنَّنا سنبني مستشفى، لكن لَم تكُن لدينا خبرة في هذا المجال، كان مِن الممكن أن يكون تحدِّيًا كبيرًا عند بنائه ومهمَّة أكثر تعقيدًا عند تشغيله.

ثمَّ اقترح أحدهم أن نبني مدرسة، ولكن كان هناك بالفعل الكثير مِن المدارس في المنطقة، ولَم أشعر أنَّ لدَينا القدرة على إدارتها.

ثمَّ فكَّرنا في التغذية، وكان هذا مثار اهتمام الجميع، كان الوضع يائسًا جدًّا للعديد مِن العائلات.

تعلَّم بعض الأطفال المحليِّين الذين قابلتُهم كيفية العثور على أعشاش الفئران وتثبيتها حتَّى يتمكَّنوا مِن سرقة نفايات الطعام التي جمعَتها القوارض، قرَّرنا بناء مركز طعام كبير يقدِّم طعامًا ساخنًا ومغذِّيًا كلَّ يوم مجَّانًا.

أردتُ حقًّا تجنُّب أي تدخُّل سياسي فيمن يُسمَح له بتناول الطعام ومَن لا يُسمَح له بذلك؛ لذلك قمنا بدعوة جميع قادة المجتمع المحلي مِن المنطقة، وأعطيناهم الكلمة الأخيرة بشأن مَن الذي يجب عليه الاستفادة مِن الوجبات المجَّانية.

بعد فترة وجيزة، بدأ الأطفال في القدوم، ثمَّ كبار السنِّ، وأمهات الأطفال.

كجزء مِن عملية التطوير، قمنا ببناء مرفق للحمام، وفرضنا قاعدة تقضي بأن على الجميع استخدامها لغسل أيديهم جيِّدًا، وكان هذا جديدًا على الكثير مِن الأطفال.

في المنزل كان البعض يجمع الروث مِن الحقول أول شيء في الصباح؛ لأنَّه كان يُستخدَم كوقود، وقد أخبروني أنَّهم سينتقلون مباشرةً مِن فعل ذلك إلى تناول الإفطار دون غسل اليدين.

كانت مطابخ مركز الطعام ولا تزال نظيفة للغاية، يرتدي جميع العاملين فيها أقنعة، والطعام – اللذيذ ومِن مصادر محليَّة – مُعَدٌّ بعناية، ويمكن لكلِّ مَن يزوره أن يأكل بقدر ما يريد.

بعد بضع سنوات رأينا تأثير نهجنا الذي يركِّز على الغذاء، وكان لا يصدَّق؛ فقد انخفضَت نسبة الجريمة؛ لأنَّ النَّاس كان لدَيهم مال إضافي بعد أن وفَّروا مِن ميزانية طعام أُسَرهم، هذا المال الإضافي أدَّى إلى أنَّ بعض الآباء لَم يعودوا يذهبون بعيدًا للعمل، وأنَّ عددًا أقَلَّ مِن الأطفال باتوا يعملون طوال اليوم.

بدأ الأطفال في الالتحاق بالمدارس بأعداد أكبر بكثير، وبدؤوا في التخرُّج أيضًا.

تحسَّنَت صحَّة الأطفال؛ لذلك انخفض الضغط على المستشفيات المحليَّة.

ولأنَّهم رأوا أنَّ ما كنَّا نفعله هو مساعدة السكان المحليِّين، تركَتِ الجماعات الإرهابية المحليَّة فِرَقنا ومعدَّاتنا وشأنها.

حتى الآن، لا أستطيع أن أصدِّق أنَّ وجبة واحدة جيِّدة في اليوم يمكن أن تُحدِث فرقًا كبيرًا لمنطقة بأكملها، لقد وضعنا الآن شيئًا مشابهًا في غانا ونيبال، وهذه برامج كان لها أيضًا تأثير إيجابي كبير، مجدَّدًا تُحدِث الخطوات الصغيرة تغييرًا كبيرًا.

(أشير على الهامش أنَّه تمَّ بناء مركزنا في نيبال بشكل صحيح وفقًا لقانون البناء، عندما ضرب الزلزال الكبير في عام 2015، انهارَ العديد مِن المباني المجاورة أو أصبحَت غير آمنة، ولكن لَم يكُن لدَينا سِوَى القليل مِن الشقوق؛ لذلك أصبح ملجأً أيضًا، لذلك أصبح المركز حقًّا منقذًا للحياة).

حول اللُّطف

هذه نكتة حول كيف نحن كبشر نستجيب أحيانًا لاحتياجات الآخرين.

كان هناك رجل تائه في الصحراء، وكان عطشانَ، ويزحف على يديه وركبتيه، وكان لسانه كما لو كان ملطَّخًا بالرمال.

كان في غاية الظمأ، ثمَّ صادف رجلًا على جمل، فقال للرجل: "أرجوك، أرجوك، أرجوك، هل لك أن تناولني بعض الماء؟"

ردَّ الرجل: "حسنًا، ماذا لو أعطيتُك ربطة عنق؟" ثمَّ قام بفتح حقيبته على عدد مِن الأربطة بداخلها، وقال: "أي ربطة عنق تريد؟"

فأجاب الرجل الظمآن: "لا، لا، لا أريد ربطة عنق، هل لدَيك ماء؟"

"وماذا عن ربطة العنق؟"

"لا، لا أريد ربطة عنق"، يقول الرجل، ويستمرُّ في الزحف، ثمَّ نظر إلى الوراء وقال: "هل أنت متأكد أنك لا تستطيع أن تخبرني أين بعض الماء؟"

"نعم، يمكنني أن أخبرك أين يوجد بعض الماء، فقط اذهب مباشرةً لنحو نصف ميل، وستصادِف واحة وتجد مياهًا هناك، الكثير مِن الماء".

إذًا زحف الرجل على يديه وركبتيه، ووصل أخيرًا إلى تلك الواحة الجميلة، حيث الأشجار والنباتات والأزهار الرائعة، ويمكنه رؤية بِركة عميقة مِن المياه تتلألأ خلف كلِّ المساحات الخضراء.

كان هناك رجل كبير يقف في طريقه إلى الواحة، فزحف إليه الرجل العطشان.

"هل أستطيع الدخول إلى الواحة وشرب الماء؟"

"حسنًا، هل ترتدي ربطة عنق؟"

هذا ما نفعله في نهاية المطاف إذا لَم نفكِّر بوعي، فنحن نجعل الناس يقفزون من خلال أطواقنا قبل أن يتمكَّنوا من تلبية احتياجاتهم، بدلًا مِن ذلك، ماذا لو تعاملنا مع الأشخاص بالطريقة التي نودُّ أن نُعامَل بها؟ ماذا لو بحثنا عن هدف مشترك بدلًا من الاختلافات التنافسية؟ ماذا لو كنَّا فقط لطفاء؟

كلمة (kind) أي (لطيف) لها تاريخ مشترك مع كلمة (kin) أي (ذوي القربى)، وتعني الأسرة والعلاقات.

عندما نفكِّر ونتصرَّف بلطف، فإنَّنا نكسر الحواجز بيننا وبينهم، يمكننا أن نقدِّم اللطف لكلِّ شخص نلتقي به، ولن نفقد شيئًا، ونكسب كلَّ شيء، ويمكننا مضاعفة ذلك سبعة مليارات مرَّة، ولن نخسر شيئًا، ونكسب كلَّ شيء.

عندما ننشر اللطف فإنَّنا نُنشِئ عائلة مِن أولئك الذين نتواصل معهم، ومِن ثمَّ تكون لدينا روح طيبة، نشعر أنَّنا واحد، لكن لتقاسُم اللطف في الخارج يجب أولًا أن نكون لطفاء مع أنفسنا.

اللطف يبدأ مِن الذات – وذلك اتصال يتعزَّز بأفضل الخصال البشرية بداخلنا – وكان ذلك هو المنبع الأساسي.

لطالما كان التعاطف جزءًا مِن التجربة الإنسانية، لكن الكلمة صيغت فقط في القرن العشرين، ويوجد الآن العديد مِن التعريفات لهذه الكلمة، لكنِّي أريد فقط

أن أشير إلى قوّة التعاطف في أبسط معانيه، وضع نفسك في مكان الشخص الآخَر، قد لا تتمكَّن مِن مشاركة نفس التجربة، وقد لا تتَّفق معه، ولكن مِن المهمِّ محاولة فهم تفكير ذلك الشخص ونواياه.

هذه طريقة أفضل بكثير لفهم العالم مِن حولك بدلًا مِن رؤية الآخرين دائمًا على أنهم منفصلون تمامًا عنك، بدلًا منِ البدء بمحاولة تصنيف الشخص حسب الدين أو اللون أو الجنسية أو أي شيء آخَر، حاوِل ببساطة أن تضع نفسك في أي شيء قد يشعر به، مِن الجوع إلى الألم إلى البؤس إلى الغضب إلى الحرب، عليك فقط محاولة التعاطف مع الأشخاص الذين لا يتمُّ تلبية احتياجاتهم، وللقيام بذلك ينبغي أن نستحضر ما يعنيه أن تكون إنسانًا.

المجتمع والذَّات

إنَّ اللطف ينبع مِن الداخل؛ لذلك إذا أردنا أن نجعل العالم مكانًا أفضل، فعلينا أولًا أن ننظر إلى أنفسنا.

لقد جلتُ العالم عدَّة مرَّات، ولَم أواجه مجتمعًا مثاليًّا بعد، ما رأيتُه هو أنَّ تغيير المجتمع بأكمله أمر صعب، فهذا أمر يستدعي الكثير مِن الوقت، وأحيانًا نتقدَّم وأحيانًا نتراجع، إذا بدأنا بأنفسنا فقد نكون قادرين على تغيير ما نفكر فيه وكيف نتصرف، ومِن ثَمَّ يمكننا التصرُّف بشكل جماعي.

تحِّدد حالة كلِّ لبنة قوة المبنى، إذا أخذت إحدى اللبنات بالتشقق والتفتت، فإنَّ هذا يؤثِّر على ما حولها، ويتمُّ تمرير التأثير، مِمَّا يضع كل لبنة مجاورة تحت ضغط أكبر.

عندما يتمُّ تقييم سلامة المبنى، يجب مراعاة السلامة الفردية لكل لبنة، والأمر نفسه ينطبق على الفرد والمجتمع.

نحن بحاجة إلى الاهتمام بكل وحدة، وهذا يبدأ حقًّا بمحاولة كل شخص جعل نفسه قويًّا قدر الإمكان.

لنأخذ ساعة يد على سبيل المثال، يوجد بداخلها العديد مِن الأجزاء والمكوِّنات، البعض يتحرَّك، والبعض الآخَر لا يتحرَّك، لكنَّها جميعها ضرورية، مِن الخارج ترى فقط عقرب الساعات، عقرب الدقائق، عقرب الثواني، لكن بالداخل هناك عالَم كامل، تنضمُّ جميع الأجزاء لتضع عقرب الساعات هذا في المكان المناسب، وعقرب الدقائق ذاك، وعقرب الثواني أيضًا، يعرف صانعو الساعات أنَّه لكَي يَحدث هذا بدقَّة، يومًا بعد يوم يجب أن يعمل كلُّ جزء بشكل مناسب.

إليك طريقة أخرى للنظر إلى هذا الأمر، أنتَ أمام التليفزيون، وترى صورة للعالم مِن الفضاء، ثم تبدأ في تقريب الصورة.

الآن أنت تنظر إلى صورة للجبال، ثم غابة على جانب جبل واحد، ثم عدد قليل من الأشجار، ثم الأوراق على شجرة واحدة، وتستمر في التقريب، لقد تحوَّلَت صورة الأوراق بسرعة إلى نقاط ملوَّنة، وتستمرُّ في التقريب حتَّى ينتهي بك الأمر بالنظر إلى ثلاثة مستطيلات، واحد أحمر، والثاني أخضر، والثالث أزرق، لقد وصلتَ إلى مستوى (بكسل) Pixel واحد، هذا ما كنتَ تنظر إليه طوال الوقت، لكنَّك رأيتَ في الواقع صورة ورقة، وشجرة وجبل، وعالَم بأَسره.

كل إنسان مثل (بكسل) واحد، ونحن معًا نشكِّل قبيلة، ثم مجتمعًا، ثم ساكنة العالم.

إذا كانت الصورة الكبيرة للمجتمع تبدو خاطئة، فنحن بحاجة إلى أن نسأل ما الخطأ في البكسلات، لماذا لا تضيء بالطريقة الصحيحة؟ وماذا عنِّي؟ هل أساعد في بناء صورة جيدة لقبيلتي ومجتمعي وعالمي؟ هل أضيء بالطريقة الصحيحة؟ ماذا يحدث عندما نقوم بتقريب صورتنا الذاتية؟

لا يتطلَّب الأمر سِوَى جزء واحد مكسور لإيقاف ساعة، وإضعاف مبنى، وإفساد صورة واضحة، وتعطيل المجتمع، وهذا هو السبب في أنَّه ليس مِن الأنانية

أن نقضي الوقت في فهم أنفسنا لإلقاء الضوء على العالم بأكمله، عليك أن تبدأ بشمعة واحدة مضاءة.

نحن مِن نفس المكان

إذا نظرنا إليها مِن منظور معيَّن، فإنَّ "الذَّات الكونية" قد تبدو وكأنها مفارقة، أليسَتِ الذات شيئًا متميّزًا عن كلِّ شيء آخَر؟ ألستُ فريدًا مِن نوعي أنا؟ ألستَ فريدًا مِن نوعك أنتَ؟

نعم، في الوقت الذي نعيش فيه هناك شي ء مميَّز لكلِّ واحد منَّا، لكنَّنا جميعًا نتشارك نفس المجموعة مِن الاحتياجات الأساسية، بما في ذلك الحاجة إلى السكينة في قلوبنا، فالسكينة الداخلية لا تقتصر على الأقوياء أو الضعفاء، على الأغنياء أو الفقراء، على عِرق دون آخَر، السكينة متاحة للجميع وداخل الجميع.

تعمل عقولنا باستمرار على محاولة تشكيل العالم مِن حولنا، لكنَّ الوجود بسيط بشكل جميل.

فكِّر عندما نكون نائمين، ما الفرق بين الأغنياء والفقراء إذًا؟ بين المتعلم وغير المتعلم؟ بين الخير والشر؟ أثناء النوم تتبدَّد كلُّ المفاهيم والاختلافات، ويبقى التنفُّس قائمًا.

نحن نتشارك مجموعة مِن الاحتياجات الأساسية، ونتقاسم هذا الكوكب، لكنَّنا أيضًا نتشارك شيئًا أعظم كوننا الآخذ في الاتِّساع.

يبدو الخط الموجود على الخريطة غير ذي أهميَّة عندما نتخيَّل اتساع المساحة، وهذه هي الطبيعة الحقيقية لمنزلنا، هذا ما قالته الفيلسوفة الفرنسية سيمون ويل Simon Weil بشأن هذا الموضوع:

يجب أن نتعرَّف على أنفسنا مع الكون نفسه
كل ما هو أقَلُّ مِن الكون يتعرَّض للمعاناة.

إنَّ الشرارة الإلهية للقوة الكونية موجودة فينا منذ اللحظة التي خُلِقنا فيها، وهي تشكِّل شبكة اتصال غير مرئية بين الجميع وكل شيء، نحن مختلفون ومتشابهون في نفس الوقت، نحن واحد.

قد تفرّقنا العقيدة، ولكن الإله في داخلنا يوحِّد، لا يدرك الجميع هذا الارتباط مِن شخص لآخَر، ومِن صديق إلى صديق، ومِن غريب إلى غريب، ومع ذلك يمكن أن يتجلَّى أمام أنظارنا في أي لحظة مثل ظهور الشمس بعد عاصفة، وقد عبَّر الشاعر الهندي كبير عن كونيَّتنا بهذه الكلمات:

نعلم جميعًا أنَّ هناك قطرة في المحيط..
لكن قلَّة قليلة تعرف أنَّ هناك محيطًا في القطرة.

هذه هي المفارقة مجدَّدًا: المحيط في القطرة، دعنا للحظة نتبع تدفُّق أفكار كبير، ونتخيَّل البشرية على أنَّها ماء، تنساب كوحدة موحّدة في المحيط، ثمَّ نرى أنَّ كلَّ قطرة ترفع مِن الأمواج تُحمل مِن قِبَل السحب، وتسقط على أماكن مختلفة – بما في ذلك التلال والسهول والمدن – قبل أن ترتدَّ عائدة نحو نقطة بداية الرحلة، وعلى

امتداد الطريق تتماسك القطرات لتصبح غديرًا، وتنمو لتصبح أنهارًا عظيمة تحمل أسماء وتواريخ.

يتجمَّع المسيسيبي Mississipi، والأمازون Amazon، والغانج Ganges، والتايمز Thames، وبقية الأنهار لتشكيل البحار، ثم تتجمَّع كلُّ البحار لتصبح محيطًا واحدًا يمتدُّ على الأرض.

هل هذه نهاية الرحلة؟ لا.. بل تبدأ الرحلة مِن جديد، يتمُّ سحب قطرات الماء مِن الأمواج، وينطلق، وهكذا تمضي رحلتنا، كِلانا قطرة واحدة ومحيط واحد.

ما فتِئَتِ الأرض تقوم بإعادة تدوير مياهها لمليارات السنين، المنبع الثابت والمصبُّ الثابت للماء هما كالأساس الثابت للحضور الإلهي الذي لا ينقضي أبدًا، إنَّها عملية سرمديَّة لا تتوقَّف أبدًا، وتجدر الإشارة إلى أنَّني لستُ بصدد الدفاع عن مسألة تناسخ الأرواح، أنا أقول إنَّ الإله كان موجودًا مِن قَبلنا، وهو يحرص على إذكاء الحيوية فينا على مدى حياتنا، وسيستمرُّ حتَّى بعدنا.

سألني أحدهم مؤخَّرًا: كيف تسير الأمور؟ فأجبتُه: حسنًا، إنَّها تسير، كلُّ ما هو آتٍ سيأتي، وكلُّ ما هو ذاهب سينصرف يومًا ما، ولكن طبيعة الإله هي سرمديَّة، هذا هو الشيء الوحيد الثابت.. لا أعتقد أنَّهم كانوا يتوقَّعون هذا الردَّ!

إنَّ شكلنا البشري هو تعبير عابر عن تلك الدورة الحياتية المتدفِّقة، وفي النهاية، نحن جميعًا متَّحِدون مع بعضنا البعض، مع الكون ومع الإله، هذه هي الذات الكونية.

الفصل 12

الممارسة.. الممارسة.. الممارسة

فكِّر في الحياة ككتاب، يتمُّ فتح الصفحة الأولى عندما نُولَد، وفي الداخل نجد كلمات الشكر والمقدِّمة، طفولتنا المبكرة.

لا يمكننا ادِّعاء الكثير مِن الفضل في هذا الجزء، ولكن سرعان ما تبدأ القصة بالفعل.

مع قلب كل صفحة جديدة، لدينا الفرصة لكتابة شيء ما، كل يوم نسطر سطورًا جديدة على ورقة حياتنا ووجودنا البيضاء.

إذا أسعفك الحظ فسيكون هناك العديد مِن الصفحات في كتابك، وستكون قصَّتك مفعمة بالمغامرات والتجارب كما هو الشأن في جميع القصص، ستكون هناك أيضًا بعض الأوقات العصيبة على طول الطريق، وبعد ذلك وفي يوم مِن الأيام، ستتمُّ كتابة جميع الصفحات ما عدا صفحة واحدة، وفي تلك الصفحة الأخيرة ستظهر كلمة واحدة "النهاية".

ماذا تدوِّن في كتابك؟ هل ما تدوِّن منطقي؟ هل يلفت انتباهك؟ هل يلهمك؟ هل هي القصة التي تريد أن تحكي؟

وفقًا للتاريخ الهندي القديم، عندما أراد الحكيم الأسطوري فيد فياس Ved Vyās تأليف Mahabharat، كان بحاجة إلى شخص ذكي وبارع بوسعه التقاط روايته الشفوية وتدوينها على الصفحة.

كان بحاجة إلى كاتب؛ لذلك التفت إلى غانيش Ganesh إله الحكمة الموقَّر، قال غانيش إنَّه سيكتب ما دام قلمه لا يتوقَّف عن التدفُّق.

كان غانيش يقول حقًّا لفيد فياس Ved Vyās: "أريدك أن تتحدث من قلبك، ولا تفرط في التفكير في هذا".

في المقابل طلب فيد فياس Ved Vyās مِن غانيش أن يكتب "فقط ما هو ذو مغزًى بالنسبة لك". أيًّا كان ما تكتبه في القصة مِن حياتك، يجب أن يكون ذلك أيضًا ذا مغزًى بالنسبة لك، هل ما تكتبه قصتك أم قصة شخص آخر؟ هل لديها الوضوح والغرض؟ هل لها معنًى بالنسبة لك؟

كل يوم يجلب لنا فرصة جديدة للتعبير عن أنفسنا. صفحة بيضاء جديدة تنتظر تعبئتها.

يمكن أن تساعدنا معرفة الذات في كتابة شيء لا يُنسَى، شيء بهيج، شيء حقيقي بالنسبة لنا، شيء مفعَم بالمعاني، أنا فقط أستطيع كتابة قصة حياتي، وأنت فقط مَن يكتب قصتك، كل يوم نحتاج أن نلتقط قلمنا ونكتب ما في فؤادنا، دع الحبر يتدفَّق.

أُقِرُّ أنَّه ليس دومًا مِن السهل القيام بذلك، أعلم أن الرحلة من الشعور بحرف الانتباه وعدم الرضا، إلى الشعور بالسلام وحياة مُرضِية ليسَت دائمًا بسيطة، في بعض الأحيان نشعر أنَّ قصتنا تغرق في عالم الضوضاء، وفي بعض الأحيان أجد كل

هذا صعبًا أيضًا، يستوجب هذا بعض الممارسة، إذا أردنا تجديف قاربنا في النهر فنحن لا نسحب المجاذيف مرة أو مرتين فقط.

في هذا الفصل، سأتحدَّث بعض الشيء عن التحدِّيات التي نواجهها سعيًا لبلوغ السلام، وما الذي يمكن أن يساعدنا، سأعبر مجدَّدًا عن سبب أهمية كلِّ هذا في حياتنا، وعلى طول الطريق سأتحدَّث عن كيف أنَّنا جميعًا ننأى بأنفسنا عن الغبار.. نعم الغبار كما جرَتِ العادة، بدلًا مِن إثارة ما يجب التفكير فيه، آمل أن تقدِّم الكلمات التالية طُرُقًا أخرى يمكننا مِن خلالها فهم أنفسنا والتواصل معها على نحو أكبر.

أين كنّا؟

إذا كنتَ قد صاحبْتَنا في الرحلة منذ مقدمة الكتاب، فلعلَّكَ لاحظتَ أنَّنا تناولنا وتجاوزنا الكثير مِن المحطَّات معًا، لقد اكتشفنا كيف يتسبَّب الانشغال في الحياة الحديثة في إحداث ضوضاء في كلِّ مكان مِن حولنا، لكنَّ الضوضاء بين آذاننا هي التي تؤثِّر بشكل كبير على طريقة عيشنا.

لقد درسنا كيف أنَّ الحياة ثمينة للغاية، وأنَّه مِن خلال الاتصال بالسكينة بداخلنا يمكننا تغيير مجرى حياتنا.

لقد نظرنا إلى الفَرق بين المعرفة والإيمان، والقيمة التي تتأتَّى عندما تبدأ بنفسك بدلًا مِن توقُّع أن يلبِّي العالم الخارجي احتياجاتك.

لقد رأينا كيف يمكن أن تزدهر حياتنا مِن خلال الامتنان، وكيف يمكن أن يساعدنا السلام الداخلي على تجاوز الأوقات العصيبة والحروب الداخلية، لقد سمعنا أغاني الحب، واحتفلنا بالجنَّة التي يتعيَّن العثور عليها هنا على الأرض، وشعرنا بروابطنا الكونية.

على امتداد صفحات هذا الكتاب، لطالما كرَّرتُ الرسالة التي فحواها أنَّ السكينة كامنة دائمًا بداخلنا، ويمكن معرفتها، وقد فعلتُ ذلك لسبب وجيه، إن

بساطة هذه البصيرة أمر أساسي، ومع ذلك فإنَّ عقولنا المتوتِّرة يمكن أن تغيِّمها وتعقِّدها، ممَّا يفصلنا عن صفاء السلام الداخلي.

كلَّ يوم هناك العديد مِن الأشياء المتغيِّرة التي تشدُّ انتباهنا – في لحظة معيَّنة تكون مبعث السعادة، وما تلبث أن تتبدَّل إلى مبعث مشكلات – لكن السلام الداخلي غير قابل للتغيير.

يمكن أن تصبح الحياة تدور حول الطبيعة المتطوِّرة لما هو خارجنا، لكن السلام لا يتعلَّق بالخارج على الإطلاق، بغضِّ النَّظر عمَّا نحن عليه، وأينما نكون، ومهما فعلنا، ومهما كان التغيير الذي تجلبه لنا، السلام موجود دائمًا في داخلنا، ومِن خلال معرفة الذات يكون متاحًا لنا.

اكتساب المعرفة عن الذات هو عملية استكشاف للكشف عن هويّتنا، ما الرهان عندما نسمح لأنفسنا الداخلية بالبقاء مخفية عندما نعيش بلا وعي؟ إنَّنا نتخلَّى عن أثمن شيء لدَينا، وهو إحساسنا بالحياة نفسها، يمكننا أيضًا أن نعاني كل أنواع الآلام العقلية والعاطفية، وقد نُلقِي بألمنا أيضًا على مَن نحبُّهم وعلى العالم مِن حولنا.

إنَّ معرفة الذات تربطنا بالاتجاه المعاكس لذلك، أي كلُّ ما هو جيِّد فينا.

السلام يعني صفاء الروح، السلام يعني ذلك الفهم بداخلنا، السلام يعني الصفاء بداخلنا، السلام يعني اللطف بداخلنا، السلام يعني الوداعة بداخلنا، السلام يعني النور بداخلنا، السلام يعني البهجة بداخلنا، السلام يعني الامتنان بداخلنا، السلام يعني الجمال بداخلنا، السلام يعني سريان التنفُّس بداخلنا، السلام يعني كلَّ هذا وأكثر، يجمع السلام كلَّ ما هو جيِّد في تجربتنا الفريدة والخالدة حول مَن نحن حقًّا.

استقبال السلام يستلزم الشجاعة

إنَّ السماح بمعرفة الذات في حياتك يمكن أن تترتَّب عليها بعض التحدِّيات، فبالنسبة للبعض يتطلَّب الأمر أن يسبحوا ضد التيار الاجتماعي أو المِهني.

يمكن أن يساور العائلة والأصدقاء والزملاء بعض مِن الريبة والرفض، يمكننا أن نجد أنفسنا محاطين بأولئك الذين يعتقدون أنه لا يوجد شيء في العالم الداخلي، وغالبًا ما يكونون حريصين على الاستمرار في مشاركة هذا الرأي معنا.

أحيانًا يكون لدى الناس صوت قوي في أذهانهم يثنيهم عن النظر في الداخل، وغالبًا ما يكون هذا هو ضجيج الأفكار التي ورثوها عن الآخَرين، فترى القلب يقول: "أرجوك، أرجوك، أرجوك، انظر لي، قدِّرني، استمتِع بي!" فيما يقول العقل: "لا، لا، لا!" ثمَّ تنقسم الذات.

يمكن أن تغمرنا السعادة، وأن نحرز التقدُّم جرَّاء تفاعلنا مع العالم، لكنَّه جزء واحد فقط مِن هويّتنا.

إنَّ الأمر يتطلب الكثير من الشجاعة لكي يقول المرء: "هناك عالَمان، خارجي وداخلي، وكلاهما مهمٌّ بالنسبة لي".. أجَل، يتطلَّب هذا الأمر جرأة لكَي يقول المرء: "يمكن لعقلي وقلبي أن يتعايشا بسلام".

يعتقد الناس أحيانًا أنّهم إذا أرادوا بلوغ السلام الداخلي، فعليهم الاعتكاف فيما يعادل الدير أو أي خلوة أخرى.

إنَّ الأمر في أذهانهم يبدو كما لو كان هناك مولِّد كهربائي ضخم في ذلك المكان البعيد، ولا يمكنهم تشغيل أضواء وضوح الرؤية والرضا إلا بالقرب مِن مصدر الطاقة ذاك، وربَّما يشعرون أنَّهم إذا ابتعدوا كثيرًا عن مولِّد الطاقة فسوف يجدون أنفسهم مرة أخرى في العتمة.

أنا أرى الأمر بشكل مختلف، كإنسان تنبع سكينتك وصفاؤك وصلاحك مِن قلبك، لديك مولِّد طاقة داخلي، ومصدر داخلي للضوء، وملاذ داخلي للهدوء، وتأخذ كلَّ هذا معك أينما حللتَ.

أحلِّق أحيانًا بالطائرة فوق الصحراء، وفي إحدى الرحلات تبادَر إلى ذهني هذه الاستعارة، تخيَّل أنَّه يتعيَّن عليك السفر عبر الصحراء، وأحضرتَ معك قربة كبيرة مِن الماء، وبعض الطعام، ومظلَّة لاتِّقاء حرِّ الشمس، وما يكفي مِن الزاد للرحلة.

إذًا أنت في هذا المشهد الشاسع والممتدِّ مِن الرمال، لا توجد أي واحة، والجو شديد الحرارة والجفاف، هكذا تكون رحلتنا عبر الحياة.

إنَّ الشعور بالسكينة هو كناية عن التوفُّر على أساسيات الماء والطعام والظلِّ أثناء كلِّ خطوة على الطريق.

يسافر الكثير مِن الناس في حياتهم خالِي الوفاض، ويحاولون تحويل الصحراء إلى ما يحتاجون إليه، ولكن هل سبق لك أن حاولتَ تحويل الرمال الساخنة إلى ماء بارد؟ الواقع بسيط، لكنَّ تغييره صعب.

ينبغي أن نستحضر الظمأ الذي قد نشعر به إذا مشَينا في الصحراء بدون ماء، نعم.. يجب أن نستشعر حقًّا الظمأ، وهذه نقطة سأعود إليها بعد قليل.

كيف عساي أقدِّم المساعدة؟

كثيرًا ما يسألني الناس: "إذا فعلتُ كذا وكذا وكذا، فهل سأحصل على السلام؟" إنَّهم يعتقدون أنهم بحاجة إلى إيجادها مِن خلال بعض الإجراءات، ولكن كل ما يحتاجون إليه حقًّا هو الانفتاح على ما هو كامن بالفعل بداخلهم، وفهم كيفية التواصل مع مكمن السلام بالداخل والشعور بالامتنان حيال ذلك، وهذا ما يسمَّى المعرفة، وهو شيء يمكننا جميعًا تعلُّمه، ما هو التعلُّم؟ إنَّه الإحساس بنعمة الحياة بنحو جديد.

يمكن لبعض الناس أن ينطلقوا في رحلة المعرفة الذاتية بمفردهم، في حين يستعين آخَرون بالتوجيه والمشورة.

هناك العديد من المعلمين والمرشدين في هذا العالم، إذا كنتَ بحاجة إلى بعض التوجيه مِن حين لآخَر، فابحث عن الشخص أو الأشخاص المناسبين لك، فحضور شخص مناسب يفهم جيِّدًا طبيعة النفس إلى جوارك يبعث على الاطمئنان، فهُم هداة الطريق في الظلام.

هكذا أرى دوري، ليس منوطًا بي أن أملي على الناس ما يجب أو ما لا يجب أن يكونوا عليه، بل أنا هنا لأذكر بأنَّنا ننعم بمعجزة الوجود، وللمساعدة في تحديد الطريق نحو السكينة الداخلية، أنت فقط مَن يقرِّر ما إذا كانت هذه الوجهة الذي

تريد أن تسلكها، وأنت فقط مَن يقرِّر ما إذا كان هذا هو السبيل الذي تريد أن تنتهجه للوصول إلى مقصدك.

هل سبق لك الاستماع إلى الموسيقى الكلاسيكية الهندية؟ إنَّها مختلفة تمامًا عن الموسيقى الكلاسيكية الغربية؛ فهي تتميز بآلات مثل السيتار، وقرع الطبلة، والبنسوري (نوع مِن الناي)، لكن هناك أداة أخرى مهمَّة لا يتم الحديث عنها كثيرًا، وتسمَّى الطنبورا، لها رقبة طويلة مع أوتار يقطعها اللاعب باستمرار، غالبًا ما يكون الشخص الذي يتولَّاها في الخلفيَّة.

في الواقع، في بعض الأحيان لا يتمُّ تزويد طنبورا بميكروفون، وبينما يصدر اللاعبون الآخَرون نسيجًا رائجًا أو لحنيًّا، تنتج الطنبورا دمدمة متناسقة ثابتة، فجميع الآلات الأخرى تربط ما تقوم بتشغيله بصوت الطنبورا؛ لذا فهي تحافظ عليها في المفتاح الصحيح، وتضفي طنفرة الطنبورا أيضًا إيقاعًا دقيقًا قوة دافعة تدعم الموسيقى، ممَّا يسمح للآلات الأخرى بالرقص حول الإيقاع.

لماذا أتحدَّث وأصف دور الطنبورا؟ لأنَّني أعتقد أنَّه مشابِه لما أفعله بالضبط، لا يحاول المعلم الجيِّد أداء أغنيتك نيابةً عنك، أو عزف آلتك الموسيقية نيابةً عنك، أو تحديد إيقاعات حياتك، أنت تعزف آلتك الموسيقية، وتضع إيقاعًا خاصًّا بك، أنا هنا فقط لمساعدتك على الإبقاء على الإيقاع والشعور بالزخم الداخلي لموسيقى الحياة، يمكنني مساعدتك في الإصغاء إلى نفسك.

عبَّر والدي، شري هانز جي ماهراج Shri Hans Ji Maharaj، ذات مرة عن دور مدرس المعرفة الذاتية مِن خلال استعارة رائعة، يتحدَّث عن المعلم، وهو ما يسمِّيه الناس غالبًا أستاذهم الرئيس، خاصَّةً في الهند، هذا ما قاله:

يقولون إنَّ المعرفة مثل شجرة الصندل، والمعلم مثل النسيم، تمتلئ شجرة خشب الصندل بأكملها بالعطر، لكن حتَّى لو أرادتِ التبرُّع بعطرها، فإنَّها لا تستطيع ذلك، ومع ذلك، عندما يهبُّ النسيم فإنَّه يحمل العطر إلى الغابة بأكملها، ونتيجة لذلك تصبح الأشجار الأخرى عطرة مثل شجرة خشب الصندل، وبنفس الطريقة يمكن أن يكون العالم كلُّه عبقًا بالمعرفة.

تعلّم الشعور

لقد تعلَّمتُ معرفة الذات عند أقدام والدي بكلِّ معنى الكلمة، فعندما كنتُ طفلًا كنتُ أجلس على المنصَّة عندما يتحدَّث، وكنتُ أستمع إلى ما يقوله والأسئلة التي يطرحها الناس.

هكذا فهمتُ أنَّنا وُلِدنا بكلِّ ما نحتاجه لتجربة السلام، لكن الانشغال في الحياة اليومية يمكن أ ن يحجب نقاط القوة الداخلية تلك.

مِن خلال العثور على الصفاء الداخلي يمكننا أن نبدأ في التخلِّي عمَّا لسنا عليه، ورؤية ما نحن عليه بوضوح، ويتعلَّق الأمر بالسماح لما لا نحتاجه في حياتنا أن يسقط.

ما الذ ي لا نحتاجه؟ لنبدأ بتوقُّعات ومخاوف وتحيُّزات وقواعد عفا عليها الزَّمن.

على مرِّ السنين، تعلَّمتُ أنَّ الفهم لا يمكن أن أسكبه في شخصٍ ما، يجب أن نقبله مِن أجل ذواتنا، وللقيام بذلك نحتا ج إلى الانفتاح على ما هو جديد.

إذا كان لدَيك قنينة ماء فارغة وزجاجة تحتوي على ماء، يجب أن تضع الزجاجة فوق الكوب وتترك الجاذبية تسحب الماء.

لا يمكن أن يتدفَّق الماء لأعلى في كوب فارغ، لا يمكن للمعرفة أن تتدفَّق مِن قلب مفتوح إلى عقل مغلق.

في كثير مِن الأحيان سيرغب الناس في التشكيك في كل شيء عن معرفة الذات بأفكارهم، كيف تسير الأمور بالضبط؟ كيف يمكنني التأكُّد مِن أنَّ الأمور تسير وفق ما أريد؟ ما الدليل؟

في جوانب أخرى مِن حياتنا، يمكن أن تكون الأسئلة الذكية مثل هذه مفيدة، ولكن يمكنك فقط معرفة المزيد عن نفسك مِن خلال التجربة وليس التنظير.

ما الذي يبدو مناسبًا لك؟ ما الذي يناسبك؟ الدليل يكمن في كيفية تجربتك للأمر، غالبًا ما لا تريد أذهاننا التخلِّي عن السيطرة، لكنَّ عقلنا هو الذي يعترض طريقنا في الشعور بعمق بما نحن عليه حقًّا، نحتاج أحيانًا إلى التخلِّي عن التفكير، فهناك وقت للتدبُّر ووقت للمعرفة.

أريد أن أخبركم عن وقت اختبرتُ فيه الفرق بين المعتقدات والمعرفة، منذ سنوات كنت أتعلَّم التزلُّج، ووجدتُ الأمر صعبًا، كان بإمكاني رؤية أشخاص — بما فيهم أطفال صغار — يتزحلقون في مختلف الأنحاء على امتداد الجبل، لقد بدوا رائعين، يتحرَّكون بفائق السرعة، وينحتون خلفهم مسارات ثلجية أنيقة.

عرض عليَّ مدرب مِن سويسرا أن يعلِّمني؛ لذا ارتديتُ زلاجتي، وكان أول شيء قاله: "امشِ هكذا".

"هذا ليس ما يفعلونه! أريد أن أفعل ما يفعلونه، هل تعلِّمني شيئًا مختلفًا؟"

قال: "هكذا تبدأ".

قاومتُ لفترة، ثمَّ قلتُ لنفسي: "حسنًا، دعه يعلِّمني ما يحلو له، إذا بدا الأمر منطقيًّا سأتابع، وإذا لم يكن الأمر كذلك فسأعيد التفكير مرة أخرى".

في البداية، إذا حاولتُ الذهاب إلى اليسار أزيغ إلى اليمين، إذا أردتُ أن أتوقَّف لا أتمكَّن في بعض الأحيان، يمكن أن يبدو التزلُّج غير بديهي عندما تكون مبتدِئًا.

عندما يتمُّ الانحناء إلى الأمام بشكل صحيح، فإنَّ هذا يمنحك الثبات، ولكن لفترة مِن الوقت يستمرُّ عقلك في الصراخ: "عد إلى الخلف".

وكذلك يساعدك الانحناء للخارج على الانعطاف، ولكن غالبًا ما يبدو مِن الطبيعي الانحناء للداخل، وتستمرُّ في مشاهدة مقدمة الزلاجات بدلًا مِن المكان الذي تذهب إليه!

لاحظتُ أنَّ المدرب ظلَّ يسألني: "ما شعورك؟ كيف تشعر؟ هل تشعر بهذا؟"

في الحقيقة وبكلِّ صدق، فإنَّ الكثير ممّا شعرتُ به كان خارج نطاق السيطرة، كنتُ في حيرة مِن أمري بشأن ما يجب أ ن أفعله، لكنَّني واصلتُ المُضِيَّ قُدُمًا لأنَّه عندما تتعلَّم فأنت بحاجة إلى قبول عدم اليقين والمُضِيّ قُدُمًا، ثمَّ بدأتُ أشعر بذلك، توقَّفتُ عن التفكير في كيفية الاستدارة وأترك نفسي أفعل ما وصفَه المعلِّم، كلَّما وثقت بالشعور الجديد كنت أفضل.

اكتساب معرفة الذات أمر مشابِه، يحتاج الناس في كثير مِن الأحيان إلى القليل مِن المساعدة لفَهم كيفية البدء والتحرُّك مِن خلال عدم اليقين.

تقنيات المعرفة

يمكن للجميع بلوغ السلام لمساعدة الناس على استكشاف إمكاناتهم الداخلية مِن أجل السلام الشخصي، أقدِّم برنامجًا تعليميًّا مجانيًّا يسمَّى برنامج التربية على السلام والمعرفة Peace Education and Knowledge PEAK على موقع الويب الخاص بي www.premrawat.com يساعدك على التعرف على مواطن القوة الكامنة بداخلك، ويتناول العديد مِن الموضوعات التي ستصادفها في هذا الكتاب وغيره، فلا تتردَّد في استخدام هذه الموارد المجانية وإرسال أي أسئلة لديك.

إذا كان هذا الكتاب وبرنامج PEAK يناسب هواك، فمِن الممكن أيضًا تعلُّم بعض التقنيات العملية والقوية لمعرفة الذات.

يجب أن تساعدك هذه على الاستفادة مِن نقاط قوَّتك الداخلية، ونقل تركيزك مِن الخارج إلى الداخل.

هذه هي التقنيات التي علَّمني إيَّاها والدي في ذلك اليوم، في ديهرا دون Dehra Dun، عندما كان عمري 6 سنوات كما وصفتُ في المقدمة.

مِن واقع خبرتي، مِن الأفضل أن تلقن التقنيات مِن شخص لآخَر، هناك شيء ثمين يجب تعلُّمه مِن شخص يفهمه حقًّا، (بالمناسبة، إذا كنتَ قد قرأتَ وأدركتَ

معنى الفصول الـ 11 السابقة مِن هذا الكتاب، فأنت بالفعل في طريقك نحو فهم جيّد للمعرفة).

المفتاح الذي يفتح الباب أمام إحساس أعمق بالوعي هو تعطُّشك لمعرفة الذات، هذا هو التعطُّش الذي ذكرتُه سابقًا، ما لَم تشعر بالتعطُّش، فإنَّ PEAK وأي طريقة أخرى لن تُجدِي نفعًا.

إذا كنتَ تريد وتحتاج حقًّا إلى معرفة نفسك، فمِن المحتمَل أن يكون PEAK مناسبًا تمامًا، إنَّه مثل تعلُّم لغة، يجب أن يكون لدَيك الفضول والتصميم للبدء، ثمَّ المتابعة بعزم على الممارسة، فالمعرفة لغة الذات.

مِن التوقُّع إلى التجربة

تناولتُ في هذا الكتاب مشكلة التوقُّعات في حياتنا، غالبًا ما تكون هناك توقُّعات كبيرة مرتبطة باكتساب المعرفة الذاتية والسلام أيضًا.

"عندما أنعم بالسلام، هذا ما يجب أن يكون عليه الأمر، عندما تنعم بالسلام، فهذه هي الطريقة التي يجب أن تتصرَّف بها"، وهذا ينسحب على التوقُّعات.

أقترح مقاربة مختلفة: اشعر بالظمأ، واستكشِف معرفة الذات، واسمح لكلِّ ما يحدث بعد ذلك أن يتكشَّف بشكل طبيعي.

مِن الأفضل التخلِّي عن أي أفكار ثابتة عندما تنعم بالسكينة الداخلية، إنَّ توقُّعاتنا ستعيق تجربتنا.

مؤخَّرًا، كنتُ في سريلانكا لأقدِّم محاضرة، وقدمَت لي مديرة المراسم نفسها خلف الكواليس:

"يطيب لي مقابلتك، لكنَّني كنتُ أتوقَّع بشرًا يطفو فوق ما نحن عليه!"

كانت تتوقَّع أن يبدو شخص ينعم بالسلام الداخلي على شاكلةٍ ما، أنا لستُ على تلك الشاكلة، هل أشعر بالسلام طوال الوقت؟ لا! هل لديَّ مشكلات بين الحين

والآخَر؟ نعم! هل لديَّ تجارب متميِّزة للعالم بداخلي؟ قطعًا! هل سبق لي أن طفوتُ فوق ما عليه البشر جرَّاء ذلك؟ ليس بعد!

كنتُ ذات مرة أعقد اجتماعًا مع أشخاص يسلكون طريق معرفة الذات، خلال جلسة الأسئلة والأجوبة، رفعَت سيِّدة يدها وقالت: "أنا الآن أعرف تقنيات المعرفة، لكنَّني لا أشعر بأي شيء".

شعر الجميع بوخز في الأذن وقتئذٍ، أجبتُها: "حسنًا، إذا لَم يحدث شيء فتوقَّفي عن الممارسة".

ثمَّ قالت: "لا، لا، لا! لا أريد أن أتوقَّف؛ لأنني أشعر بالكثير مِن السلام والبهجة، إنَّه حقًّا لأمر جميل!"

كانت المشكلة أنَّها استمرَّت في التفكير فيما قد تشعر به، بدلًا مِن مجرَّد الشعور بما يخالجها، إنَّها التوقُّعات!

قال أحدهم ذات مرة: "لسنا بحاجة إلى أجنحة للطيران، كلُّ ما نحتاجه هو قطع تلك السلاسل التي تقيِّدنا".

إذا قطعنا قيود التوقُّعات، فنحن أحرار في استكشاف أنفسنا وتجربتها وفهمها، إنَّه امتنان لما تبدأ به المعرفة، وممارستنا لذلك يمكن أن تستمرَّ في التطوُّر حتى الرمق الأخير.

تجربتي في السلام

كان الارتباط القوي بالسلام والطمأنينة الداخلية نعمة رائعة في حياتي خلال الأوقات الجيدة والأوقات العصيبة على حدٍّ سواء، فبالنسبة لي، لا يهم ما المشكلات التي أواجه أو ما يحدث في العالم، عندما أعبر هذه العتبة وأتَّصِل بنفسي بشكل كامل، تتبدَّد كلُّ الهواجس، وهذه هي إمكانية متاحة وفي متناول كلِّ إنسان أن يكون في ذلك المكان حيث ينشرح قلبه، ويستمتع بموسيقى الوجود.

لطالما تحدَّثتُ عن الوضوح الذي يتأتَّى مِن معرفة الذات؛ لأنَّه يمكن أن يغيِّر شعورنا حيال أنفسنا وكيفية التعاطي مع الحياة.

دعوني أستعير تشبيهًا بهذا الصدد، عندما تحلِّق بطائرة، فإنَّك تستند إلى حواسِّك لتخبرك كيف تسير الأمور، مثل الحفاظ على خط مستقيم، والحفاظ على مستوى التحليق مِن خلال مشاهدة الأفق، فأساسًا أنتَ تقوم بشيء صعب بدون المهارة أو الخبرة اللازمة، لكن مِن السهل أن تصاب بالارتباك في الهواء، خاصةً عندما تكون الظروف الجوية ضدك أو عندما يكون الجوُّ مظلمًا.

قد تكون تمثُّلاتك وتفسيراتك للواقع خاطئة، وبهذا الصدد تمنحك الأدوات نظامًا آخَر كاملًا تضيفه إلى حواسِّك، إنَّها تخبرك بالضبط بمدى استقامتك ومستواك، وسرعتك، ومدى شدَّتك في الدوران، وما إلى ذلك.

وبصفتي مدرب طيران، يمكنني أن أخبرك أنَّه غالبًا ما يستغرق الطيَّارون وقتًا لتعلُّم الطيران باستخدام الأدوات، ويرجع ذلك جزئيًّا إلى أنَّه – مثل تعلُّم التزلُّج – عليك أن تتعلَّم أن تثق بالخبير!

يمكن أن تمكِّنك المعرفة الذاتية مِن تطوير مجموعة مِن الأدوات الداخلية المرتبطة بذاتك الحقيقية، وهذا هو المكان الذي تجد فيه واقعك، هذا هو المكان الذي تحصل فيه على توجيه نفسك حقًّا.

ومتابعة لصورة الطيران، انتهى المطاف بقمرة القيادة بإحداث الكثير مِن الأضواء؛ لذلك ابتكرَتِ الشركة المصنِّعة شيئًا يسمَّى مفهوم "قمرة القيادة المظلمة"، فهذا يقلِّل مِن الأضواء، بحيث يساعد الطيار في تحديد الأولويَّات.

إذا لَم يكن هناك أي ضوء، فيَعني ذلك أنَّ كلَّ شيء على ما يرام، وحالما يظهر ضوء ما، فعليك معالجة السبب.

قارِن وضوح ذلك بالطريقة التي يستمرُّ بها العقل المنشغل في مسح العالم الخارجي، دائمًا يبحث عن المشكلات والسلام على حدٍّ سواء.

كما هو الشأن بالنسبة لجميع البشر، يجب أن أدرك أنَّ عقلي يمكن أن يعترض طريق قلبي، كما يمكن للتوقُّعات أن تؤثِّر عليَّ أيضًا، فذات مرَّة في اليابان، تمَّت دعوتي إلى معبد مِن قِبَل أستاذ، وكان خبيرًا يحظَى باحترام كبير في مجال البستنة.

كان معبدًا جميلًا للغاية يزخر بحدائق في منتهى الروعة، ذهبنا وجلسنا على الأرض فيما كان الجميع يشيد بالسكينة السائدة، لكن بالطبع كان فكري منشغلًا: "هذا ليس سكينة، هذا هدوء!"

جلستُ هناك، وبدأتُ في الاصغاء الحقيقي، وأدركتُ أنَّ الجوَّ لَم يكن هادئًا على الإطلاق، كان الماء يتدفَّق بصخب إلى حدٍّ ما، ثم فجأة سمعتُ أزيز صراصير الليل، كما سمعتُ حفيف أوراق الشجر وزقزقة العصافير.

لَم يكن الجوُّ هادئًا، لكن بعد فترة شعرتُ أنَّ هناك انسجامًا رائعًا فيما بين الأصوات، لقد تجاوزتِ التعريفات الفكرية لكلٍّ مِن الهدوء والسلام لتتلاشى، فعايشت للتوِّ في تلك اللحظة أغنية الحديقة (انسجام واقع جميل).

هل تستمتع بهذه الإجازة التي تُدعَى الحياة؟

لماذا يُعتبرَ السعي وراء معرفة الذات مهمًّا جدًّا؟ دعونا نمعن التفكير مجدَّدًا في عجائب وجودنا.

قال العديد مِن القدِّيسين والشعراء إنَّنا عندما نموت نعود إلى أوطاننا، وأن هذا العالم مجرَّد مكان نزوره، ف سواء كنتَ تعتقد أنَّ هناك حياة بعد الموت أم لا، هناك شيء سامٍ في الفكرة القائلة بأنَّنا مجرَّد زوَّار في هذه الدنيا.

لقد فكَّرتُ مليًّا في هذا، والاستنتاج الذي توصَّلتُ إليه هو أنَّنا – نحن البشر – ننسى بسهولة مِن أين أتَينا (التراب).

لقد كنَّا جزءًا مِن سحابة الغبار الكونية العظيمة قبل أن نولد، وسوف نعود إلى التراب بعد أن نموت «مِن التراب إلى التراب» كما يعبِّر عن ذلك الكتاب المسيحي للصلاة المعتادة Book of Common Prayer، ولقد كتبتُ بضعة أسطر حول هذا الموضوع:

واحد

أديم الأرض تحت قدمي مِن أجساد الحمقى والحكماء

خلطَتها مطحنة الزمن..

الأمير والفقير القديس والسارق

طحنوا أديمًا

وعاء المتسوِّل وتاج الملك اختلطا صداً

في نفس الأرض تحملهما نفس الريح متناثرة بدون زخرف كتاريخ

لكلِّ شيء أديم تحت قدمي.

يُعتقَد أنَّ كوننا قد بدأ منذ أقلَّ مِن 14 مليار سنة بقليل، وأنَّ هذه الأرض كانت في شكلها الحالي منذ حوالي 5.4 مليار سنة.

نشأ الإنسان العاقل منذ حوالي 300 ألف سنة، وقد تبلوَر البشر على مدى 10 آلاف سنة الماضية منذ العصر الجليدي الأخير، وهذا يعني أنَّ البشر – بالشكل الذي نعرفه اليوم – كانوا هنا فقط لجزء ضئيل مِن الوقت الذي كانت فيه الأرض موجودة، وجزءًا صغيرًا مِن الوقت في حياة الكون بأَسره.

لمليارات السنين، كنَّا نطفو في المجرّة كجزَيئات غبار، ثمَّ أثَّرَت علينا الطاقة الكونية العظيمة، وأتيحَت لنا الفرصة لنعيش هذه الحياة هنا على هذا الكوكب، لبرهة في تاريخ طويل من الزمن.

لذلك لقد مُنِحنا إجازة أو عطلة مِن وضعنا كغبار، وتبدأ تلك العطلة عندما نُولد، وتنتهي عندما نموت.

كل نبات ومخلوق على قيد الحياة في إجازة، ويا لها مِن وجهة رائعة جِئنا إليها جميعًا، لكن هل نعِي أنَّنا في عطلة رائعة؟ هل نحقِّق أقصى استفادة مِن وقتنا؟ هل

يصرف انتباهنا عن تجربة هذه الحياة؟ هل نستمتع بكل ما في وسعنا مِن هذه اللحظة الثمينة، هذه الفرصة لتجربة تريليون شيء مختلف قبل أن نعود إلى وضع الغبار؟

أحيانًا أنسى أنَّني في إجازة، كل يوم أريد أن أذكِّر نفسي أنَّ أهمَّ شيء بالنسبة لي هو أن أقدِّر هذه الفرصة وهذا الجمال، وأن أستمتع به، وأستفيد مِن كل لحظة، في كل لحظة مِن تلك اللحظات هناك إمكانية أن نشعر بارتباطنا بكل شيء آخَر للإحساس بالذات الكونية التي تناولناها في الفصل 11.

إنَّ نفس الغبار الكوني الذي شكَّلنا بنَى أيضًا كل كوكب في نظامنا الشمسي، نحن فوق كل جزء مِن مجرَّة درب التبانة، ومِن الأقذار التي تحت أقدامنا.

نحن مرتبطون بالأشجار وبالطيور التي تطير وتخرج مِن أغصانها، نحن مرتبطون بالفراشة التي ترفرف حول الزهرة، وبجميع الأسماك التي تندفع في النهر المتلألئ، وبأشعة الشمس والمطر.

سنكون دائمًا جزءًا مِن المادة، ولكن في هذا الوقت القصير حظِينا أيضًا بنعمة الوعي، لقد تمَّ منْحنا القدرة المؤقَّتة على الشعور والفهم؛ لذا فإنّ السؤال هو كالتالي: هل نستمتع بعطلتنا؟

اغتنِم اللحظة Carpe Diem

تتفكَّك الأرض أخيرًا وتتلاشى، ستطير عبر الكون على شكل غبار، وتصبح أشياء أخرى لا حصر لها في مكان آخَر.

هذا هو التجديد المستمر للإبداع الكوني؛ ولذا فإنَّ الفرصة المتاحة لنا هي أن نستمرَّ في الاتصال الآن - ليس بالأمس الذي مضَى، ولا الغد الذي لَم يأتِ بعد، ولكن معجزة وجودنا هي في هذه اللحظة، هذه اللحظة، هذه اللحظة، ومع ذلك فغالبًا ما نجد مثل هذا التقدير البسيط صعبًا.

وقد التقط الفيلسوف الصيني لاو تزو Lao Tzu هذه الالتفاتة على النحو التالي:

كل لحظة هشَّة وعابرة..

لا يمكن الإبقاء على الماضي مهما كان جميلًا..

لحظة الحاضر لا يمكن الإبقاء عليها مهما كانت ممتعة..

لا يمكن التقاط لحظة المستقبل مهما تطلَّعنا إليها..

لكن العقل يسعى جاهدًا لإصلاح الحاضر..

وكونه مهووسًا بأفكار الماضي

ومنشغِلًا بصور المستقبل

فهو يتغاضى عن الحقيقة الناصعة للحاضر.

ما الحقيقة الناصعة للحاضر؟ لا تكمن الحكمة في إدراك قيمة شيء ما عندما يزول، بل الحكمة هي إدراك قيمة ما لدَينا الآن.

ماذا لدينا جميعًا الآن؟ إمكانية الاستمتاع بروعة الوجود، إمكانية أن نرى بوضوح ما هو الأهم في حياتنا، إمكانية معرفة مَن نحن حقًّا، إمكانية الابتعاد عن الضوضاء وتجربة السكينة الداخلية.

إنَّ قلبنا دائمًا يطرق باب أذهاننا، ويذكِّرنا بإمكانية أن نكون في اتِّحاد مع أجوَد ما فينا.

تخيَّل أنَّ هناك سوقًا للطعام، ستجد في الداخل أفضل المنتجات الصالحة للأكل التي يمكن أن يقدِّمها العالم: الفواكه والخضروات الطازجة، وأحسن اللحوم والأسماك المطبوخة، والأجبان الرائعة، وأشهى الأطباق الحلوة التي عرفها الجنس البشري، والمشروبات الأكثر انتعاشًا والمتدفِّقة مِن النافورات.

يقال لك إنَّه يمكنك الحصول على أي شيء تريده مِن هذا السوق، ولكن هناك شرط واحد، وهو أنك لا يمكنك أن تأخذه معك، ماذا سيكون ردُّك على ذلك؟ هل

ستصاب بخيبة أمل؟ أو هل تقول: "سأستمتع بكل شيء أستطيعه أثناء وجودي هنا؟"

هذا يبدو أمرًا مألوفًا، أليس كذلك؟ يمكننا الاستمتاع كثيرًا، لكن لا يمكننا أخْذ أي شيء معنا، اغتنِم اللحظة.

الذئب الطيِّب.. الذئب الشرِّير

هذا يحيلنا إلى نقطة محوريَّة لا تنفكُّ تتواتر في هذا الكتاب، وهي ضرورية في ممارسة معرفة الذات (الاختيار).

في كل لحظة يمثل أمامنا خيار، وهو ما يلي: هل نولِي الاهتمام للخير أم الشرِّ الكامنَين بداخلنا؟ هل نولي الاهتمام للشقِّ الإيجابي أم الشقِّ السلبي؟

كانت هناك مجموعة مِن الهنود الحمر، وذات يوم جاء صبيٌّ صغير مِن القبيلة إلى الزعيم وقال: "سيِّدي، لديَّ سؤال، لماذا يكون بعض الناس طيِّبين في بعض الأحيان ولكن يكونون سيِّئين في فترات أخرى؟"

قال الزعيم: "هذا لأنَّ بداخلنا ذئبَين يتعاركان فيما بينهما، هناك ذئب طيِّب وذئب شرِّير".

ففكَّر الصبي في هذا الأمر قليلًا، ثمَّ قال: "أيها الزعيم، أي ذئب ينتصر؟"

أجاب الزعيم: "ذاك الذي تُطعِمه".

لا داعي لمواصلة معاقبة ذئبنا الشرِّير، فهذا لا يساعدنا في تنمية الخير بداخلنا، قُم بتغذية الذئب الصالح بدلًا مِن ذلك، امنحه الوقت، والوعي،

والفهم، والرعاية، والحب، ماذا يحد ث عقب ذلك؟ سيُصبح الذئب الطيِّب أقوى.

الكراهية، والغضب، والخوف، والارتباك، تغذِّي الذئب الشرير. الحب، والبهجة، والهدوء، والوضوح، تغذِّي الذئب الطيب.

ولذا يجب أن نسأل أنفسنا: ماذا نختار اليوم؟ هل نختار تشجيع الأحكام المسبقة أم الفهم؟ هل نختار تشجيع الارتباك أم الوضوح؟ هل نختار تشجيع الحرب أم السلام؟

فيما يلي بعض الأسطر التي قرأتُها منذ فترة طويلة حول كيفية تحديد اختياراتنا، الكلمات التي بقيَت معي حتَّى يومنا هذا:

إذا شئتَ أن تكون قويًّا فكُن طيِّبًا

إذا شئتَ أن تكون ذا بأس فكُن لطيفًا

إذا شئتَ أن تكون غنيًّا فكُن كريمًا

إذا شئتَ أن تكون ذكيًّا فكُن بسيطًا

إذا شئتَ أن تكون حرًّا فكُن على سجيَّتك

اختيار الحريَّة

عندما كنتُ ذات مرة أتحدَّث إلى بعض الأشخاص الذين كانوا يتعلَّمون تقنيات المعرفة، قال رجل: "إني أشعر بالخوف"، سألتُه: "خائف مِن ماذا؟"

"لا يمكنني أن أترك الأمر، لا يمكنني الخوض في هذا الشعور".

سألتُه مجدَّدًا: "لماذا؟ أنت فقط تستدير للداخل، لا تخف مِن نفسك، انطلِق".

عاد لاحقًا لرؤيتي، وقال إنَّ المحادثة كان لها أثر قوي جدًّا عليه؛ لأنَّه تمكَّن مِن تلقاء نفسه مِن الانطلاق.

سألُته عن شعوره، قال إنَّ الأمر كان كما لو أنَّه لا يوجد حدٌّ لمدَى الحرية الذي يمكن أن يشعر بها، لا حدود!

نحن جُبِلنا على الحرية، ما يربطنا قد لا يكون بهذه الروعة، لكن يجب أن نتواصل مع الحاجة في الداخل، هل تشعر بالحاجة إلى الحرية بداخلك؟ هل يمكنك أن تحرِّر نفسك؟

عندما ترعرعتُ، تعلَّمتُ درسًا عن الحرية انطلاقًا مِن الطيور، إذا أخذت طائرًا كان حرًّا ووضعته في قفص، فسيُصارِع مِن أجل الخروج، لكن هل تعرف ماذا

سيحدث في النهاية إذا انتظرتَ بعض الشيء؟ سيتعلَّم العيش في هذا القفص، وذات يوم إذا فتحتَ باب القفص، هل تعرف ماذا سيحدث؟ لن يحاول الطائر حتَّى الخروج، أعرف ذلك لأنَّني حاولتُ مرَّة إطلاق سراح بعض الطيور التي كانت محفوظة في قفص، ولَم يتحرَّكوا، لقد نسُوا ما تعنيه الحرية، ويمكن أن يَحدث نفس الشيء لنا.

مهما كان ما يحدث في حياتنا، فنحن دائمًا أحرار في التواصل مع الواقع الأعمق لمن نحن عليه لنكون متحرِّرين مِن التحكُّم بما يحدث هناك، ولكن يجب علينا اختيار هذا لأنفسنا.

عندما يرتفع وينخفض إيقاع أنفاسنا، فإنَّه يجلب لنا معجزة الحياة، استدِر إلى الداخل، وفي كلِّ لحظة يمكنك اختيار التواصل مع السلام اللامتناهي بداخلك، استدِر إلى الداخل، ويمكنك أن تطير عاليًا داخل نفسك، استدِر إلى الداخل ليستقرَّ ضجيج العالم في صمتٍ تامٍّ بما يتيح لك الاستماع لنغم اللحظة، استدِر إلى الداخل وسوف تسمع نفسك.. انطلِق!